网络信息检索

Wangluo Xinxi Jiansuo

● 主　编　徐红云　张　芩
● 副主编　杨　琴

华南理工大学出版社
SOUTH CHINA UNIVERSITY OF TECHNOLOGY PRESS
·广州·

内容提要

本书分为六章，系统阐述了信息检索系统的检索语言、检索技术、检索方法和检索步骤，重点介绍了中外文学术信息检索系统的检索资源和检索方法。此外，对专利和标准文献进行了介绍，给出了论文的撰写方法和写作规范。

本书突出的特点是将一个主题贯穿始终，通过检索的示例，让读者能够对比不同的学术信息检索系统之间的差别。本书既可以作为高等院校本科生的通识教育教材，也可以作为研究生进行信息检索的参考书籍。

图书在版编目(CIP)数据

网络信息检索/徐红云，张芩主编.—广州：华南理工大学出版社，2018.8
ISBN 978-7-5623-5673-8

Ⅰ.①网… Ⅱ.①徐… ②张… Ⅲ.①网络检索 Ⅳ.①G354.4

中国版本图书馆 CIP 数据核字(2018)第 148917 号

网络信息检索

徐红云　张芩　主编

出 版 人：卢家明
出版发行：华南理工大学出版社
　　　　　（广州五山华南理工大学17号楼，邮编510640）
　　　　　http://www.scutpress.com.cn　E-mail:scutc13@scut.edu.cn
　　　　　营销部电话：020-87113487　87111048（传真）
责任编辑：欧建岸
印 刷 者：广州市穗彩印务有限公司
开　　本：787mm×960mm　1/16　印张：12.5　字数：250千
版　　次：2018年8月第1版　2018年8月第1次印刷
印　　数：1~2000册
定　　价：32.50元

版权所有　盗版必究　　印装差错　负责调换

前 言

从教育部1984年提出在大学基础教育中开设"文献检索与利用"课程至今，已经过去了三十多年。在此期间，计算机网络迅速发展，深入到人们日常生活的每个角落。传统的纸质信息的传递，辐射的范围有限且周期很长，不便于大学生有效地获取知识。网络给人们提供了大量的信息，但是如何高效地检索到满足需求的信息？网络信息检索技术成为本科生和硕士生必须掌握的基本技能。

信息资源是当今社会的宝贵财富，运用现代信息技术获取相关信息是高等院校对人才培养的要求。加强网络信息检索课程的学习，增强学生的信息意识，提高学生的信息素养，提升信息资源的综合利用能力，成为大学教育的重要任务之一。

本书以网络信息检索为主体，突出信息检索的实用性和通用性，满足各学科专业的检索需求。首先介绍与网络信息检索相关的基础知识；接着详细讲解网络信息检索系统的基本理论；然后针对著名的中外文学术信息检索数据库，阐述检索方法，并采用同一主题、相似检索条件的形式进行检索示例的对比，提升大学生对各数据库的了解；对于专利和标准文献给出介绍，以加深大学生对特种文献的理解；最后，专门介绍网络信息资源的综合利用，使大学生学会撰写论文的格式和规范，为将来的研究工作打下基础。

笔者根据多年讲授"网络信息检索"通识课程的经验，在本书的内容安排上力求简明易懂，重点突出。全书图文并茂，尽量使用图表的展现形式，以大量的实例讲述各种专业的检索系统。

本书共分六章，第一章由徐红云编写，第五章由杨琴编写，其余章节由张苓编写。在本书的编写过程中，参考和借鉴了大量的中外文献和网站资料，使用了中外检索数据库，在此向相关机构和作者致以诚挚的谢意。

由于笔者水平有限，书中难免有疏漏或不足，恳请广大读者批评指正！

作 者
2018年5月

目 录

第1章 绪论 ⋯⋯⋯⋯⋯⋯⋯⋯⋯⋯⋯⋯⋯⋯⋯⋯⋯⋯⋯⋯⋯⋯⋯⋯⋯⋯⋯⋯⋯⋯⋯⋯⋯ 1
  1.1 信息资源和信息素养 ⋯⋯⋯⋯⋯⋯⋯⋯⋯⋯⋯⋯⋯⋯⋯⋯⋯⋯⋯⋯⋯⋯⋯⋯⋯ 1
    1.1.1 信息、知识和文献 ⋯⋯⋯⋯⋯⋯⋯⋯⋯⋯⋯⋯⋯⋯⋯⋯⋯⋯⋯⋯⋯⋯⋯ 1
    1.1.2 信息资源 ⋯⋯⋯⋯⋯⋯⋯⋯⋯⋯⋯⋯⋯⋯⋯⋯⋯⋯⋯⋯⋯⋯⋯⋯⋯⋯⋯ 2
    1.1.3 电子信息资源 ⋯⋯⋯⋯⋯⋯⋯⋯⋯⋯⋯⋯⋯⋯⋯⋯⋯⋯⋯⋯⋯⋯⋯⋯⋯ 6
    1.1.4 信息素养 ⋯⋯⋯⋯⋯⋯⋯⋯⋯⋯⋯⋯⋯⋯⋯⋯⋯⋯⋯⋯⋯⋯⋯⋯⋯⋯⋯ 9
  1.2 数据库基础 ⋯⋯⋯⋯⋯⋯⋯⋯⋯⋯⋯⋯⋯⋯⋯⋯⋯⋯⋯⋯⋯⋯⋯⋯⋯⋯⋯⋯⋯ 11
    1.2.1 数据、数据库 ⋯⋯⋯⋯⋯⋯⋯⋯⋯⋯⋯⋯⋯⋯⋯⋯⋯⋯⋯⋯⋯⋯⋯⋯⋯ 11
    1.2.2 数据库的类型 ⋯⋯⋯⋯⋯⋯⋯⋯⋯⋯⋯⋯⋯⋯⋯⋯⋯⋯⋯⋯⋯⋯⋯⋯⋯ 12
    1.2.3 数据库的结构 ⋯⋯⋯⋯⋯⋯⋯⋯⋯⋯⋯⋯⋯⋯⋯⋯⋯⋯⋯⋯⋯⋯⋯⋯⋯ 14
    1.2.4 网络数据库 ⋯⋯⋯⋯⋯⋯⋯⋯⋯⋯⋯⋯⋯⋯⋯⋯⋯⋯⋯⋯⋯⋯⋯⋯⋯⋯ 15
  1.3 网络基础 ⋯⋯⋯⋯⋯⋯⋯⋯⋯⋯⋯⋯⋯⋯⋯⋯⋯⋯⋯⋯⋯⋯⋯⋯⋯⋯⋯⋯⋯⋯ 16
    1.3.1 网络的起源与发展 ⋯⋯⋯⋯⋯⋯⋯⋯⋯⋯⋯⋯⋯⋯⋯⋯⋯⋯⋯⋯⋯⋯⋯ 16
    1.3.2 网络的基本概念 ⋯⋯⋯⋯⋯⋯⋯⋯⋯⋯⋯⋯⋯⋯⋯⋯⋯⋯⋯⋯⋯⋯⋯⋯ 17
    1.3.3 Internet 基本服务 ⋯⋯⋯⋯⋯⋯⋯⋯⋯⋯⋯⋯⋯⋯⋯⋯⋯⋯⋯⋯⋯⋯⋯ 22
    1.3.4 Internet 的接入方式 ⋯⋯⋯⋯⋯⋯⋯⋯⋯⋯⋯⋯⋯⋯⋯⋯⋯⋯⋯⋯⋯⋯ 25
  本章小结 ⋯⋯⋯⋯⋯⋯⋯⋯⋯⋯⋯⋯⋯⋯⋯⋯⋯⋯⋯⋯⋯⋯⋯⋯⋯⋯⋯⋯⋯⋯⋯⋯ 30
  练习题 ⋯⋯⋯⋯⋯⋯⋯⋯⋯⋯⋯⋯⋯⋯⋯⋯⋯⋯⋯⋯⋯⋯⋯⋯⋯⋯⋯⋯⋯⋯⋯⋯⋯ 31

第2章 网络信息检索系统 ⋯⋯⋯⋯⋯⋯⋯⋯⋯⋯⋯⋯⋯⋯⋯⋯⋯⋯⋯⋯⋯⋯⋯⋯⋯ 32
  2.1 信息检索系统 ⋯⋯⋯⋯⋯⋯⋯⋯⋯⋯⋯⋯⋯⋯⋯⋯⋯⋯⋯⋯⋯⋯⋯⋯⋯⋯⋯⋯ 32
    2.1.1 网络信息资源 ⋯⋯⋯⋯⋯⋯⋯⋯⋯⋯⋯⋯⋯⋯⋯⋯⋯⋯⋯⋯⋯⋯⋯⋯⋯ 32
    2.1.2 网络检索系统 ⋯⋯⋯⋯⋯⋯⋯⋯⋯⋯⋯⋯⋯⋯⋯⋯⋯⋯⋯⋯⋯⋯⋯⋯⋯ 34
  2.2 信息检索语言 ⋯⋯⋯⋯⋯⋯⋯⋯⋯⋯⋯⋯⋯⋯⋯⋯⋯⋯⋯⋯⋯⋯⋯⋯⋯⋯⋯⋯ 34
    2.2.1 分类语言 ⋯⋯⋯⋯⋯⋯⋯⋯⋯⋯⋯⋯⋯⋯⋯⋯⋯⋯⋯⋯⋯⋯⋯⋯⋯⋯⋯ 36
    2.2.2 主题语言 ⋯⋯⋯⋯⋯⋯⋯⋯⋯⋯⋯⋯⋯⋯⋯⋯⋯⋯⋯⋯⋯⋯⋯⋯⋯⋯⋯ 37
  2.3 信息检索技术 ⋯⋯⋯⋯⋯⋯⋯⋯⋯⋯⋯⋯⋯⋯⋯⋯⋯⋯⋯⋯⋯⋯⋯⋯⋯⋯⋯⋯ 39
    2.3.1 布尔逻辑检索 ⋯⋯⋯⋯⋯⋯⋯⋯⋯⋯⋯⋯⋯⋯⋯⋯⋯⋯⋯⋯⋯⋯⋯⋯⋯⋯ 39
    2.3.2 截词检索 ⋯⋯⋯⋯⋯⋯⋯⋯⋯⋯⋯⋯⋯⋯⋯⋯⋯⋯⋯⋯⋯⋯⋯⋯⋯⋯⋯ 40
    2.3.3 位置检索 ⋯⋯⋯⋯⋯⋯⋯⋯⋯⋯⋯⋯⋯⋯⋯⋯⋯⋯⋯⋯⋯⋯⋯⋯⋯⋯⋯ 41
    2.3.4 限制检索 ⋯⋯⋯⋯⋯⋯⋯⋯⋯⋯⋯⋯⋯⋯⋯⋯⋯⋯⋯⋯⋯⋯⋯⋯⋯⋯⋯ 42
  2.4 信息检索方法 ⋯⋯⋯⋯⋯⋯⋯⋯⋯⋯⋯⋯⋯⋯⋯⋯⋯⋯⋯⋯⋯⋯⋯⋯⋯⋯⋯⋯ 43

  2.4.1 常规法 …… 43
  2.4.2 引文法 …… 43
  2.4.3 综合法 …… 44
 2.5 信息检索步骤 …… 45
  2.5.1 课题分析 …… 45
  2.5.2 检索系统的选择 …… 46
  2.5.3 检索策略的制定 …… 46
 本章小结 …… 47
 练习题 …… 49

第3章 中文学术信息检索 …… 50
 3.1 中国知网学术总库 …… 50
  3.1.1 CNKI 介绍 …… 50
  3.1.2 CNKI 检索方法 …… 52
  3.1.3 CNKI 检索示例 …… 59
 3.2 万方数据知识服务平台 …… 70
  3.2.1 万方介绍 …… 70
  3.2.2 万方检索方法 …… 72
  3.2.3 万方检索示例 …… 73
 3.3 维普期刊资源整合服务平台 …… 75
  3.3.1 维普介绍 …… 75
  3.3.2 维普检索方法 …… 76
  3.3.3 维普检索示例 …… 78
 3.4 人大复印报刊资料 …… 79
  3.4.1 人大复印报刊资料介绍 …… 79
  3.4.2 人大复印报刊资料检索示例 …… 80
 3.5 中国科学文献服务系统 …… 82
  3.5.1 中国科学文献服务系统介绍 …… 82
  3.5.2 CSCD 检索示例 …… 83
 3.6 中文社会科学引文索引 …… 86
  3.6.1 CSSCI 介绍 …… 86
  3.6.2 CSSCI 检索示例 …… 86
 3.7 超星电子图书 …… 88
  3.7.1 超星数字图书馆介绍 …… 88
  3.7.2 超星电子图书检索示例 …… 89
 本章小结 …… 90
 练习题 …… 91

第4章 外文学术信息检索 … 92

4.1 Web of Science 平台 … 92
4.1.1 Web of Science 平台介绍 … 92
4.1.2 WOS 检索 … 94
4.1.3 ESI … 105
4.1.4 JCR … 112

4.2 美国工程索引 … 117
4.2.1 工程索引介绍 … 117
4.2.2 EI 检索方法 … 119
4.2.3 EI 检索示例 … 124

4.3 SpringerLink 平台 … 126
4.3.1 SpringerLink 介绍 … 126
4.3.2 SpringerLink 检索示例 … 127

4.4 SDOL 平台 … 129
4.4.1 SDOL 介绍 … 129
4.4.2 SDOL 检索示例 … 130

4.5 EBSCO 平台 … 133
4.5.1 EBSCO 介绍 … 133
4.5.2 EBSCO 检索示例 … 134

4.6 Emerald 平台 … 135
4.6.1 Emerald 介绍 … 135
4.6.2 Emerald 检索示例 … 136

本章小结 … 138
练习题 … 138

第5章 专利和标准文献检索 … 139

5.1 专利文献 … 139
5.1.1 专利的基本概念 … 139
5.1.2 专利文献 … 141
5.1.3 国际专利分类表 … 143

5.2 中国专利文献检索 … 145
5.2.1 专利文献检索的概念和方法 … 145
5.2.2 国内几种网络检索系统 … 149

5.3 国外专利文献检索 … 156
5.3.1 美国和欧洲专利检索 … 156
5.3.2 德温特检索系统 … 158

5.4 标准文献的概念 … 164

5.4.1　标准的概念 …………………………………………………… 164
　　5.4.2　标准的类型和作用 …………………………………………… 164
　　5.4.3　标准文献的编号 ……………………………………………… 166
5.5　标准文献检索 ………………………………………………………… 168
　　5.5.1　国家标准化管理委员会官网检索 …………………………… 168
　　5.5.2　中国知网标准检索 …………………………………………… 170
　　5.5.3　国际标准化组织标准文献检索 ……………………………… 171
本章小结 ……………………………………………………………………… 172
练习题 ………………………………………………………………………… 173

第6章　信息资源的综合利用 ……………………………………………… 174
6.1　信息资源的鉴别和整理 ……………………………………………… 174
　　6.1.1　信息资源的鉴别 ……………………………………………… 174
　　6.1.2　信息资源的整理 ……………………………………………… 175
6.2　个人文献管理软件 NoteExpress ……………………………………… 175
6.3　学术论文的撰写 ……………………………………………………… 183
6.4　学位论文的撰写 ……………………………………………………… 184
6.5　参考文献的规范 ……………………………………………………… 185
本章小结 ……………………………………………………………………… 187
练习题 ………………………………………………………………………… 188

参考文献 …………………………………………………………………… 189

第1章 绪论

网络信息检索,顾名思义,就是在网络上检索信息资源。为方便检索,信息资源一般是以数据库的形式组织和存储的。所以,网络信息检索不仅涉及信息资源及检索,还涉及数据库技术及网络技术。

本章主要介绍信息资源的相关概念,数据库的概念、类型、结构,以及网络的起源与发展、互联网提供的基本服务以及接入方式等。

1.1 信息资源和信息素养

1.1.1 信息、知识和文献

1.1.1.1 信息

信息泛指人类社会传播的一切内容。信息普遍存在于自然界、人类社会和思维方式中。人们通过获得、识别自然界和社会的不同信息来区别不同事物,得以认识和改造世界。

信息、物质和能量是构成世界的三大要素,缺一不可。但是,信息与物质、能量不同,其价值主要体现在以下两方面:

(1)可以满足人们对精神领域的需求,如学习材料、娱乐信息等。

(2)可以促进物质能量的生产和使用,如通过获取有效的供销信息提高产品流通效率等。

人类认识世界的过程,就是不断地从外界获取信息和加工信息的过程。而人类改造世界的过程,就是把加工外部信息所取得的"主观"信息(生产计划、公司决策等)反作用于外部世界的过程。

1.1.1.2 知识

知识是指人们对某个事物的熟悉程度,是人们在改造客观世界实践中所取得的认识和经验的总和,它可能包括事实、信息、描述或在教育和实践中获得的技能。它可能是关于理论的,也可能是关于实践的。知识是构成人类智慧的最根本的因素。

1.1.1.3 文献

《情报与文献工作词汇基本术语》(GB/T4894—1985)将文献定义为"记录知

识的一切载体，即用文字、图形、图像、视频、音频等技术手段记录知识的物质载体"。"知识"是文献的核心内容，"载体"是知识赖以保存的物质外壳，即可供记录知识的固态物质。

1.1.1.4 信息、知识与文献之间的关系

信息与知识密不可分，信息是构成知识的原料，知识的产生离不开信息。信息是物质的属性，是广泛存在于自然界和人类社会中的一切事物的存在方式和运动状态的客观反映，是人类认识世界的依据。知识是人类创造的精神财富，是人类接受了来自自然界和人类的大量信息后，将反映自然现象和社会现象的信息经过加工而成的，用于指导人类社会实践。文献是记录知识和信息的一切载体，是知识或信息的重要存储和传播工具。文献经过传递、应用于理论与实践又产生新的信息。信息、知识、文献之间的关系如图1-1所示，通过循环往复，推动人类社会不断前进。

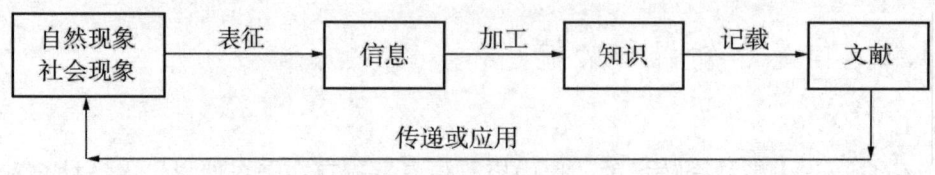

图1-1 信息、知识、文献之间的关系

1.1.2 信息资源

1.1.2.1 信息资源的定义

信息作为一种资源，即称信息资源，可以从广义和狭义两个层次来理解其含义。广义的信息资源是指信息活动中各种要素的总称，既包含信息本身，也包含与信息相关的人员、设备、技术、资金等因素。狭义的信息资源只限于信息本身。本书主要讨论狭义的信息资源及其检索技术。

1.1.2.2 信息资源的分类

按信息资源的存在状态可将其分为潜在的信息资源和现实的信息资源两大类。

其中潜在的信息资源是指个人在认知和创造过程中储存在大脑中的信息资源，其特点是能为个人所理解和利用，无法为他人直接理解和利用；易于随忘却过程而消失，因此是一种没有表达出来的，有限再生的信息资源。潜在信息资源在此不作重点讨论。

而现实的信息资源依据其载体不同可分为体载信息资源、文献信息资源、实物信息资源和网络信息资源。

(1) 体载信息资源

体载信息资源指以人体为载体并能为他人识别的信息资源，按其表达方式又可分为口语信息资源和体语信息资源。口语信息资源是人类以口头语言表达出来但未被记录下来的信息资源，如谈话、授课、讲演、讨论等；体语信息资源是以人的体态表达出来的信息资源，如表情、手势、姿态、舞蹈等。

(2) 文献信息资源

文献信息资源是用一定的记录手段将系统化的信息内容存储在各类载体上而形成的一类信息资源，即以文献为载体的信息资源。

文献信息资源涉及范围广，很难用统一的标准进行分类，一般可以按其出版类型、信息的加工程度划分。

按信息资源出版类型划分。信息资源出版类型一般指记录有知识的文献的出版类型。文献的种类很多，一般将文献的出版形态划分为十大类，即图书、期刊/报纸、科技报告、会议文献、专利文献、学位论文、标准文献、政府出版物、产品样本和产品目录、档案文献。其中图书、期刊/报纸被称为普通文献（白色文献），其余8种被称为特种文献（灰色文献）。不同的文献类型具有不同的特性。对文献类型及其特点的基本了解，将有助于人们根据课题或目的的不同，有针对性地检索和利用文献。下面对十大文献的特点分别介绍。

① 图书。图书是一种按章成册的出版物，是对已有研究成果、生产技术知识、实践经验的概括和论述。图书按其内容性质和作用可分为普及读物、教科书、丛书、专著、论文集、参考工具书等。图书内容比较成熟、系统，有目次表和索引，查阅方便，可以帮助人们较全面、系统地了解某一学科或专业领域的基本知识、基本理论，是传播知识的重要工具。但是由于出版周期较长，知识的新颖性不够。

② 期刊/报纸。期刊，又称为杂志，是指一种有固定名称，定期或不定期出版的连续出版物，具有出版周期短、报道文献速度快、内容新颖的特点，能及时反映当代社会发展趋势和科技发展动向，是交流学术思想和进行科学研究的最基本的文献形式，是利用率最高的文献类型。期刊按出版的周期可分为周刊、旬刊、半月刊、月刊、双月刊、季刊和年刊等；按内容可分为学术性期刊、报道性期刊、检索性期刊及大众性期刊等。

报纸是期刊的一种特殊类型，是以刊载新闻和事实评论为主，定期向公众发行的一种连续出版物。其基本特点是内容新、涉及面广，是读者最多、影响最广的文献信息资源。及时性是报纸区别于其他文献的最主要特征。

③ 科技报告。科技报告是指科研过程进展情况的阶段性记录或科研成果的报告。其特点是内容新颖而详尽，常附有大量的数据、图表、原始实验记录。科技

报告的类型有技术报告、札记、论文、备忘录、通报等。科技报告一般单独成册，有具体的篇名、机构名称和统一的连续编号（报告号）。科技报告的发表一般快于科技期刊和其他文献类型，大部分属于保密和控制发行，少部分以公开或半公开形式发表。科技报告在一定程度上反映了一个国家或某一个学科的科研水平，是不可多得的信息资源。

④会议文献。会议文献是指在国内外各种学术会议和非学术会议上发表的论文和报告。由于会议都有特定的议题，因而会议文献论题集中，内容新颖，代表某学术领域的最新成就，反映该学术领域的最新水平和发展趋势。因此，会议文献是了解国际和国内的科研水平、动态和发展趋势的重要文献资源。

⑤专利文献。专利文献是实行专利制度的国家和地区及国际性专利组织在审批专利过程中产生的官方文件及其出版物的总称。它通常包括专利说明书、专利公告、专利检索工具以及其他与专利有关的法律文件等，其中主体是专利说明书。根据专利的技术水平和应用情况，专利分为发明专利、实用新型专利和外观设计专利。

与一般文献相比，专利文献具有及时性、新颖性、详尽性、系统性、实用性、可靠性等特征，它既是技术文件又是法律文件，是重要的技术经济信息来源。

⑥学位论文。学位论文是高等学校或科研机构的毕业生为获得各级学位在导师指导下撰写和提交的科学研究、科学试验的书面报告。根据学位的不同，学位论文分为学士论文、硕士论文和博士论文三种。学位论文所探讨的问题比较专门和系统，具有一定的独创性、新颖性、科学性和较强的专业性，其质量要经过该领域的专家审查和学术委员会的考核。除少数经删节后在期刊上发表的学位论文外，大多数学位论文不单独出版，需要通过专门的渠道才能获取。

⑦标准文献。标准文献是有关产品和工程的质量、规格、生产过程及其检测方法等具有规范性的技术文件的总称，是生产或科研活动中对产品、工程或其他技术项目的质量品种、检验方法及技术要求所作的统一规定，也是人们从事产品或零部件设计、检验所必须遵守的具有法律约束的技术文件。标准可分为国际标准、区域性标准、国家标准、行业标准和企业标准等。通过标准文献可以了解和研究世界各国产品和工程建设的特点和水平，也可以为研制新产品、升级老产品、改进技术水平等方面提供参考依据，对产品和工程设计人员来说是不可缺少的参考资料。标准文献是一种经权威机构批准的规章性文献，具有一定的有效时间，需要随着技术发展而不断地修订、补充或废除，更新比较频繁。

⑧政府出版物。政府出版物是由政府部门及其所设立的专门机构发布出版的文献信息资料，包括政府报告、政策法令、规章制度、会议纪要、调查统计资料

等。政府出版物大致可分为行政性文献和科学技术文献两大类。政府出版物的主要特点是正式、权威，材料充实，数据可靠，是了解各国政治、经济、科学技术的方针政策及其发展状况的权威性信息来源。

⑨产品样本和产品目录。产品样本和产品目录是对定型产品的性能、构造和原理、用途、实用方法和操作规程、产品规格等所作的具体说明，是进行技术革新、设备改造、试制新产品的重要技术参考资料。产品样本一般图文并茂、形象直观、可靠性强，产品和技术信息比较完整，同时，出版发行迅速，更新及时。

⑩档案文献。档案文献是指中央和地方各级机关、企事业单位、社会团体等，在从事各项活动时直接形成的具有保存价值的并经立卷归档的各种资料。档案包括技术档案、人事档案、文件档案及其他档案。档案资料是研究历史、了解现状的可靠资料，具有无可争辩的客观性和可靠性，同时，也具有一定的保密性，内部控制使用。

按信息的加工程度划分：

①一次信息资源。一次信息资源，也称原始文献，是人们研究或创造性活动成果的直接记录，一般指公开出版的图书、期刊论文、科技报告、会议论文、专利文献、学位论文等。不管其信息存储于何种物质载体及出版的版次，只要是原始资料就是一次信息资源。它具有新颖性、创造性和系统性等特征，参考和使用的价值较高。一次信息资源具有零碎、分散、无序的特征，有的很难获取。

②二次信息资源。二次信息资源是对一次信息资源加工、整理而成的。它将分散的、无序的一次信息资源进行加工整理，使之成为系统有序的信息资源。二次信息资源具有浓缩性、汇集性、有序性等特点，它的作用不仅在于报道信息的内容，更重要的是可以提供一次信息资源的线索，例如书目、题录、文摘、索引等。

③三次信息资源。三次信息资源是系统地组织、综合研究和分析一次和二次信息资源的结果，是通过二次文献提供的线索，对某一范围的一次文献进行分析、综合研究、归纳、整理等深加工所生成的文献。三次信息资源具有资料性和实用性，是对一次文献信息资源进行的浓缩、提炼、重新组织，内容有较大的变化。

它可分为两大类：一类是综述、述评等，如各种综述、动态、进展报告；另一类是参考性工具书，如百科全书、年鉴、手册、词典、文献指南等。

④零次信息资源。零次信息资源是指未经正式出版发行的最原始的记录，如书信、手稿、笔记、实验记录等。其主要特点是内容新颖，具有原始性，但不成熟，分散，难于检索。零次信息资源与一次信息资源的重大区别是前者没有形成正式文献，没有正式发表。

零次信息资源是最原始的信息资源,虽没公开交流,但是它是生成一次信息资源的主要素材。一次信息资源是最主要的信息资源,是人们检索和利用的主要对象。二次信息资源是对一次信息资源的集中提炼和有序化,是检索一次信息资源的工具,故又称为检索工具。三次信息资源是按知识门类或专题将一次信息资源重新组织、高度浓缩而成的。

(3) 实物信息资源

实物信息资源是指以实物为载体的信息资源。一切物质实体蕴含着的丰富信息均可视为实物信息,它给人们提供了充分认识事物的物质条件。其特点是直观、真实和零散。依据实物的人工与天然特性又可将实物信息资源分为以自然物质为载体的天然实物信息资源和以人工实物为载体的人工实物信息资源。

(4) 网络信息资源

网络信息资源是以网络为纽带连接起来的以网络为主要交流、传递、存储手段的信息资源。网络信息资源通过网络将原本相互独立、分布于世界各地的数据库、信息中心、文献中心等连接在一起,形成一个内容与结构全新的信息载体。

1.1.3 电子信息资源

1.1.3.1 电子信息资源的概念

电子信息资源是以数字化的形式,把文字、图形、图像、声音、动画等多种形式的信息存放在光、电、磁等非印刷型介质上,以电信号、光信号的形式传输,并通过网络通信、计算机或终端等方式再现出来的一种信息资源。简单地说,电子信息资源就是电子化了的信息资源,是机读型的信息资源。

电子信息资源日益成为信息资源的主体,是人们进行科学研究、商业活动、生产管理和学习生活的重要手段,它也必将为人类带来新的财富、新的效率和新的生产力。

1.1.3.2 电子信息资源的分类

电子信息资源按照不同的分类标准,可以得到不同的分类结果。

(1) 按信息表现形式来分,电子信息资源可分为文本信息资源、超文本信息资源、多媒体信息资源和超媒体信息资源。

①文本信息资源。文本信息资源是按照知识单元的线性顺序排列组织的资源。它不能提供数据信息之间的相互关联,具有较大的局限性和片面性。

②超文本信息资源。超文本就是以计算机为支撑的加工、存储、检索、咨询、评阅、编辑、交流专题内容的非线性高级文本系统。它利用计算机将各种介质信息按照一定的逻辑连接并进行有序加工,构成可任意链接的、有层次的、复杂的网状结构数据库。简单地说,它是一种以非线性方式建立和表示离散信息关系的技术,是一种存储和管理信息的技术。超文本信息资源是按知识单元及关系

建立的知识结构网络。它通过网络上各节点的链接把相关信息有机地结合在一起。

③多媒体信息资源。多媒体信息资源是包括文本、图像、视频、音频、动画等的信息资源。

④超媒体信息资源。超媒体源于超文本，是超文本的扩充，其管理的对象包括文本、图形图像、视频、音频、动画等多种信息。可以对各个信息单元进行检索、分类、插入、删除、复制等操作；可以从一个信息单元转到另一个信息单元；对于某个信息单元，可以根据其媒体形式予以编辑、组合成新的形式；可以保证各媒体的独立性和透明性，用户在使用时可以忽略各种媒体的差别而又不受具体媒体的影响和约束。

超媒体信息资源是超文本和多媒体技术的结合，具有超文本和多媒体两种信息资源的特点，具有高度的交互性。在超媒体信息系统中，不同类型的媒体信息能高度综合和集成，空间上图、文、声并茂，时间上多媒体信息同步实现。

（2）按信息载体划分

按信息载体，可将电子信息资源划分为联机信息资源、光盘信息资源和网络信息资源三种类型。

①联机信息资源。联机信息资源是由计算机联机信息服务系统提供的信息资源。如著名的 Dialog 系统，为全世界用户提供了丰富的电子信息资源。用户使用终端设备，通过通信设备（如通信网、调制解调器等）与中央计算机相连，检索远程数据库中的信息资源。其特点是实时、快速，信息追溯年代长，查准率高，但检索费用较昂贵。

②光盘信息资源。光盘信息资源是一种用激光记录和再现信息的数据库资源。它包括各种信息数据库，有单机版可供单机检索，有网络版可进行网上检索，还可以与联机检索系统联网进行联机检索。其特点是费用低，使用方便，不需通讯联系、不受时间限制，但信息追溯年代短，信息获得比国际联机慢。

③网络信息资源。网络信息资源是指通过计算机网络可以利用的各种信息资源的总和。具体来说，是指所有以电子数据形式把文字、图像、声音、动画等多种形式的信息存储在光、磁等非纸介质的载体中，并通过网络通信、计算机或终端等方式再现出来的资源。其特点是以网络为传播媒介，数量巨大，增长迅速，传播速度快。

（3）按信息交流方式划分

按人类信息交流的方式，电子信息资源可分为非正式出版信息、半正式出版信息和正式出版信息三种。

①非正式出版信息。非正式出版信息又称为"黑色"信息，是指流动性、随意性较强，信息数量大，信息质量难以保证和控制的动态性网络信息。它包括电

子邮件、网络论坛、电子会议、电子布告新闻等。

②半正式出版信息。半正式出版信息又称为"灰色"信息，是指受到一定知识产权保护，但没有纳入正式出版信息系统的描述性网络信息。它包括内部电子期刊、会议论文集和各类报告、机构介绍和产品介绍等。

③正式出版信息。正式出版信息又称为"白色"信息，是指受到一定知识产权保护，信息质量可靠，利用率较高的知识性、分析性电子信息。正式出版信息按信息加工的层次又可分为一次出版信息（如电子图书、电子期刊、电子报纸等）、二次出版信息（如搜索引擎、检索数据库、网络导航等）和三次出版信息（如网络述评、网站推荐等）。

1.1.3.3 电子信息资源的特点

①组织形式发生变化。信息资源由传统的文本形式、线性排列顺序，发展为超文本、超媒体等形式，按照自身的逻辑关系组成相互联系的、非线性的网状结构，使信息组织方式发生了巨大的变化，不仅以知识和信息为基本单元，而且充分展示了这些单元间的逻辑关系，为网络环境下不同形式的信息资源的管理和开发利用提出了新的要求。

②数字化。信息资源由纸张上的文字变成磁性介质上的电磁信号或光介质上的光信息。存储的信息资源密度高、容量大，可以无损耗地被重复使用。以数字化形式存在的信息，既可以在计算机内被高速处理，又可以通过通信网络进行远距离传送，这就使全球信息资源共享成为可能。且数字化的信息资源将成为信息资源的最终转化方式。

③内容丰富多样。电子信息资源涵盖了各学科领域、各种信息类型、各种形式的信息资源，既有文字、图表等静态信息，也有集图、文、声、像于一体的动态多媒体信息；涉及的领域从经济、科研、教育等到具体的行业信息；包含的文献类型也多种多样，从电子报刊、电子工具书、商业信息、新闻报道、书目数据库、文献信息索引到统计数据、图表、电子地图等。

④共享性和动态性。在网络环境下，数据可以被多人同时访问，是一种共享性的信息资源，使得电子信息资源更易于实现资源的扩充。电子信息资源能提供动态媒体信息，给读者以具体生动逼真的场景，有身临其境之感。

⑤体积小。电子信息资源以磁盘、光盘等为载体，记录的信息密度高。一片重量约20g的光盘，存储容量可高达10GB。一个男士钱包大小的移动硬盘存储容量已达10TB。一座拥有百万册图书的图书馆，经过数字化处理后，一个移动硬盘就能将其内容全部存储下来。

⑥传播方式不受时空限制。网络环境下，信息的流动非常迅速，电子流取代了纸张和邮政的物流，加上无线电和卫星通信技术的广泛运用，任何信息资源，

只要上传到网络上，就能够在短短的数秒内传递到世界的每一个角落。电子信息资源不受时间和空间的限制，可以实现跨时空、跨行业的传播。

⑦交互性。由于数字信息资源存储在计算机能够识别的介质上，因此随着计算机软、硬件的更新与性能的提高，用户逐渐具有更多的主动性。他们不仅是电子信息资源的消费者，还是电子信息资源的生产者。

1.1.4 信息素养

在信息社会，信息素养对个人的学习、生活、工作与研究具有重要作用。信息素养是可以培养的，最直接有效的途径是在理解信息素养概念、内涵的前提下，通过学习网络信息检索课程逐步培养个人的信息素养。

1.1.4.1 信息素养的概念

信息素养更确切的名称应该是信息文化。它是一个内容丰富的概念，不仅包括人们利用信息工具和信息资源的能力，还包括选择、获取、识别信息，加工、处理、传递信息并创造信息的能力。信息素养是构成人们终身学习的基础。

信息素养的概念是从图书检索技能演变发展而来的。计算机、网络技术的发展，使这种能力同当代信息技术结合，成为信息时代每个公民必须具备的基本素养，并引起了世界各国教育界的高度重视。信息素养这个词最早是由美国信息产业协会主席保罗·泽考斯基于1974年提出来的。他把信息素养定义为"利用大量信息工具及主要信息资源使问题得到解决的能力"。对信息素养，1992年美国图书馆学会(ALA，American Library Association)的定义是"人们能够判断确定何时需要信息，并且能够对信息进行检索、评价和有效利用的能力"。1998年，ALA和美国教育传播与技术协会进一步制定了"学生学习的信息素养标准"，从信息素养、独立学习和社会责任三方面提出了九大信息素养标准：

①能够有效和快捷地存取信息。
②能够熟练和恰当地评价信息。
③能够准确和创造性地使用信息。
④能探求所需信息。
⑤能欣赏作品及对信息进行创造性的表达。
⑥能在信息查询与知识创建中做得更好。
⑦能认识信息对民主化社会的重要性。
⑧能在信息和信息技术中实施有道德的行为。
⑨能在团队中探求和创建信息。

上述标准更进一步地扩展与丰富了信息素养的内涵与外延。信息素养不仅包括熟练运用当代信息技术获取识别信息、加工处理信息、传递创造信息的基本技能,更重要的是还包括在当代信息技术所创造的新环境中独立学习的态度和方法、批判精神以及强烈的社会责任感和参与意识。

1.1.4.2　信息素养的培养

信息素养的培养,可以从以下几方面着手:

(1)信息意识与情感

信息意识是人们在信息活动中产生的认识、观念和需求的总和,主要包括对信息重要性的认识、对信息的内在需求以及对信息所具有的特殊的、敏锐的感受力和持久的注意力。而信息情感则指人们对使用信息技术的态度与兴趣。具体表现为:

①能认识到信息在信息时代的重要作用和拥有大量信息的特殊意义,确立在信息时代尊重知识、终身学习、勇于创新的这些新观念。

②对信息有积极的内在需求。每个人除了自身具有对信息的内在需求外,还应善于将社会和他人对自己的需求自觉地转化为个人的内在的信息需求。

③对信息的敏感性和洞察力。能迅速有效地发现并掌握有价值的信息,善于从他人看来微不足道、毫无价值的信息中发现信息的隐含意义和价值,善于识别信息的真伪,善于将信息与实际工作、生活和学习联系起来,善于从信息中找出解决问题的关键。

(2)信息知识

掌握信息科学、信息技术的基本知识,掌握信息设备与设施的操作,了解信息技术的发展与应用。信息知识是指一切与信息有关的理论、知识和方法,主要包括传统文化素养中的读、写、算的基本能力,信息常识和多媒体、网络等现代化信息技术知识。具体表现为:

①传统文化素养。传统文化素养包括读、写、算的基本能力。尽管信息时代读、写、算的方式已经发生了彻底改变,但是传统的读、写、算能力依然是人们文化素养的基础。信息素养是传统文化素养的延伸和扩展。在信息时代,必须具备快速阅读能力,才能够有效地从浩如烟海、丰富多彩的信息中获取自己所需的信息。

②信息常识。包括信息的理论知识,对信息、信息化的性质/特征及其对人类各个领域影响的认识和理解等。

③现代信息技术知识。包括信息技术的原理(如计算机原理、网络原理等),信息技术的作用、特点、优势、发展趋势等。

(3)信息能力

信息能力是指人们有效利用信息设备和信息资源获取信息、加工处理信息以及创造新信息的能力。这也是终身学习的能力、信息时代重要的生存能力。它主要包括：

①信息工具使用能力。比如会使用文字处理工具、浏览器和搜索引擎工具、网页制作工具等。

②信息搜集获取能力。指人们根据自己的目的，运用科学方法，采用多种方式，从外界信息载体中提取有用信息的能力。

③信息分析识别能力。指人们运用批判性思维，对无边无际的信息进行分析、鉴别，剔除无用、无关信息，寻找有用、相关信息的能力。

④信息加工处理能力。指人们根据特定任务要求，对所获信息进行整理、归纳、筛选、重组，提高信息使用价值的能力。

⑤信息再生创造能力。指人们对所掌握的信息，从更新的角度、更深的层次进行加工处理，再分析，再综合，抽象升华为自己的观点，从而产生新的信息的能力。

⑥信息相关能力。是指与信息相关联的从事其他各项活动的一般能力，包括人们的语言能力、观察能力、判断能力、思维能力、公关能力等。

(4) 信息道德

信息道德是指涉及信息开发、传播、管理和利用等方面的道德要求、道德准则，以及在此基础上形成的新型道德关系。必须培养正确的信息伦理道德修养，遵循信息应用的伦理道德规范，不从事非法活动。同时也知道如何防止计算机病毒和其他计算机犯罪活动。

以上四方面相互联系、相互作用，共同构成一个不可分割的统一整体。信息意识是先导，信息知识是基础，信息能力是核心，信息道德是保证。信息素养的培养，四个方面都要重视，不可或缺。

1.2 数据库基础

1.2.1 数据、数据库

1.2.1.1 数据

数据是数据库中存储的基本对象。除了传统意义上的数字外，数据的种类还有很多，如文本、图形、图像、声音、动画等。各种数据经过数字化后都以二进制形式存入计算机。

描述事物的符号称为数据。为了了解世界，交流信息，人们需要描述事物。在日常生活中直接用自然语言(如英语、汉语等)描述。在计算机中，为了存储和处理这些事物，就要抽象出这些事物的特征，用以上所述各种数据的形式表示出来，存入计算机供未来处理和加工。例如：在图书管理系统中，如果人们抽象出一本图书特征是由图书存取号、书号、书名、作者、出版年月、出版社来描述的话，那么与某本图书相关的数据可以这样描述：

> C2013035088，ISBN 978－7－121－19385－9，C++程序设计基础(第4版)(下)，周霭如等，2013.1，电子工业出版社

以上描述一本图书相关数据的集合称为一条记录。从这条记录，人们可以获得如下信息：存取号为 C2013035088 的《C++程序设计基础(第4版)(下)》一书是由电子工业出版社于 2013 年 1 月出版的，其书号为 ISBN 978－7－121－19385－9，作者是周霭如等。

1.2.1.2 数据库

顾名思义，数据库是存放数据的仓库。与现实当中存放货物的仓库不同的是，这个仓库设在计算机存储设备上，里面存放的是具有一定格式的数据，比如记录。

根据 ISO/DIS5127 号标准(文献与情报工作术语)，数据库被定义为："至少由一种文档组成，并能满足某一特定目的或某一特定数据处理系统需要的一种数据集合。"通俗地说，数据库就是按一定的方式合理组织并存储在计算机存储设备上的相互关联的数据集合。数据库是网络信息检索的主体。

1.2.2 数据库的类型

为了方便检索，电子信息资源一般以数据库的形式组织，存放在磁介质或光介质的存储设备中。按照国际上通用的分类方法，电子信息资源数据库可分为以下类型。

1.2.2.1 参考数据库

参考数据库是指引用户到另一信息资源，以获得原文或其他细节的一类数据库。它提供特定对象的信息和线索，存储一系列描述性信息内容。参考数据库主要包括书目数据库和指南数据库。

（1）书目数据库

书目数据库是主要用于存储某个领域二次文献(目录、题录、文摘等书目数据)的一类数据库，有时又称为"二次文献数据库"。它的作用是指引用户查找一次文献。用户可以从大量文献记录中筛选出有参考价值的文献源，以获取一次文献。目前这类数据库占有很大的比例，是网络信息检索系统中最多最普遍的一种数据库。如工程索引数据库(EI Compendex Plus)、科学文摘数据库(INSPEC)和美国化学文摘数据库(CA)等。

(2) 指南数据库

指南数据库也称为词典型数据库，用于存储有关机构、人物、出版物、项目、产品、活动等对象的简要描述，或者诸如化学物质名称、结构、俗称和化学物质登记号之类指南性的信息，指引用户从其他有关信息源获取更详细的信息的一类参考数据库。如产品目录、机构名录等数据库，万方数据资源系统中的中国科技名人数据库、中国企业产品数据库等。

1.2.2.2 源数据库

源数据库是指能直接提供原始信息或具体数据的一类数据库，用户不必再查阅其他信息源即可获得原始信息。源数据库又可划分为以下几种类型：

(1) 全文数据库

指存储文献全文或主要部分的一种源数据库，简称全文库，用户通过文中某一词汇或短语，便可以直接检索原始文献的全文，并用来检索全文中的段、节、章等内容。如中国期刊全文数据库、优秀博硕士学位论文数据库、百科全书数据库等。

(2) 数值数据库

专门以数据形式记录物质或材料的各种特性、参数、常数、价格等的一种源数据库。它是一种来自原始文献的统计数据、调查数据或经过处理的各种数据、数值表格。它提供科学研究中实验、测量、计算、记录和工程设计、经济分析与预测、工业规划等方面的数据，如气象数据、地质资料、化学或物理特性的文献数据、人口统计资料、市场调研数据、各种统计数据、财务数据等。

(3) 文本-数值数据库

能同时提供文本信息和数值数据的一种源数据库，如某公司信息库、产品市场报告数据库等。

(4) 术语数据库

专门用来存储名词术语信息、词语信息以及术语工作和语言规范工作成果的一种源数据库，如各种电子化的辞典、辞书等。

(5) 图形图像数据库

用来存储各种图形或图像信息及有关文字说明资料的一种源数据库。主要应用于建筑、设计、广告、产品，图片或照片等资料类型用计算机存储与检索的数据库，如各种广告设计图谱数据库、建筑设计图数据库等。

(6) 事实型数据库

对一些公司、团体、企业、研究机构、名人等作一些目录性的简单介绍，能直接向用户提供可用的数据的一种源数据库，如百科全书、手册、地图集、人名录、企业名录等。

1.2.2.3 混合数据库

是指能同时存储多种不同类型数据的一种源数据库。

1.2.3 数据库的结构

电子资源数据库是由一组相关数据文件组成的。每个数据文件由许多记录组成,每条记录由不同的字段组成。

1.2.3.1 字段

字段是组成记录的基本信息单元,由字段标识符和字段值构成。每个字段描述文献某一方面的特征。如图书存取号、书号、书名、作者、出版年月、出版社等字段就构成了描述一本图书的记录。字段的检索功能对提高文献的查找效率有很大的帮助。

在电子信息资源数据库中,每条记录主要由3种字段组成。

(1) 存取号字段

存取号(AN,accession number)是计算机检索系统为各数据库中的每条记录规定的、能够被计算机识别的特定号码,一般由数字或字母与数字的组合构成。在一个数据库中,每条记录只能有一个存取号。

(2) 基本索引字段

在数据库中把描述文献主题性质、反映文献内容的字段称为基本索引字段。文献的标题(TI)、文摘(AB)、主题词(DE)及关键词(KY)等属于基本索引字段。

(3) 辅助索引字段

描述与主题内容无关的字段,称为辅助索引字段。作者(AU)、文献出处(SO)、出版年月(PY)、语种(LA)等属于辅助索引字段。辅助索引字段与基本索引字段配合使用,起限定检索范围的作用。

1.2.3.2 记录

记录是组成数据库的基本单元,由字段组成。一条记录是对某一实体(如一本图书、一篇文章等)的完整描述。数据库中每条记录有一个唯一的记录号,如按记录录入的顺序,第一条录入的记录号设为1,第二条录入的记录号设为2……依此类推。

1.2.3.3 文件

文件是按一定结构组织的相关文献或数据记录的集合,是数据库数据组织的基本形式。文件的组织方式与检索系统的硬件和软件功能密切相关。根据记录在文件内的组织方式和存取方法,可将文件分为顺序文件和索引文件。

(1) 顺序文件

又叫记录文件或主文件,是按文献记录号顺序线性排列的文件,是构成数据库的主体部分。但其主题词等特征的标识呈无序状态,直接检索时,必须以记录号作为检索单元从头到尾顺序查找,找出与记录号对应的文献记录属性,检索时间长,实用性较差。

(2)索引文件

是将数据库记录中反映文献特征标识的某些字段值(如分类、主题词、书名、作者、刊名等)按某种顺序重新组织构成的文件。索引文件中的每一个文献特征标识(属性)后列出了含有该标识的文献的记录号,以及与该标识匹配的文献数。在检索过程中,不是由记录号查属性,而是由属性查记录号。计算机检索系统通过索引文件,只能根据文献的特征标识检索到相关文献记录的记录号和篇数,如果要输出文献的题录及摘要,还需访问主文件,即根据记录的记录号调取主文件中的文献记录。

顺序文件和索引文件的主要区别是:顺序文件以完整的文献记录为存储和检索单元,是主文件;索引文件是以记录中的字段为存储和检索单元,是辅助完成信息检索的文件。

1.2.4 网络数据库

网络数据库是指在网络上运行的数据库。数据和资源共享结合在一起即成为目前广泛应用的网络数据库(也叫 Web 数据库)。网络数据库是以后台数据库为基础的,加上一定的前台程序,通过浏览器完成数据存储、查询等操作的系统。具体地说,一个网络数据库就是用户利用浏览器作为输入界面,输入用户的请求,浏览器将这些请求传送给网站,网站再对这些请求进行处理。例如,往数据库中插入数据,或者对数据库进行查询操作等。最后网站将操作结果传回给浏览器,通过浏览器将结果返回给用户。

网络全文数据库是以全文数据为服务单元,并在网上提供全文检索服务的数据库。按数据库的生产机构分类,网络全文数据库可分为出版商全文期刊数据库和生产商全文期刊数据库。前者主要是那些期刊出版单位在其所出版的印刷期刊的基础上建立的网络电子期刊全文数据库,而后者则是由数据库生产厂商根据一定的主题或一定的收录范围整合一定数量的期刊出版物而产生的全文数据库。

国外著名的全文数据库有 Elsevier、Springer、Kluwer 等。其中,Elsevier 是世界上最大的科技出版商,它出版的期刊是世界上公认的高质量的学术期刊。国内全文数据库主要有中国学术期刊全文数据库和重庆维普全文数据库。

信息管理中,网络数据库是指数据记录可以以多种方式相互关联的一种数据库。主要体现在数据库记录之间的关系上,比如一条数据记录可以与多条数据记录关联,也可能是多条数据记录与一条数据记录关联。

综上,网络数据库是在网络上创建、运行的数据库,数据库中记录之间的关系不一定是一一对应的，可能存在着一对多或者多对一的关系。

1.3 网络基础

网络信息检索，主要是基于网络的检索，也就是说，要求用于检索的计算机先联入网络。本小节主要介绍网络的起源与发展、网络的相关概念、基本服务及接入方式。

1.3.1 网络的起源与发展

1.3.1.1 网络的起源

计算机网络最早起源于美国国防部高级研究计划署建立的军用计算机网络ARPAnet，它是利用分组交换技术将斯坦福研究所、加州大学圣巴巴拉分校、加州大学洛杉矶分校和犹他大学联接起来，于1969年开通。ARPAnet被公认为世界上第一个采用分组交换技术组建的网络，是现代计算机网络诞生的标志。

1974年提出的TCP/IP协议在ARPAnet上使用，使ARPAnet成为初期Internet（互联网）的主干网。

1985年，美国国家自然科学基金会筹建了互联网中心，将位于新泽西州、加州、纽约州、密歇根州、科罗拉多州、伊利诺伊州的6台超级计算机联接起来，形成NSFnet，并通过NSFnet资助建立了按地区划分的近20个区域性的计算机广域网。同时，NSF确定所有网络都采用TCP/IP协议集与ARPAnet相联，从而使各个NSFnet用户都能接受所有Internet服务。随后NSFnet又把各大学和学术团体的各种区域性网络与全国学术网络联接起来。1990年3月，ARPAnet停止运转，NSFnet接替ARPAnet成为Internet新的主干网络。

1995年4月，NSFnet停止运行，由美国政府指定的PacificBell、Ameritech Advanced Data Services and Bellcore 和Sprint三家私营企业介入网络的运作，网络进入了商业化全盛发展时期，Internet发展成为由遍布世界各地的大小不等的网络联接组成的结构松散、开放的计算机网络。到1995年，网络个数达到25 000多个，主计算机达到680多万台，用户数达4 000多万，遍布世界136个国家和地区。

最权威的Internet管理机构是因特网协会。它是一个由志愿者组成的组织，目的是推动Internet的技术发展，促进全球性的信息交流。

1.3.1.2 网络在中国的发展

1987—1993 年是 Internet 在中国的起步阶段。在此期间,以中国科学院高能物理研究所为首的一批科研院所与国外机构合作开展一些与 Internet 联网的科研课题,通过拨号方式使用 Internet 的电子邮件系统,并为国内一些科研机构提供 Internet 电子邮件服务。例如,1986 年北京计算机应用技术研究所和德国卡尔斯鲁厄大学合作,启动了名为 CASNET(Chinese Academic & Science Network)的国际互联网项目。1987 年,在北京计算机应用技术研究所建成我国第一个 Internet 电子邮件结点,由 CASNET 向国内科研、教育机构用户提供 Internet 电子邮件服务。1990 年 10 月,中国正式向国际 Internet 网络信息中心(InterNIC)登记注册了最高域名 CN,从而开通了使用自己域名的 Internet 电子邮件。

1994 年 4 月,由中国科学院主持建设的中国国家计算与网络设施(NCFC,The National Computing and Networking Facility of China),又称中关村地区教育科研示范网 NCFCnet,以专线形式连入 Internet,并在 NCFC 网络上建立了代表中国的域名服务器并完成了域名服务器的设置,开通了 Internet 的全功能服务。能够使用 Internet 的骨干网 NCFCnet,标志着中国正式加入 Internet 行列。

据 2013 年 7 月的《中国互联网发展状况统计报告》统计,截至 2013 年 6 月 30 日,中国网民规模达 5.91 亿,手机网民 4.64 亿,互联网普及率为 44.1%,中国域名总数为 1 469 万个,其中".CN"的域名总数为 781 万,".中国"的域名总数达 27 万,中国网站总数为 294 万个,拥有的 IPv4 地址数量为 3.31 亿,国际出口带宽约 2Tbps,连接的国家有美国、俄罗斯、法国、英国、德国、日本等。可直接连接 Internet 的主要骨干网络有中国电信、中国联通、中国移动、中国教育和科研计算机网、中国科技网、中国国际经济贸易互联网等。

1.3.2 网络的基本概念

1.3.2.1 局域网、城域网、广域网

按覆盖范围来分,可以将计算机网络划分为局域网、城域网和广域网。

局域网是指覆盖范围在 10km 以内的网络。通常在学校、企业和大型建筑物中使用。图 1-2 是某高校校园网网络拓扑图。局域网的特点是传输速度快、可靠性高。

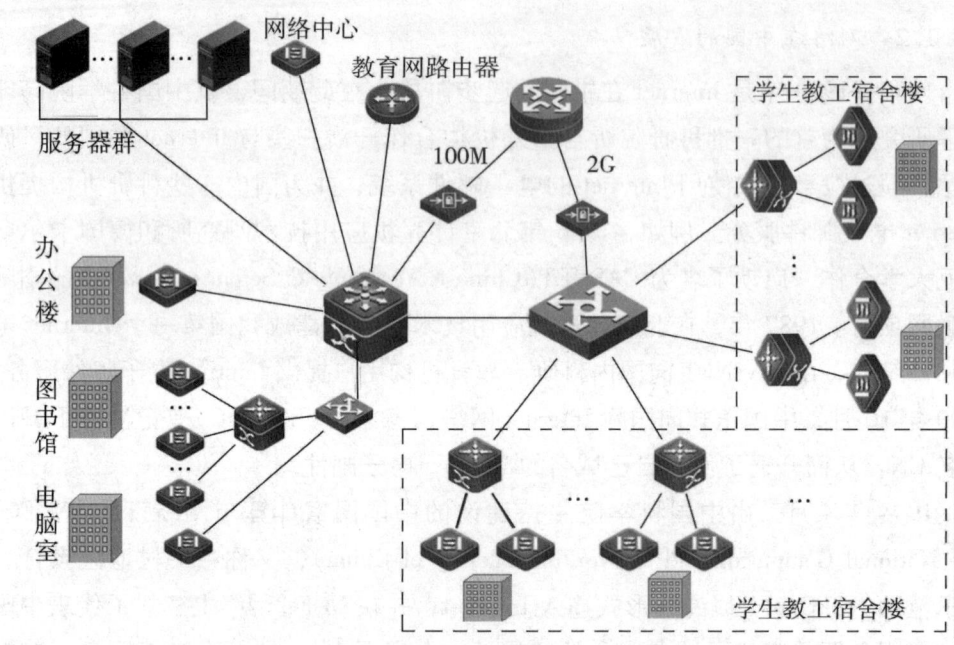

图1-2 高校校园网网络拓扑图

城域网(MAN,Metropolitan Area Network)通常是指在城市内部联接而成的网络,如政府网。图1-3是教育城域网网络拓扑图。

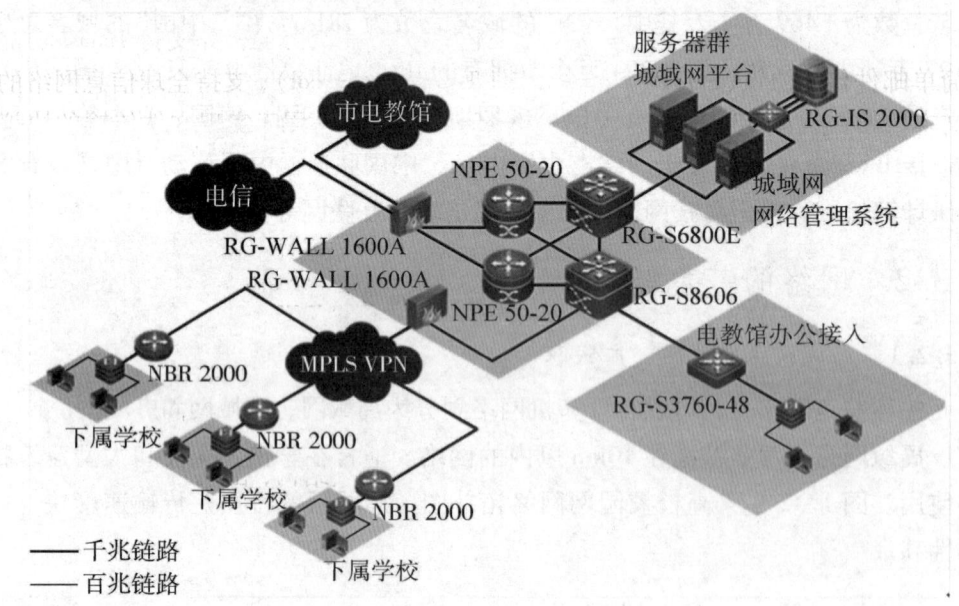

图1-3 教育城域网网络拓扑图

广域网(WAN，Wide Area Network)是指城市与城市之间、国家与国家之间、城市与国家之间联接而成的网络。Internet 是世界上规模最大、覆盖面最广、信息资源最丰富的广域网。

1.3.2.2 网络协议与 TCP/IP

(1) 网络协议

网络协议，即网络实体之间通信的语言。它定义了在两个或多个通信实体之间交换报文的格式和次序，以及在报文传输、接收或其他事件上所采取的行动。计算机网络中的所有活动，凡是涉及两个或多个通信的远程实体都受协议的制约。

(2) TCP/IP 协议

TCP/IP 协议是 Internet 赖以存在的基础，Internet 中计算机之间的通信必须共同遵循 TCP/IP 协议。TCP/IP 协议是指一套协议，其中 TCP 和 IP 是最基础、最重要的两个协议。

TCP 是传输控制协议(TCP，Transfer Control Protocol)的缩写，IP 是网际协议(IP，Internet Protocol)的缩写。TCP/IP 协议使信息以数据报文的形式在网络上传输。当网络用户将信息发往网络上的其他计算机时，TCP 协议负责将完整的信息分成若干个数据包，并在数据包的前面加上收、发节点的地址信息，然后由 IP 协议负责将这些数据包送往接收端，不同的包可能经过的路径也不同，在接收端再由 TCP 协议将数据从包中取出，还原成初始的信息。

除了 TCP 和 IP 外，这一套协议中还包括许多其他协议，如支持 Email 功能的简单邮件传输协议(SMTP，Simple Mail Transfer Protocol)、支持全球信息网络的超文本传输协议(HTTP，Hyper-Text Transfer Protocol)、用于实现文件传输的协议(FTP，File Transfer Protocol)、用于远程登录的 Telnet 协议等。

1.3.2.3 IP 地址

Internet 上计算机或路由器的每个网络接口(一般来说，一台计算机有一个接口，而一台路由器有多个接口)都有一个由授权机构分配的号码，称为 IP 地址。IP 地址能够唯一地确定 Internet 上的每个网络接口。由 32 位二进制数组成的地址称为 IPv4 地址。在实际应用中，将这 32 位二进制数分成 4 段，每段包含 8 位二进制数。为了便于应用，将每段都转换为十进制数，段与段之间用点号"."隔开，称为点分十进制，如 202.197.96.118。IP 地址采用层次结构，由网络号与主机号组成，其结构如图 1-4 所示。

网络号(net-id)	主机号(host-id)

图 1-4 IP 地址结构

其中，网络号用来标识一个逻辑网络，主机号用来标识网络中的一个接口。一台 Internet 主机至少有一个 IP 地址，而且该 IP 地址是全球唯一的。如果一台 Internet 主机有两个或多个 IP 地址，则该主机属于两个或多个逻辑网络。

IPv4 是 Internet 的核心协议，是 20 世纪 70 年代设计的。从计算机本身发展以及从 Internet 规模和网络传输速率来看，IPv4 已经不能满足时代的要求，最主要的问题就是 32 位的 IP 地址不够用。为了解决这个问题，可以采取几种方案，但最好的办法就是采用具有更大地址空间的下一代网际协议 IPv6。

IPv6 把原来 IPv4 地址增大到了 128 位，其地址空间大约是 3.4×10^{38}，是原来 IPv4 地址空间的 2^{96} 倍。IPv6 没有完全抛弃原来的 IPv4，且允许与 IPv4 在若干年内共存，它使用一系列固定格式的扩展首部取代了 IPv4 中可变长度的选项字段。IPv6 对 IP 数据报协议单元的头部进行了简化，这样当数据报文经过中间的各个路由器时，各个路由器对其处理的速度可以更快，从而可以提高网络吞吐率。IPv6 内置了支持安全选项的扩展功能，如身份验证、数据完整性和数据机密性。

1.3.2.4 DNS

在 Internet 上用数字来表示 IP 地址，人们记忆起来是比较困难的。为此引入了域名的概念。为每台主机取一个域名，通过为每台主机建立 IP 地址与域名的映射关系，用户在网上可以避免记忆 IP 地址，记忆 IP 地址对应的域名即可。主机的 IP 地址与域名的对应关系就像某人的身份证号码和姓名之间的对应关系一样，显然姓名比身份证号码更容易记忆。

Internet 在 1984 年采用了域名管理系统（DNS，Domain Name System）。要把计算机接入 Internet，一般必须获得唯一的 IP 地址和对应的域名。按照 Internet 上的域名管理规定，入网的计算机应该具有下列结构的域名：

> 主机名 . 机构名 . 网络名 . 顶级域名

与 IP 地址的格式类似，域名各部分之间也用"."隔开。例如，华南理工大学的 Web 服务器域名为 www.scut.edu.cn。其中，www 表示这台主机的名称，scut 表示华南理工大学，edu 表示教育科研网，cn 表示中国。

DNS 是一个协议，负责将域名转换为对应的 IP 地址。为了提高效率，Internet 上的域名采用了一种由上到下的层次关系。在最顶层的称为顶级域名。

顶级域名目前采用两种划分方式：以所从事的行业领域划分和以国别划分。以所从事的行业领域划分的顶级域名见表 1-1；以国别划分的顶级域名见表1-2。

表1-1 部分行业领域的顶级域名

行业名	域名	行业名	域名
商业	.com	教育机构	.edu
军事部门	.mil	民间团体或组织	.org
政府机构	.gov	网络服务机构	.net

表1-2 部分国家和地区的顶级域名

国家和地区名	域名	国家和地区名	域名
澳大利亚	.au	韩国	.kr
印度	.in	德国	.ge
巴西	.br	新加坡	.sg
意大利	.it	法国	.fr
加拿大	.ca	中国台湾	.tw
日本	.jp	中国香港	.hk
中国	.cn	英国	.uk

美国没有自己的国别顶级域名，通常所见到的是采用行业领域的顶级域名。相对于国别顶级域名，行业领域的顶级域名称为国际域名。

顶级域名由 Internet 网络管理中心负责管理。在国别顶级域名下的二级域名由各个国家自行确定。我国顶级域名".cn"由中国互联网络信息中心（CNNIC，China Internet Network Information Center）负责管理。在".cn"下可由经国家认证的域名注册服务机构注册二级域名。我国将二级域名按照行业类别或行政区域划分。行业类别大致分为科研机构(.ac)、商业企业(.com)、教育机构(.edu)、政府部门(.gov)、网络机构和中心(.net)等。行政区域二级域名适用于各省、自治区、直辖市，共30多个，采用省市的简称，如北京市(.bj)、广东省(.gd)等。

DNS 也是一个遍布 Internet 的分布式主机信息数据库系统，其基本任务是将文字表示的域名，如 www.scut.edu.cn 翻译成 IP 协议能够理解的 IP 地址格式，如 202.192.96.115，亦称为域名解析。域名解析的工作通常由 Internet 上的域名服务器来完成。

1.3.2.5 URL

URL 是统一资源定位器（URL，Uniform Resource Locator）的简称。URL 采用一种统一标准的格式指明 Internet 上的信息资源的位置，Internet 通过 URL 将世界上的联机信息资源组织成有序的结构。URL 不仅用于 HTTP 协议，还可用于 FTP、Telnet 等协议。URL 的地址格式如下：

应用协议://服务器的主机名(域名或 IP 地址)/路径名/……/文件名

例如："http://www.scut.edu.cn/webpage/about.htm"表示通过 http 协议，从中国教育与科研网中的华南理工大学 web 服务器上获取 webpage 路径下的 about.htm 页面。

1.3.3 Internet 基本服务

目前，Internet 提供的服务很多，其中基本服务有 Web 服务、文件传输、远程登录、电子邮件、IP 电话、网上寻呼等。

1.3.3.1 万维网 WWW

万维网即 WWW(WWW，World Wide Web)，是以超文本标记语言(HTML，Hyper Text Markup Language)与超文本传输协议 HTTP 为基础，能够以十分友好的接口提供 Internet 信息查询服务的多媒体信息系统。这些信息资源分布在全球数以万计的 WWW 服务器(或称 Web 站点)上，并由提供信息的专门机构进行管理和更新。用户通过一种称为 Web 浏览器的软件，可以浏览 Web 站点上的信息，并可单击标记为"链接"的文本或图形，随心所欲地转换到世界各地的其他 Web 站点，访问其上丰富的信息资源。

1.3.3.2 文件传输 FTP

FTP 是 Internet 上使用最广泛的文件传输协议。FTP 能够屏蔽计算机所处位置、连接方式以及操作系统等细节，使 Internet 上的计算机之间实现文件的传送。用户登录到远程计算机上，搜索需要的文件或程序，然后下载到本地计算机，也可以将本地计算机上的文件上传到远程计算机上。

无论是 UNIX 还是 Windows 操作系统，都包含 FTP 协议。FTP 采用客户机/服务器工作方式。用户计算机称为客户机，远程提供 FTP 服务的计算机称为 FTP 服务器。FTP 服务是一种实时联机服务，用户在访问 FTP 服务器之前需要进行注册。不过，Internet 上大多数 FTP 服务器都支持匿名服务，即以 anonymous 作为用户名，以任何字符串或电子邮件地址作为登录口令。匿名用户一般只能获取文件，不能在远程计算机上建立文件或修改已存在的文件，通常对获取文件也有一定的限制。

目前，利用 FTP 传输文件的方式主要有 3 种：FTP 命令行、浏览器和 FTP 下载工具。

①FTP 命令行。UNIX 操作系统中有丰富的 FTP 命令集，能够方便地完成文件传送操作。

②浏览器。IE 浏览器或其他浏览器中都带有 FTP 程序模块，因此可以在地址栏中直接输入 FTP 服务器的 IP 地址或域名，浏览器将自动调用 FTP 程序完成连

接。当连接成功后，浏览器界面显示出该服务器上的文件夹和文件名列表。

③FTP下载工具。FTP工具软件同时具有远程登录、对本地计算机和远程服务器的文件和目录进行管理以及相互传送文件等功能。而且FTP下载工具还具有断点续传功能，当网络连接意外中断后，还可继续进行剩余部分的传输，提高了文件下载速率。CuteFTP是一个常用的FTP下载工具，其功能强大，支持断点续传、上传、文件拖放等。

1.3.3.3 远程登录Telnet

Telnet采用客户机/服务器工作方式。进行远程登录时需要满足以下条件：在本地计算机上必须装有包含Telnet协议的客户程序；必须知道远程主机的IP地址或域名；必须知道登录用户名和密码。Telnet远程登录服务分为以下4步：

①本地计算机与远程主机建立TCP连接。

②将本地计算机上输入的用户名和密码以及以后输入的任何命令或字符串转换成NVT（Net Virtual Terminal）格式传送到远程主机。

③将远程主机输出的NVT格式的数据转换成本地数据格式送回本地终端，包括输入命令回显和命令执行结果。

④本地计算机撤销与远程主机的TCP连接。

世界上有许多图书馆通过Telnet对外提供联机检索服务。一些政府部门和研究机构也将他们的数据库对外开放，供用户通过Telnet查询。当然，要在远地计算机上登录，首先要成为该系统的合法用户，应有相应的用户名和密码。一旦登录成功，用户便可使用远程计算机检索对外开放的全部信息资源。

1.3.3.4 电子邮件

电子邮件（Email，Electronic mail）是一种利用计算机网络收发电子信件的通信手段，是互联网上使用最多、最受欢迎的一种服务。电子邮件将邮件发送到收信人的邮箱中，收信人可随时进行读取。电子邮件不仅使用方便，而且还具有传递迅速和费用低廉的优点。电子邮件不仅能够传递文字信息，还可以传递图像、声音、动画等多媒体信息。

（1）电子邮件收发过程

电子邮件系统采用客户机/服务器工作模式，由邮件服务器和邮件客户端两部分组成。邮件服务器包括接收邮件服务器和发送邮件服务器两种类型。发送邮件服务器使用SMTP协议，当用户发出一封电子邮件时，邮件服务器按照邮件地址送到收信人的接收邮件服务器中。接收邮件服务器为每个电子邮件用户开辟了一个专用硬盘空间，用于暂时存放收到的邮件信息。当收信人将自己的计算机连接到接收邮件服务器并发出接收指令后，通过邮局协议POP 3（Post Office Protocol Version 3）或互联网邮件访问协议IMAP（Internet Mail Access Protocol）读取电子信箱内的邮件。

(2) 电子邮件地址

每一个电子邮箱都有一个 Email 地址。Internet 上的 Email 地址统一格式如下：

> 收信人邮箱名@邮箱所在的主机名

其中，符号"@"读作"at"，表示"在"的意思。收信人邮箱名是用户在向电子邮件服务机构注册时获得的用户名，它必须是唯一的。例如，"xhy@ scut. edu. cn"就是一个用户的 Email 地址，它表示华南理工大学邮件服务器上的用户名为 xhy 的 Email 地址。

(3) 电子邮件客户端软件

常用的电子邮件客户端软件有 Microsoft 公司的 Outlook Express、高通的 Eudora 以及国内开发的非商业软件 Foxmail。

目前，电子邮件客户端几乎可以在任何硬件与软件平台上运行。它们所提供的功能基本相同，都可以完成以下操作：

建立和发送电子邮件；接收、阅读和管理邮件；账号、邮箱和通信录管理等。

(4) 电子邮件格式

电子邮件由两部分组成，即信封和内容。RFC 822（RFC，request for comments，是一系列以编号排定的文件。文件收集了有关 Internet 的相关资讯，以及 UNIX 和 Internet 社群的软件文件。目前 RFC 由 ISOC（Internet Society）赞助发行）只规定了邮件内容中的首部格式，而邮件的主体部分则由用户撰写。首部包含发信人的地址、收信人的地址、邮件主题、邮件发送的日期和时间等。用户写好首部后，邮件系统将自动将信封所需的信息提取出来并写在信封上。电子邮件系统根据邮件信封上的收信人地址等信息来传输邮件。用户在从自己的信箱中读取邮件时才能见到邮件的内容。

(5) 邮件账号的设置

要发送和接收电子邮件，首先要有一个合法的邮件账号。目前邮件账号主要有两种类型：收费账号和免费账号。收费邮件账号要求使用者每年交纳一定费用，一般邮箱较大，安全保密性较好，如单位内的收费邮箱。目前提供免费邮件账号的服务较多，在各大门户网站都能申请到邮箱账号，不过有的安全保密性较差，经常有一些垃圾邮件入侵。

1.3.3.5 IP 电话

IP 电话又称为网络电话，狭义上是指通过互联网打电话，广义上则包括语音、传真、视频传输等多项电信业务。

IP 电话通话方式有 3 种：计算机与计算机、计算机与电话机、电话机与电话机。

能打网络电话的计算机必须是一台联上互联网的计算机,同时要装有声卡、扬声器和麦克风,并且安装了 IP 电话软件,如 Microsoft 的 NetMeeting、国内开发的 E-话通等。这样,通信双方约定时间,同时上网就可以进行通话了。

电话机用户应当具备拨号到本地网络的 IP 电话网关的功能。IP 电话网关其实是一台通过专线与 Internet 相连的主机,通常由电信公司建立,提供 IP 电话接入服务。计算机方呼叫远端电话的过程为:先通过 Internet 登录到 IP 电话网关,进行账号确认,提交被叫号码,然后由网关完成呼叫。电话呼叫远端计算机的过程为:计算机应当向 Internet 提供一个固定的地址,并且在电话所在的网关上进行登记,电话向网关呼叫,通过网关自动呼叫被叫计算机(计算机保持开机)。

电话机用户通过本地电话拨号连接到本地的 IP 电话网关,输入账号、密码,确认后键入被叫号码,使本地 IP 电话网关与远端的 IP 电话网关进行连接,远端的 IP 电话网关通过当地的电话网呼叫被叫用户,从而完成电话机用户之间的通信。

1.3.3.6 网上寻呼

网上寻呼可以及时地传送文字信息、语音信息、聊天和发送文件。

要使用网上寻呼,首先要在计算机中安装一个寻呼软件,通过软件登录到网络寻呼服务器,提出申请并获得一个唯一的寻呼号码。有了寻呼号码后,就能寻找并添加网友,别人也可以添加你为好友。可以通过网上寻呼与在线的朋友发消息、聊天等,这些操作都是即时的。

国内的网上寻呼,首推腾讯 QQ,它是深圳市腾讯计算机系统有限公司开发的,基于 Internet 的中文即时寻呼软件。通过使用 QQ 实现与好友交流,信息即时发送,即时回复。QQ 还具有 BP 机网上寻呼、手机短信服务、聊天室、语音邮件、视频电话等功能。

1.3.4 Internet 的接入方式

Internet 服务提供商(ISP,Internet Service Provider)是众多企业和个人用户接入 Internet 的桥梁。当计算机连接 Internet 时,它并不是直接连接到 Internet,而是采用某种方式与 ISP 提供的某一种服务器连接起来,通过它再接入 Internet。

根据经营业务范围的不同,ISP 有很多类型。其中,主干网 ISP 从事高速长距离回路的接入服务,通常采用大型高速路由器和转接器来提供服务。

目前,我国经营主干网的 ISP 有:中国公用计算机互联网、中国教育和科研计算机网(CERNET,其拓扑图如图 1-5 所示)、中国科技网(CSTNET)等。它们拥有自己的国际信道和基本用户群。其他的 Internet 服务提供商属于二级 ISP,这些 ISP 基本上是经 ChinaNET 接入 Internet。按 ISP 提供的增值业务,ISP 大致可以分为两大类,一类是以接入服务为主的接入服务提供商(IAP,Internet Access

Provider),另一类是以信息内容为主的内容服务提供商(ICP,Internet Content Provider)。

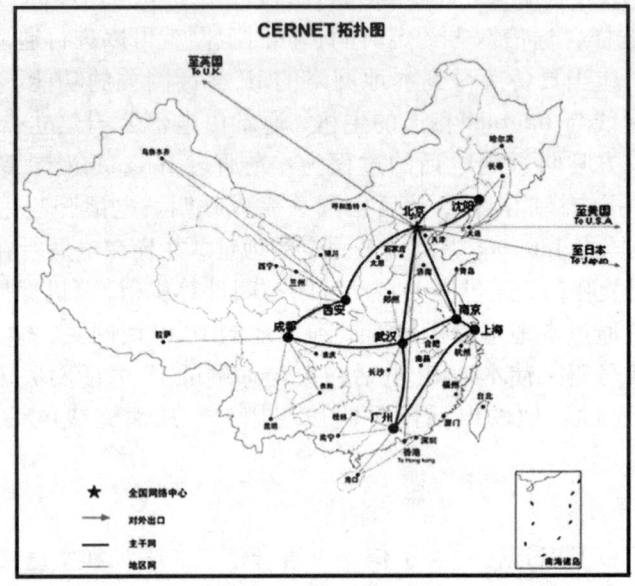

图1-5 CERNET拓扑图

终端用户接入网络的方式可以分为以下3种:住宅接入、机构接入和无线接入。

1.3.4.1 住宅接入

住宅接入是指将居民家里的计算机接入互联网。住宅接入可以采用以下接入形式:

(1)电话拨号接入

电话拨号接入的方式是通过电话线,将用户的计算机与网络服务商的主机连接起来。电话拨号接入Internet方式需要的硬件有:计算机、直拨电话线和调制解调器。安装好硬件后,再找一个提供拨号上网服务的ISP,获取上网的用户名、密码等信息,就可以通过电话线拨号上网了,如图1-6所示。

图1-6 电话拨号接入

拨号上网是使用电话线传输信息,在上网的同时无法接听或拨打电话。另外,拨号上网的传输速率较低,进行大数据量的文件传输时无法保证质量。

(2) ISDN 接入

ISDN 的中文名称是综合业务数字网（ISDN，Integrated Services Digital Network）。中国电信将其称为"一线通"。用户利用普通的电话线可以同时享受语音、数据、视频等丰富多彩的数字通信服务，即在一条电话线上实现一边上网一边打电话。

虽然是普通的电话线，但它提供给用户的却是两个标准的 64kb/s 的数字信道，其最高的上网速率可以达到 128kb/s，是普通 Modem 的 2～3 倍。

ISDN 接入方式所需的硬件有：计算机、普通电话线、ISDN Modem 等。硬件安装好后，再找一个提供 ISDN 上网服务的 ISP，办好上网手续后即可上网，如图 1-7 所示。

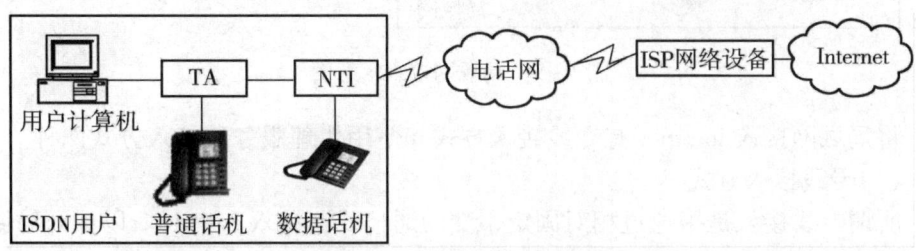

图 1-7　ISDN 接入示意图

相比普通拨号方式，ISDN 初次安装费用较高，但 ISDN 的包月费用稍低、传输速率较高以及一线通等优点，使它在普通的电话拨号方式之外，成为用户入网比较理想的选择。

(3) ADSL 接入

ADSL 的中文名称是非对称数字用户线路（ADSL，Asymmetric Digital Subscriber Line），它是一种上下行不对称的高速数据调制技术，提供下行 6Mb/s ～8Mb/s、上行 1Mb/s 的上网速率。它以铜线为传输介质，采用先进的数字调制技术和信号处理技术，在普通电话线上传送电话业务的同时还可以给用户提供高速宽带数据业务和视频服务。

ADSL 接入方式所需硬件有计算机、网卡、普通电话线、分频器和 ADSL Modem 等。硬件安装好后，再找一个提供 ADSL 上网服务的 ISP，办好上网手续后即可上网，如图 1-8 所示。

图 1-8　ADSL 接入示意图

1.3.4.2 机构接入

在公司和大学校园，终端用户组成了局域网。将局域网接入 Internet 后，局域网的每台计算机安装和设置网络后即可上网，如图 1-9 所示。

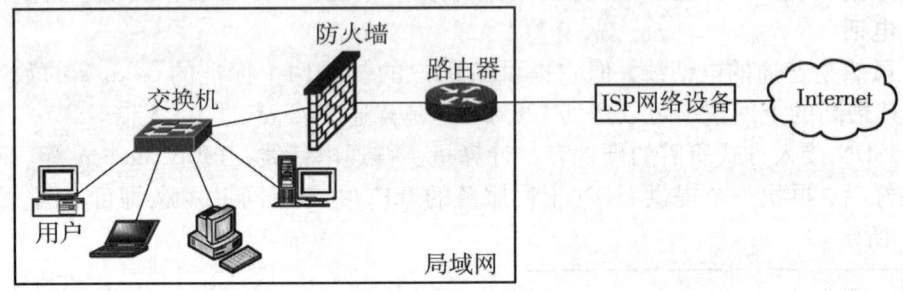

图 1-9 局域网接入示意图

将局域网接入 Internet 有专线接入方式和使用代理服务器接入方式两种。

(1) 专线接入方式

所谓专线接入是指通过相对固定不变的通信线路接入 Internet，以保证局域网上的每个用户都能正常使用 Internet 上的资源。这种接入方式是通过路由器将局域网接入 Internet。路由器的一端接在局域网上，另一端则与 Internet 上的连接设备连接，此时的局域网就变成了 Internet 上的一个子网。子网中的每台计算机都可以拥有单独的 IP 地址。

(2) 代理服务器接入方式

通过局域网的服务器，由一根电话线或专线将服务器与 Internet 连接，局域网上的每台主机通过服务器的代理，共享服务器的 IP 地址访问 Internet。这种方式需要有代理服务器。

代理服务器是一种非常重要的 Internet 接入技术，其作用是代理网络用户去取得网络信息。

代理服务器位于用户端系统与服务器之间。对于服务器而言，代理服务器是客户机，它向服务器提出各种服务申请；对于用户端系统而言，代理服务器则是服务器，它接收用户端系统提出的申请并提供相应的服务。也就是说，用户端系统访问 Internet 时所发出的请求不再直接发送到远程服务器，而是被送到代理服务器，代理服务器会检查本机的缓冲区有无需要的信息，若有，就直接发送给用户端系统；否则，就向远程的服务器提出相应的申请，接收远程服务器提供的数据并保存在自己的缓冲区，然后用这些数据对客户机提供相应的服务。

代理服务器的主要功能包括：

①为工作站提供访问的代理服务，使多个不具有独立 IP 地址的工作站通过代理服务器获得 Internet 服务。

②提供缓存功能,可提高 Internet 的浏览速度。

③用作防火墙,为网络提供安全保护措施。使用代理服务器的网络,只有作为代理服务器的那一台计算机与 Internet 相连,代理服务器内部网络与 Internet 隔开,使客户机的内部资源不会受到外界的侵犯。

1.3.4.3 无线接入

无线接入 Internet 的方式主要有两大类:无线局域网接入(Wireless LAN Access)和广域无线接入网接入(Wide-area Wireless Access Network)。

在无线局域网接入中,无线用户与位于几十米半径内的无线访问点(AP, Access Point)通信,彼此传输/接收分组。无线访问点通常与有线的 Internet 相连,为无线访问点覆盖范围内的合法无线用户提供访问 Internet 的服务。

在无线局域网接入时,用户端使用计算机和无线网卡,服务器端则使用无线信号发射装置(AP)提供连接信号,如图 1-10 所示。

图 1-10 无线局域网接入

当通过无线局域网技术访问 Internet 时,通常需要位于无线接入点的几十米半径之内。对于家庭接入、咖啡店接入,或更为一般的,围绕一座建筑物的接入,是可行的。但是当坐在海滩上或位于行驶汽车中而需要接入 Internet 时,采用这种方法则不可行,此时可以采用下述广域无线接入网接入。

在广域无线接入网接入中,漫游的 Internet 无线用户利用移动电话基础设施接入 Internet。电信提供商建立的基站,可以为数万米半径范围内的无线用户提供服务。

采用广域无线接入网接入时,用户端需要购买额外的卡式设备(PC 卡),将其直接插在电脑或者台式计算机的 PCMCIA 槽或 USB 接口,实现无线上网。服务端则是由中国移动或中国联通等服务商提供接入服务,如 GPRS 或 CDMA,如图 1-11 所示。

采用广域无线接入网接入时,只要有手机信号并开通数字服务的地区都可以使用,其缺点是速度不够理想。

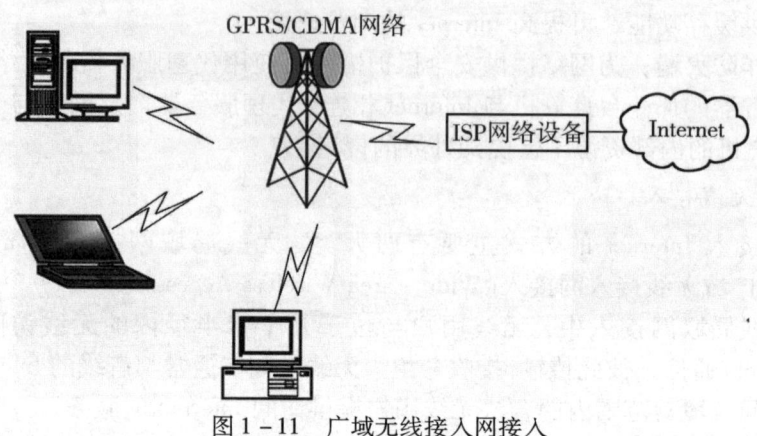

图 1-11　广域无线接入网接入

本 章 小 结

本章介绍了与网络信息检索有关的基础知识，包括信息资源与信息素养的有关概念、数据库基础以及网络基础。

信息泛指人类社会传播的一切内容。

知识是指人们对某个事物的熟悉程度，是构成人类智慧的最根本的因素。

文献是记录知识的一切载体。

信息作为一种资源，即称信息资源。按信息资源的存在状态可将其分为潜在的信息资源和现实的信息资源两大类。

现实的信息资源依据其载体不同可分为体载信息资源、文献信息资源、实物信息资源和网络信息资源。

文献信息资源的出版类型可分为十大类，即图书、期刊/报纸、科技报告、会议文献、专利文献、学位论文、标准文献、政府出版物、产品样本和产品目录、档案文献。

按信息的加工程度，文献信息资源分为一次信息资源、二次信息资源、三次信息资源和零次信息资源。

网络信息资源是以网络为纽带连接起来的，以网络为主要交流、传递、存储手段的信息资源。

电子信息资源就是电子化了的信息资源。

按信息表现形式，电子信息资源分为文本信息资源、超文本信息资源、多媒体信息资源、超媒体信息资源。

按信息载体，电子信息资源分为联机信息资源、光盘信息资源和网络信息资源。

按信息交流的方式，电子信息资源分为非正式出版信息资源、半正式出版信息资源和正式出版信息资源。

电子信息资源具有组织形式网状化、存在形式数字化，内容丰富多样，共享性、动态性、交互性、体积小、传播不受时空限制等特点。

信息素养不仅包括人们利用信息工具和信息资源的能力，还包括选择、获取、识别信息，加工、处理、传递信息并创造信息的能力。

信息素养可以从信息意识与情感、信息知识、信息能力、信息道德等方面来培养。

数据是数据库中存储的基本对象。

数据库是按一定的方式合理组织并存储在计算机存储设备上的相互关联的数据集合。电子信息资源数据库是网络信息检索的主体。

电子信息资源数据库可分为参考数据库、源数据库和混合数据库。

电子信息资源数据库是由一组相关数据文件组成的。每个数据文件由许多记录组成，每条记录由不同的字段组成。

网络数据库是在网络上创建、运行的数据库，数据库中记录之间的关系不一定是一一对应的，可能存在着一对多或者多对一的关系。

按覆盖范围来分，可以将计算机网络划分为局域网、城域网和广域网。

Internet 是世界上规模最大、覆盖面最广、信息资源最丰富的广域网络。

网络协议是网络实体之间通信的语言。

Internet 上计算机或路由器的每个网络接口都有一个由授权机构分配的号码，称为 IP 地址。

DNS 既是一个遍布 Internet 的分布式主机信息数据库系统，也是一个协议，完成域名到 IP 地址的解析。

URL 是统一资源定位器的简称，Internet 通过 URL 将世界上的联机信息资源组织成有序的结构。

Internet 提供的基本服务有 Web 服务、文件传输、远程登录、电子邮件、IP 电话、网上寻呼等。

接入 Internet 的方式主要有住宅接入、机构接入和无线接入。

练习题

1. 简述信息、知识与文献的关系。
2. 按信息资源出版类型划分，文献信息资源可以分为哪几类？
3. 什么是信息素养？怎样培养良好的信息素养？
4. 电子信息资源有哪些特点？
5. 请谈谈网络信息检索与数据库、计算机网络的相关性。

第 2 章　网络信息检索系统

2.1　信息检索系统

2.1.1　网络信息资源

2.1.1.1　网络信息资源的特点

当今遍布全球的互联网快速发展，导致网络信息资源比传统的信息资源有了很大的不同，具有一些新的特点。

①信息量大。由于互联网是一个开放的平台，人们可以自由地加入互联网，并在网上发布各种信息，因此网络信息资源的增加呈爆炸性趋势。

②信息的来源复杂。互联网具有开放性，缺乏统一的管理和质量控制。网络信息资源中既有高品质的信息，也有大量垃圾信息和不良信息，给用户利用网络信息造成了很大的困扰。

③信息的形式多样。计算机技术的发展，使得网络信息资源的呈现形式具有多样性，包括文本、图像、音频、视频等，为用户提供了更生动的信息资源。

④信息获取更便捷。只要具备上网的条件，人们可以在任何时间、任何地点获取网络信息资源，节省了前往图书馆、购书中心等地的时间。

⑤信息动态更新。网络环境下，信息的更新速度快，时效性强。每天都有新的信息资源产生，也有旧的信息资源失效。这会导致网络信息检索的难度增大，不确定性增加。

⑥信息的关联度高。网络信息资源分散在世界各地的计算机上，看似无关联，然而互联网具有超文本和超链接的特点，用户可以借助检索到的信息关联到其他的相关信息。

2.1.1.2　网络信息资源的获取

在检索网络信息资源之前，需要考虑检索主题是什么，哪种信息资源与检索主题相关，如何找到需要的信息资源。下面用两个例子来说明网络信息资源的获取途径。

（1）求职应聘

大学三年级的学生会面临暑假找实习单位的问题，大学四年级的学生会面临找工作单位的问题。因此，如何查找求职信息就非常重要了。这可以从以下几个方面来着手：

① 综合性招聘网站，如：
- 智联招聘网（http://www.zhaopin.com/）；
- 中华英才网（http://www.chinahr.com/）；
- 前程无忧网（http://www.51job.com/）。

② 大学生招聘网站，如：
- 应届生求职网（http://www.yingjiesheng.com/）；
- 高校就业指导网站（例如，华南理工大学就业在线，http://www.scut.edu.cn/bys/）；
- 高校论坛（例如，华南理工大学木棉 BBS，http://bbs.scut.edu.cn/bys/，"就业与人才市场"版）。

③ 政府机构招聘网站，如：
- 中华人民共和国人力资源和社会保障部网站（http://www.mohrss.gov.cn/）；
- 广东省人力资源和社会保障厅网站（http://www.gdhrss.gov.cn/）。

（2）旅游度假

旅游已经日益成为人们崇尚的休闲方式，古人云，"读万卷书，行万里路"。大学生可以利用大大小小的假期结伴出游，见识外部世界。那么，在出门前，需要安排好衣食住行，方能放心旅游。可以通过查找以下的网络信息资源，帮助规划旅程：

① 各级政府官方旅游网站，如：
- 中国国家旅游局网站（http://www.cnta.gov.cn/）；
- 广东省旅游局咨询网（http://www.visitgd.com/ch/index.aspx）；
- 中国旅游诚信网（http://qualitytourism.cnta.gov.cn/）。

② 景区官方网站，如：
- 九寨沟景区网站（http://www.jiuzhai.com/）；
- 石林旅游网（http://www.chinastoneforest.com/）；
- 长隆旅游度假区网站（http://www.chimelong.com/）。

③ 旅游商业网站，如：
- 携程旅行网（http://www.ctrip.com/）；
- 阿里旅行网（https://www.alitrip.com/）；
- 去哪儿网（http://www.qunar.com/）。

2.1.2 网络检索系统

网络信息检索是用户利用网络终端,从海量网络信息中获取相关信息的过程。网络信息检索能力是信息素养的重要体现,通过学习网络信息检索的基本知识,可以提升网络信息检索的能力。

网络检索系统是以网络信息资源作为检索对象的系统。系统采用客户机/服务器结构。在共同的网络协议下,一个服务器可以被多个客户访问,一个客户也可以访问多个服务器。网络检索系统可以分为商业网络信息检索系统和开放网络信息检索系统两类。中国知网、万方学术数据库等属于前者,而各种搜索引擎属于后者。

网络检索系统首先需要广泛收集网络信息资源的数据,经过规则的筛选、判断,留出所需信息,然后进行标引、分类和组织,形成检索数据库,创建检索目录,提供网页形式的检索界面。用户在使用检索系统时,要了解其检索表达式的使用说明,通过检索界面输入合适的检索式。系统在检索数据库中查询,并将结果按照相关度顺序提供给用户。

网络信息资源的呈现方式是多种多样的,网络检索系统也各具特色。开放网络信息检索系统由于使用简单方便,获得大部分普通网络用户的青睐,但是大量的广告推广和重复混杂的低质量信息也让用户头疼不已。而商业网络信息检索系统针对某些领域收录学术性文献资料,有专门的机构负责系统的管理和维护,数据内容全,准确度高,回溯年代久远,具有权威性,为广大科研工作者提供了许多宝贵的资料。但由于收费昂贵,所以一般由高校出资购买使用权,供校内师生使用。

2.2 信息检索语言

由于自然语言存在词汇或语义上的歧义,不便于检索,因此在信息检索领域出现了各种信息检索语言。信息检索语言又称标引语言、索引语言、概念标识系统,是信息检索系统存储和检索信息时使用的约定性语言。在信息存储过程中,用信息检索语言来描述信息的内容特征和外部特征;在信息检索过程中,使用信息检索语言来描述检索提问,表达用户的需求。信息检索语言保持了信息存储和检索的一致性,提高了检索的效率。

按照文献资源的特征来划分,可以将信息检索语言进行如图 2-1 的分类。

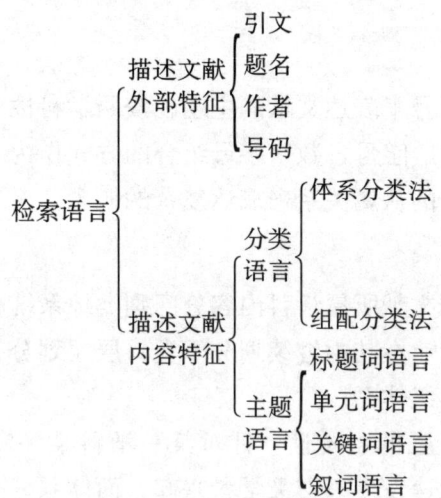

图 2-1 检索语言类型

文献的外部特征是与文献的内容关系不大的信息,包括以下四个方面:

(1)引文

在文献甲中提到了文献乙,并以文后参考书目或脚注的形式列出了文献乙的出处,其目的在于指出信息的来源、提供某一观点的依据等。这时,称文献乙为文献甲的引文,称文献甲为文献乙的引证文献。引文通常称为被引文献或参考文献,引证文献通常也称为来源文献。

(2)题名

题名是指文献的相关名称,比如一本书的书名、一个期刊的刊名、一篇文献的篇名等。

(3)作者

作者包括文献的著者、编者、译者、专利权人,还可以是代表机构、单位的团体作者等。

(4)号码

号码包括科技报告的报告号、合同号、拨款号;专利文献的专利号、入藏号、公司代码;国际标准书号(ISBN,International Standard Book Number)、国际标准刊号(ISSN,International Standard Serial Number)、标准号等。

如果已知某篇文献的外部特征信息,则可以快速准确地找到相应的文献。然而,针对某一新课题展开研究时,往往不知道有哪些文献是合适的参考文献,必须通过内容特征来寻找。文献的内容特征是与文献信息的主题和内容密切相关的信息,掌握描述文献内容特征的检索语言,是提高检索效率的关键。

2.2.1 分类语言

分类语言是用分类号来表达文献的主题,按照学科性质进行分类的文献检索语言。分类语言以数字、字母、数字字母组合的方式作为基本字符,以基本类目作为基本词汇,以类目的从属关系来表达复杂的概念。

2.2.1.1 体系分类法

体系分类法是根据文献所属学科内容分门别类地系统化组织的方法。首先按学科门类划分大类,然后在其中继续划分子类,层层划分,逐级展开,最终形成严格有序的学科门类等级体系。

体系分类法具有较强的系统性,针对某一学科某一专业的文献检索方便有效。但是,现代科技飞速发展,交叉学科兴起,而体系分类法的类目设置更新不及时,导致一些新兴学科或交叉学科的文献检索比较困难。

目前,国内通用的分类法有《中国图书馆图书分类法》(简称《中图法》)、《中国科学院图书分类法》(简称《科图法》);国外通用的分类法有《杜威十进分类法》(DDC,Dewey Decimal Classification)、《国际十进分类法》(UDC,Universal Decimal Classification)、《美国国会图书馆图书分类法》(LCC,Library of Congress Classification)等。下面以《中图法》为例,介绍体系分类法的结构和使用方法。

《中图法》分为五个基本部类,在其下又细分为22个基本大类,如表2-1所示。

表2-1 《中图法》大类表

基本部类	基本大类	
第一大类	A 马克思主义、列宁主义、毛泽东思想、邓小平理论	
第二大类	B 哲学、宗教	
第三大类 (社会科学)	C 社会科学总论	D 政治、法律
	E 军事	F 经济
	G 文化、科学、教育、体育	H 语言、文字
	I 文学	J 艺术
	K 历史、地理	
第四大类 (自然科学)	N 自然科学总论	O 数理科学和化学
	P 天文学、地球科学	Q 生物科学
	R 医药、卫生	S 农业科学
	T 工业技术	U 交通运输
	V 航空、航天	X 环境科学、安全科学
第五大类	Z 综合性图书	

《中图法》采用汉语拼音字母与阿拉伯数字相结合的标记符号，用一个大写字母表示大类，以字母的顺序反映大类的序列。字母后面跟着的数字表示更小的类目划分。数字的编号使用小数制。下面以"工商行政管理"为例，说明《中图法》的层层细分情况。

```
F 经济
    F0 经济学
    F1 世界各国经济概况、经济史、经济地理
    F2 经济计划与管理
        F20 国民经济管理
            F201 经济预测
            F202 经济决策
            F203 生产行业管理
                F203.9 工商行政管理
            F204 科学技术管理
        ……
```

图 2-2 《中图法》详表示例

2.2.1.2 组配分类法

组配分类法是将构成文献主题的概念进行分析，按固定关系组搭配好，编制在词表中。主要的组配分类法有《冒号分类法》(CC，Colon Classification)和布利斯的《书目分类法》(BC，Bibliographic Classification)。组配分类法的优点是可以灵活根据概念组配表达和检索新的主题；缺点则是编制困难，实用性较差。

2.2.2 主题语言

主题是用来表达文献论述的具体对象和问题。主题词是表达主题概念的词汇。以主题词作为文献内容标识和检索依据的语言就是主题语言。以主题语言来描述信息内容的处理方法称为主题法。主题语言包括以下四种：

2.2.2.1 标题词语言

以规范化的自然语义作为标识来表达文献涉及的主题概念，表达主题的词语称为标题词。标题词语言是最早的一类主题语言，它通过主标题词和副标题词的固定搭配来检索。

《工程标题词表》(SHE，Subject Headings for Engineering)是由美国工程信息公司(Ei，Engineering information Inc.)编辑出版，与《工程索引》(EI，Engineering Index)配套使用的规范词表。在 1987 年进行了修改补充，1990 年又作了修订，改名为 Ei Vocabulary。

《工程标题词表》的标题词被分为主标题词和副标题词，构成主从关系。主标题词全部大写，副标题词首字母大写。主标题词用来表达概念、产品、材料等主题内容，使用名词、动名词、并列式或复合词组的形式。副标题词对主标题词进行限定和修饰，表达主题的某一方面的特征，比如应用、性能、环境等。

标题词语言在反映文献主题概念时受到限制，不能适应时代发展的需要，现在已经很少使用。比如，上述的《工程标题词表》已经在 1993 年彻底改版为《EI 叙词表》(EI Thesaurus)。

2.2.2.2　单元词语言

从文献中抽取出最基本的能够表达文献主题的不可再分的词汇作为单元词。单元词语言是采用单元词，通过字面的组配来表达文献的概念。

与标题词语言相比较，单元词绝大部分不是具体的标题，组配是单元词语言的突出特点。从若干个单元词出发，通过不同的组配方式，可以构成众多的表达复杂概念的标题。在检索时可将某些单元词组配起来使用，但是字面的组配不是概念上的组配，比如"电子工程"不是单元词，只有"电子"和"工程"才是单元词。由于单元词语言是字面组配，不够严谨，时常会出现组配出错的状况。

由于科技的迅猛发展，在表达事物时，不再只是单一的概念，更多的是复合的概念，而单元词语言的专指度较低，词间没有语义关系，对查准率有较大的影响，逐渐被叙词语言取代。

2.2.2.3　关键词语言

关键词是直接从文献中抽取的未经规范化的自由词。关键词一般出现在文献的标题、摘要、正文中，它不受词表的控制。关键词语言是以关键词作为文献内容标识和检索依据的一种主题语言。

用词的自由性是关键词语言的最大特点。关键词抽取的自由性大大方便了标引工作，提高了标引速度，降低了标引成本。然而，由于它是一种未经过规范化处理的自然语言，因此存在着多义性、同义性、模糊性、词量大等特性，特别是同义词与近义词、上位词与下位词、全拼词与缩略词均可能同时被标引，故会造成文献信息的漏检和误检，从而影响文献检索的查准率和查全率。但是在计算机检索功能高效运行的前提下，人们对关键词语言的缺点有所忽视，反而充分发挥出其简便易用的优点，大量用于网络环境下的数字化信息检索。关键词语言已成为当前互联网最主要的检索语言。绝大部分搜索引擎和文献数据库都提供关键词语言的检索方法。

2.2.2.4　叙词语言

叙词语言是以规范化科学名词为基础的一种主题语言。叙词是从自然语言中优选出来经过规范化的名词术语。

叙词语言是人们在归纳人类知识基础上，将所涉及的各种概念，以规范的词或词组的形式固定下来，构成主题词表。由于叙词语言在直观性、单义性、专指性、组配性、多维检索性等方面比其他检索语言更加完善，所以成为目前应用较广的一种专业性检索语言。

叙词语言的体现形式是叙词表。叙词表通常由一个主表和多个辅表构成。主表是叙词表的核心部分，收录全部叙词，按叙词的字顺排列，并且标注显示词间关系的参照系统。辅表是为了方便查询主表而建立的辅助性索引，由叙词分类索引和叙词等级索引组成。

国内外常用的叙词表主要有我国许多文摘检索刊物使用的《汉语主题词表》、英国《科学文摘》使用的《INSPEC 叙词表》、美国《工程索引》使用的《Ei 叙词表》、美国《政府报告和索引》使用的《NTIS 叙词表》等。

2.3　信息检索技术

2.3.1　布尔逻辑检索

布尔逻辑检索是计算机检索的常用技术，主要使用布尔代数里的逻辑运算符"与""或""非"进行检索。图 2-3 到图 2-5 分别表示了这三种逻辑算符的运算效果。

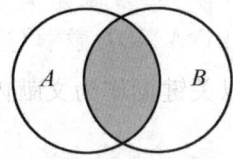

图 2-3　A AND B

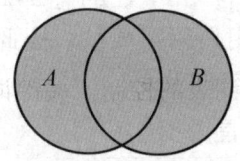

图 2-4　A OR B

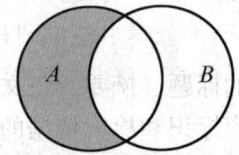

图 2-5　A NOT B

2.3.1.1　逻辑"与"算符

逻辑"与"算符，连接两个检索词，表示被检索到的文献中必须同时包含这两个词。它的作用是缩小检索的范围，提高检索的专指度。

在大多数检索系统中，用 AND 或"＊"来表示逻辑"与"。比如，A AND B，检索的结果为图 2-3 的阴影部分。

【例 2-1】　用户想查找有关食品营养方面的 2015 年的文献。在中国知网平台上，2015 年文献的篇名包含"食品"的有 16773 篇，而篇名包含"营养"的有 7989 篇，命中的文献太多，给筛选带来很大的困难。如果改为篇名包含"食品 AND 营养"，则找到 2015 年文献 290 篇，检索的结果大为缩小。

逻辑"与"算符还能防止漏检。在上述问题中，如果用户直接查找 2015 年篇名包含"食品营养"的文献，结果仅为106篇。因为中国知网平台只查询"食品营养"四个字按顺序连续出现的文献，比如《我国食品营养强化剂的发展状况》可以检索出来；而对于《营养保健食品行业概况》这样的文献则无法检索出来。

2.3.1.2 逻辑"或"算符

逻辑"或"算符，连接两个检索词，表示被检索到的文献必须包含其中之一。它的作用是扩大检索范围，避免文献被漏检。

在大多数检索系统中，用OR或"+"来表示逻辑"或"。比如，A OR B，检索的结果为图2-4的阴影部分。

【例2-2】 用户想查找有关暴雨方面的2015年的文献。在中国知网平台上，2015年文献篇名包含"暴雨"的有888篇。考虑到有的文献可能采用大雨的说法，于是，改用"暴雨 OR 大雨"进行检索，命中953篇文献，实现了扩检的效果。

2.3.1.3 逻辑"非"算符

逻辑"非"算符，连接两个检索词，表示被检索到的文献必须包含第一个检索词，并且不能包含第二个检索词。它的作用是排除掉不需要的概念，使得检索范围缩小，提高检索的正确性。

在大多数检索系统中，用NOT或"-"来表示逻辑"非"。比如，A NOT B，检索的结果为图2-5的阴影部分。

【例2-3】 用户想查找有关JAVA软件开发方面的2015年的文献。在中国知网平台上，2015年文献篇名包含"JAVA"的有542篇。其中有一些文献是关于JAVA教学方法的研讨，并不是用户所需要的。因此，改为"JAVA NOT 教学"进行检索，命中418篇，实现了缩检的效果。

2.3.2 截词检索

截词检索是用专门的截词算符来表示检索词的某一部分的变化，可以用来扩大检索范围，提高文献的查全率。在西文检索系统中，为了解决检索词的单复数问题、不同词性问题、英美词汇拼写差异问题，会经常使用截词检索。

截词算符有"?""*""$""!"等，具体采用什么符号表示什么含义，每个检索系统有自己的规定。例如，在Web of Science平台中，"*"表示任何长度的字符串，包括长度为零的空字符串；"?"表示任意一个字符；"$"表示零个或一个字符。下面将以此规定形式来介绍常用的截词方式。

按照截词算符的不同运用，可分为有限截词和无限截词。

①有限截词。有限截词是指被截断的字符个数确定，一个字符用一个"?"来代表。

【例2-4】 "wom?n"可以检索出包含"woman""women"的文献。"cent??"可以检索出包含"centre""center"的文献。

②无限截词。无限截词是指被截断的字符个数不确定,"﹡"代表着被截断的字符串。

【例2-5】 "six﹡"可以检索出包含"six""sixty""sixteen""sixth"的文献。

按照截词的位置,可以分为后截词、前截词和中间截词。

①后截词。后截词是将截词算符放在一串字符的后面,用来表示以相同字符串开头,结尾不同的词。

【例2-6】 "excit﹡"可以检索出包含"excite""exciting""excited""excitement"等词的文献。

②前截词。前截词是将截词算符放在一串字符的前面,用来表示前面有变化,而结尾相同的词。

【例2-7】 "﹡ese"可以检索出包含"Chinese""Japanese""Vietnamese""Portuguese"等词的文献。

③中间截词。中间截词是将截词算符放在检索词的中间位置,而前面和后面保持一致的词。

【例2-8】 "f??t"可以检索出包含"foot""feet"的文献。

2.3.3 位置检索

位置检索是应用位置算符来限定检索词之间的词序和词距。词序是指检索词出现的前后顺序,词距是指两个检索词之间间隔的单词数。

位置检索不依赖主题词表进行检索。但不是所有的信息检索系统都支持位置检索,即使支持,不同的检索系统采用的位置算符也可能不同;相同的位置算符在不同的检索系统里表示的意义也可能不同。

常用的位置检索有三种类型:词级位置检索、句级位置检索、同字段检索。

2.3.3.1 词级位置检索

词级位置检索是用位置算符来限定检索词之间的位置关系。

(1)"(W)"算符

W是With的缩写,"(W)"算符表示在其两边的检索词必须按输入时的前后顺序出现,两个检索词之间只允许有空格或一个标点符号,不能有其他单词。

【例2-9】 "computer(W)science"表示检索时computer在前,science紧跟其后。

(2)"(nW)"算符

W是word的缩写,"(nW)"表示在该位置算符两边的检索词必须按输入时的前后顺序出现,n表示两个检索词之间最多可间隔n个其他单词。

【例2-10】 "laser(1W)printer"可以检索出包含"laser printer""laser color printer""laser and printer"的文献。

(3)"(N)"算符

N 是 Near 的缩写,"(N)"算符表示在其两边的检索词必须紧密相随,中间不允许插入其他单词,但两个检索词的词序不限制。

【例 2-11】 "cross(N)section"可以检索出包含"cross section""section cross"的文献。

(4)"(nN)"算符

"(nN)"表示在两个检索词之间最多可间隔 n 个其他单词,且这两个检索词的词序不限制。

【例 2-12】 "control(1N)system"可以检索出包含"control system""control of system""control in system""system of control""system without control"等的文献。

2.3.3.2 句级位置检索

句级位置检索用于限定两个检索词出现在同一个句子中,两个检索词之间间隔的单词数不限,词序也不限。用"(S)"来表示句级位置算符,S 是 Subfield 的缩写。

【例 2-13】 "computer(S)software"在文献的摘要中进行检索,可以检索到篇名为"Luminance gradient for evaluating lighting"的文献,摘要中涉及这两个检索词的句子是"Moreover, this study explored whether luminance gradient could also be obtained from computer simulations using lighting software programs AGI32 and HeliosPro."

2.3.3.3 同字段检索

同字段检索用于限定两个检索词出现在数据库记录中的同一个字段,具体字段不限,词序不限。用"(F)"来表示同字段检索算符,F 是 Field 的缩写。

【例 2-14】 "South(F)China"表示 South 和 China 必须在同一字段中出现。

2.3.4 限制检索

限制检索是只查询检索词在数据库记录指定的字段中存在的文献。

通常用两个字母的缩写来代表文献数据库中记录的字段。例如:

SU = 主题(Subject)　　　TI = 题名(Title)　　　KY = 关键词(Keywords)
AB = 摘要(Abstract)　　　AU = 著者(Author)　　YE = 出版年(Year)

字段限制检索就是只查询检索词在文献数据库中限定的字段。

【例 2-15】 在中国知网的专业检索框中输入检索式"TI = 内涝 AND AB = 广州",表示检索标题中含有"内涝"并且摘要中含有"广州"的文献,结果找到了 25 条记录。

在用字段限制检索时,检索到的记录数从少到多的依次是题名、关键词、摘要、全文。

【例 2-16】 在中国知网上检索 2015 年的文献，题名含有"食品营养"的 106 篇，关键词含有"食品营养"的 166 篇，摘要含有"食品营养"的 298 篇，全文含有"食品营养"的 3416 篇。

用户可以根据检索的情况进行调整，如果篇数太少，可以将字段指定为摘要或全文，扩大检索的范围；如果篇数太多，可以将字段指定为题名或关键词，缩小检索的范围。

2.4 信息检索方法

2.4.1 常规法

常规法是利用计算机检索系统来直接查找文献的方法。根据课题对时限的要求，可以分为顺查法、倒查法和抽查法。

2.4.1.1 顺查法

顺查法是按照时间顺序，由远及近地检索文献的方法。对于一些学术性强的课题，需要从研究的源头开始，了解其发展的整个历程，这时用顺查法会比较合适。

2.4.1.2 倒查法

倒查法是按照时间顺序，由近及远地检索文献的方法。对于一些更新快的热点课题，需要了解最新的研究成果和研究动向，这时用倒查法会比较合适。

2.4.1.3 抽查法

抽查法是根据要检索的课题的特点，有针对性地重点检索某些时间段文献的方法。这些时间段通常为该课题出现研究成果比较集中的时间。用户需要对该课题涉及的研究方向比较熟悉，才能采用这种花费时间较少而命中文献较多的方法。

2.4.2 引文法

引文法是在已经检索到的文献基础上，根据其参考文献作为检索入口，查找到更多相关文献的方法。具体分为以下两种方式：

2.4.2.1 追溯检索法

通过原始文献的参考文献列表进行逐一检索。当用户获得一篇有价值的文献，可以通过这种方法找到关系比较密切的参考文献。但由于一篇文献的参考文献数目有限，所以容易出现漏检或误检的状况。

2.4.2.2 引文索引法

在引文检索系统中建立了文献之间的引用和被引用的关系。利用引文索引,可以查询到与原始文献相关的很多文献,例如参考文献、施引文献(以原始文献为参考文献的后续发表的文献)、相关记录(与原始文献有相同的参考文献的其他文献)。图2-6表示了原始文献A、参考文献B、施引文献C、相关记录D之间的关系。

引文索引法比追溯检索法查到的文献更多更全。目前,常用的引文检索系统有科学引文索引(SCI,Science Citation Index)、社会科学引文索引(SSCI,Social Science Citation Index)、中国科学引文数据库(CSCD,Chinese Science Citation Database)等。

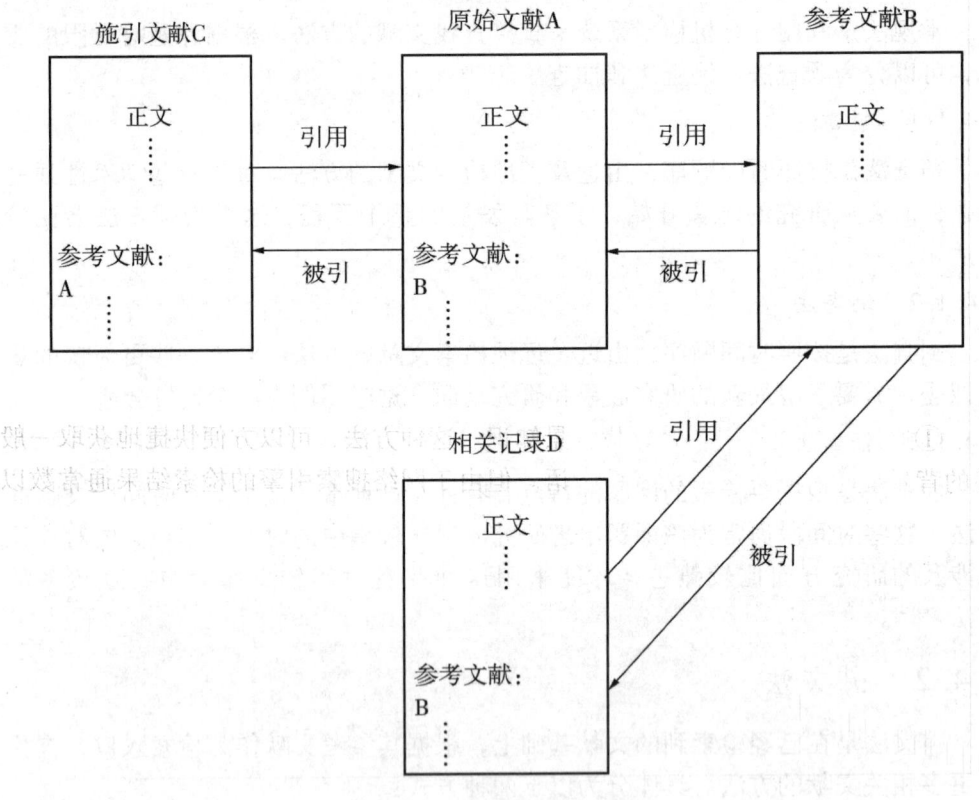

图2-6 文献之间的引用关系

2.4.3 综合法

综合法又称为循环法或交替法,是将常规法和引文法结合起来使用的检索方法。在检索文献时,既利用检索工具进行常规检索,获得与已知文献紧密相关的一些文献，又通过检索系统进行引文检索。根据检索的阶段性结果来调整方法，交替使用，从而得到更好的检索效果。实际检索过程中经常采用这种方法。

2.5 信息检索步骤

2.5.1 课题分析

2.5.1.1 明确课题检索的目的

对于不同的用户来讲，课题检索的目的是有差异性的，这会导致筛选文献的结果不同。

大学一二年级的学生，专业性的知识比较缺乏，课题检索通常是为了完成老师布置的课程论文。他们需要检索一些综述类的文献，"求全"是他们的目的。

大学三四年级的学生，已经具备了本专业的基本知识，课题检索通常是因为参与了教师的研究项目。他们需要针对课题检索一些专业性强的近期文献，"求新"是检索的目的，紧跟研究热点的发展。

2.5.1.2 了解课题的研究背景

课题的研究背景包括课题研究的对象、所属的学科、主要研究单位和人员、研究的历史、发展的动态、研究的内容、使用的工具或器材等。这些背景知识可以通过五个"W"来概括：Who、Where、When、What、How。

要想获取背景知识，可以通过网络来检索信息。

①通过网络搜索引擎来查找背景知识。这种方法，可以方便快捷地获取一般性的背景介绍，了解相关的专业术语。但由于网络搜索引擎的检索结果通常数以万计，且里面的广告多，重复的内容多，很多的说法不够权威和严谨，只能作为一般性的参考。

②通过网络检索系统来查找综述文献。现在有很多网络检索系统(或称网络数据库)可以查询学术性的文献。各高校会根据本校的专业设置来购买所需要的数据库，本校的教师和学生能够通过校内网免费查询并获得这些文献。这些数据库的专业性强，可作为课题研究的主要参考。

2.5.1.3 分析主题概念

课题分析的关键就是分析课题的主题概念，并学会运用合适的概念词来表达主题。

①抓住课题的核心，分析得出课题的概念组。
②将概念组中意义不大或重复的概念剔除。
③找出隐含的重要概念，加入到概念组中。

④明确概念组中各概念之间的相互关系，以便在后面查询时选择合适的逻辑算符。

2.5.2 检索系统的选择

用户选择检索系统需要根据课题的需求而定。

①深入开展一项科学研究，需要进行该研究方向上的全面的文献检索，可以选择收录年限长、范围广的相关专业的二次文献数据库。

②为了进行工程方面的技术攻关，需要检索关键的技术资料，可以选择工程技术类的数据库或者专利数据库。

③为了申报专利或者进行成果鉴定，需要检索参考的依据，可以选择国内外的专利数据库进行查询。

④为了撰写课程论文或者毕业论文，可以检索包含期刊论文、学位论文、会议论文等学术性强的数据库。

在选择数据库时，可以遵循以下的原则：

①检索文献求准，则选择收录文献种类、专业覆盖面、年代跨度都适宜的数据库；

②检索文献求新，则选择更新周期短的数据库；

③检索文献需要全文，则选择获取原文比较容易的数据库（比如，本校购买的数据库）。

综上所述，可以看出，熟悉常用的文献数据库，了解其所收录的学科方向、收录的年代、更新的时间等信息是非常重要的。这将有助于大家快速选择出适合自己的检索系统，并进行高效的文献查询工作。

2.5.3 检索策略的制定

2.5.3.1 确定检索词

（1）主题词的选择

当所使用的数据库具有规范化词表时，优先选择规范化词表中与检索课题相关的规范化主题词，这样可以获得最佳的检索效果。

（2）同义词和近义词的选择

为了保证查全率，尽可能将相关的同义词、近义词都作为检索词。比如，同一概念的不同表达方式、同一名次的单复数等。

（3）专业术语的选择

如果在所使用的数据库中没有合适的规范化主题词，可以从专业文献中选择常用的专业术语作为检索词。

(4)规定代码的选择

如果熟悉所使用的数据库的代码表示规则,则很容易找到匹配的文献,比如,《德温特专利索引数据库》的分类代码。

2.5.3.2 构造检索表达式

构造检索表达式,需要用户熟悉之前介绍的信息检索技术。

①使用逻辑"与"算符,缩小检索结果的范围,获得较高的查准率。

②使用逻辑"或"算符,扩大检索结果的范围,获得较高的查全率。

③使用逻辑"非"算符,将无关概念排除开,提高查准率。

④使用英文检索词时,尽量采用截词技术,尤其是后截词,提高查全率。

⑤正确使用位置算符,提高查准率。

2.5.3.3 调整检索策略

构造完检索表达式,就可以实施检索。但通常来说,很难一次性就达到用户检索的要求,往往需要根据当前的检索结果及时调整检索的策略。

(1)命中文献太多

命中文献太多可能是主题词本身具有多义性或者截词截得太短。那么,可以采用以下方法来解决命中文献太多的问题。

①增加检索词,用逻辑"与"算符与现有的检索词进行连接。

②将检索限定在某个范围,比如限定时间、限定作者单位、限定学科等。

③使用逻辑"非"算符将一些概念排除掉。

④一般检索默认是模糊查询,可以设置为精确查询以提高查准率。

(2)命中文献太少

命中文献太少有可能由以下情况造成:用了不规范的主题词或者商品名称作为检索词;同义词、近义词没有考虑全面。此时,需要采用以下方法进行扩检。

①增加同义词、近义词,用逻辑"或"算符和现有检索词进行连接。

②查询的字段选择范围大一些的,比如摘要检索或全文检索。

③减少逻辑"与"运算。

④放宽一些检索限定,比如检索的年限、检索的期刊类型等。

⑤使用截词算符进行检索。

⑥调整位置算符,改为比较宽松的检索条件。

本 章 小 结

本章介绍网络信息检索系统的概念、检索语言、检索技术、检索方法和检索步骤。

网络信息检索是用户利用网络终端从海量网络信息中获取相关信息的过程。

信息检索语言又称标引语言、索引语言、概念标识系统，是信息检索系统存储和检索信息时使用的约定性语言。

检索语言可以按照文献的外部特征和内容特征来分类。

文献的外部特征包括引文、题名、作者、号码等。

按照文献的内容特征，检索语言又可以分为分类语言和主题语言。

分类语言是用分类号来表达文献的主题，按照学科性质进行分类的文献检索语言。

分类语言分为体系分类法和组配分类法。

体系分类法是根据文献所属学科内容分门别类地系统化组织的方法。国内最常用的分类法是《中国图书馆图书分类法》，简称《中图法》。

组配分类法是将构成文献主题的概念进行分析，按固定关系组搭配好，编制在词表中。

主题用来表达文献论述的具体对象和问题。主题词是表达主题概念的词汇。以主题词作为文献内容标识和检索依据的语言就是主题语言。

主题语言包括标题词语言、单元词语言、关键词语言和叙词语言。目前，最常用的是叙词语言。

叙词语言是以规范化科学名词为基础的一种主题语言。叙词是从自然语言中优选出来经过规范化的名词术语。

信息检索技术包括布尔逻辑检索、截词检索、位置检索和限制检索。熟练使用信息检索技术，可以帮助用户按照需求进行扩检或缩检，提高检索的准确率。

布尔逻辑检索是使用布尔代数的逻辑运算符"与""或""非"进行检索。

截词检索是用专门的截词算符来表示检索词的某一部分的变化，检索英美词汇时用得较多。

位置检索是应用位置算符来限定检索词之间的词序和词距。词序是指检索词出现的前后顺序，词距是指两个检索词之间间隔的单词数。

限制检索只查询检索词在数据库记录指定的字段中存在的文献。

信息检索的方法有常规法、引文法和综合法。

常规法是利用计算机检索系统直接查找文献的方法。根据课题对时限的要求，可以分为顺查法、倒查法和抽查法。

引文法是在已经检索到的文献基础上，根据其参考文献作为检索入口，查找到更多相关文献的方法。引文法分为追溯检索法和引文索引法。

综合法又称为循环法或交替法，是将常规法和引文法结合起来使用的检索方法。

信息检索的步骤分为课题分析、检索系统的选择、检索策略的制定。

课题分析需要明确课题检索的目的，了解课题的研究背景，分析主题概念。

检索系统的选择需要在课题分析的基础上,根据需求来选择。用户要熟悉常用的文献数据库,了解其所收录的学科方向、收录的年代、更新的时间等信息。

检索策略的制定首先要确定检索词,然后使用信息检索技术,构造检索表达式,实施检索。如果命中文献太多,需要增设一些条件,筛选出更合适的文献;如果命中的文献太少,则需要放宽一些条件,以得到更多的文献。

练 习 题

1. 结合你的专业及未来可能就业的领域,找寻相关的网站,了解该领域的发展状况。

2. 你平时在图书馆借阅的专业书籍,其对应的《中图法》分类号是什么?请按照图2-2所示的方法,层层细分,描述该分类号从大到小的含义。

3. 查阅《汉语主题词表》,找出与你的专业有关的三个主题词。

4. 选取一个常用的搜索网站,了解它的信息检索技术。

5. 到学校的图书馆网站,了解学校购买的文献数据库中哪些与你的专业相关。至少列举两个。

第3章 中文学术信息检索

3.1 中国知网学术总库

3.1.1 CNKI介绍

3.1.1.1 概述

中国知识基础设施工程(CNKI，China National Knowledge Infrastructure)是由清华大学直接领导的一项知识工程。该工程由清华大学和清华同方发起，于1995年正式立项，最初仅仅是发行《中国学术期刊(光盘版)》。1999年，CNKI实现网络化，中国期刊网开通。

CNKI由中国学术期刊(光盘版)电子杂志社、同方知网(北京)技术有限公司主办，是基于《中国知识资源总库》的全球最大的中文知识门户网站。CNKI常被解读为"中国知网"。CNKI的网址是"http://www.cnki.net/"。

3.1.1.2 CNKI数据库主要资源介绍

(1)中国学术期刊网络出版总库

是目前世界上最大的连续动态更新的中国学术期刊全文数据库(简称"中国期刊网")，收录国内学术期刊8181种，全文文献总量4649万多篇。收录自1915年至今出版的期刊，部分期刊回溯至创刊。分为十大专辑：基础科学、工程科技Ⅰ、工程科技Ⅱ、农业科技、医药卫生科技、哲学与人文科学、社会科学Ⅰ、社会科学Ⅱ、信息科技、经济与管理科学。十大专辑下分为168个专题。

(2)中国博士学位论文全文数据库

是国内内容最全、质量最高、出版周期最短、数据最规范、最实用的博士学位论文全文数据库，覆盖基础科学、工程技术、农业、医学、哲学、人文、社会科学等各个领域。收录全国985、211工程等重点高校，中国科学院、社会科学院等研究院所的博士学位论文，数据回溯至1984年。目前，收录了来自428家培养单位的博士学位论文29万多篇。

(3)中国优秀硕士学位论文全文数据库

是国内相关资源最完备、高质量、连续动态更新的中国优秀硕士学位论文全文数据库，覆盖基础科学、工程技术、农业、哲学、医学、人文、社会科学等各个领域。收录来自701家培养单位的优秀硕士学位论文268万多篇。重点收录

985、211高校，中国科学院，社会科学院等重点院校高校的优秀硕士论文，重要特色学科如通信、军事学、中医药等专业的优秀硕士论文。收录从1984年至今的优秀硕士学位论文。

(4) 中国年鉴网络出版总库

是目前国内最大的连续更新的动态年鉴资源全文数据库，内容覆盖基本国情、地理历史、政治军事外交、法律、经济、科学技术、教育、文化体育事业、医疗卫生、社会生活、人物、统计资料、文件标准与法律法规等各个领域。文献来源于我国国内的中央、地方、行业和企业等各类年鉴的全文文献。收录年限为1949年至今。

(5) 中国重要报纸全文数据库

是国内重要报纸刊载的学术性、资料性文献的连续动态更新的数据库。文献来源于国内公开发行的500多种重要报纸，累积报纸全文文献1000多万篇。收录年限为2000年至今。

(6) 中国工具书网络出版数据库

目前收录了字典、词典、百科全书、图录、表谱、手册、名录等共8325部，含2000多万个条目。其内容涵盖自然科学与人文社科各领域。

(7) 专利数据库

专利数据库包含《中国专利全文数据库(知网版)》和《海外专利摘要数据库(知网版)》。收录了1985年至今的中国专利，1970年至今的国外专利。专利的内容来源于国家知识产权局知识产权出版社。

(8) 中国科技项目创新成果鉴定意见数据库

主要收录正式登记的中国科技成果，按行业、成果级别、学科领域分类。每条成果信息包含成果概况、立项、评价，知识产权状况及成果应用，成果完成单位、完成人等基本信息。收录从1978年至今的科技成果，部分成果回溯至1920年。

(9) 国家标准全文数据库

收录由中国标准出版社出版的，国家标准化管理委员会发布的所有国家标准，占国家标准总量的90%以上。

3.1.1.3 CAJViewer全文浏览器

CAJViewer全文浏览器是中国期刊网的专用全文格式浏览器，支持中国期刊网的TEB、CAJ、NH、KDH和PDF格式文件。可配合网上原文的阅读，也可以阅读下载后的中国期刊网全文，并且打印效果与原版一致。

CAJViewer全文浏览器主要功能如下：

①页面显示。可以通过"连续显示""对开显示""连续对开"方式来显示页面。

②旋转功能。可以将文章的单独一页或全部页面进行旋转，并将旋转的结果

保存。

③查找功能。如果文章是非扫描的,则可以在全文中进行字符串的查询。

④文本处理。文本可以自由地选定、编辑和保存。

⑤图像处理。可以保存和打印图片、文字识别、通过 Email 发送、发到 word 等。

⑥知识元链接。对专业术语和词汇做出标示,点击后将显示其权威释义。

3.1.2 CNKI 检索方法

3.1.2.1 初级检索

在中国知网的首页上直接输入检索词进行的检索就是初级检索,如图 3-1 所示。

图 3-1 CNKI 初级检索界面

【例 3-1】 利用 CNKI 检索包含"食品安全"的文献。检索结果:1 768 708 篇。

在初级检索时,默认检索词在"全文"范围内检索,结果往往太多,难以筛选。可以通过以下两种方式来减少命中文献的数量。

通过"全文"右侧的下拉框,可以设置"主题""篇名""作者""单位""关键词""摘要""参考文献"等文献检索项,以减少命中文献的数量。

【例 3-2】 利用 CNKI 检索包含"食品安全"的文献,选择"篇名"为文献检索项。

检索结果:67 042 篇。与例 3-1 相比,检索到的文献数量大为减少。

在左上角的"文献全部分类"中进行设置,只查询某一学科某一方向的文献,可以提高检索的命中率。

【例 3-3】 利用 CNKI 检索包含"食品安全"的文献,查询的学科为"经济与管理科学"下属的"市场研究与信息","全文"范围内检索。检索结果:34 876 篇。

第 3 章 中文学术信息检索

(1) 单库初级检索

CNKI 包括期刊、博硕士论文、会议、报纸、年鉴、统计数据、工具书、指数、专利、标准、成果、法律、图片、古籍等几十种数据库。

单库初级检索就是针对某一种数据库进行的初级检索。当课题检索所要查询的文献类型确定时,可以选择单库初级检索。

【例 3 - 4】 利用 CNKI 检索包含"食品安全"的期刊文献。

检索步骤如下:

①需求分析。检索词:食品安全。文献类型:期刊。

②选择"期刊"数据库、"全文"检索项,输入"食品安全"检索词。

③检索结果:918 963 篇,如图 3 - 2 所示。

④文献筛选。检索到的结果太多,可以进一步缩小范围。

- 分组浏览。可以按照学科、发表年度、基金、研究层次、作者、机构来分组查看。图 3 - 2 显示了按发表年度分组的情况,2017 年文献 11 402 篇,2016 年文献 71 576 篇,2015 年文献 72 681 篇等。
- 关键词:给出与检索词相关的词汇,可以帮助用户进一步检索。图 3 - 2 给出"对策""食品安全""应用""现状""问题"等。

⑤排序。一般默认命中文献按"主题排序",但也可以选择按"发表时间""被引""下载"排序,可更快查到所需文献。

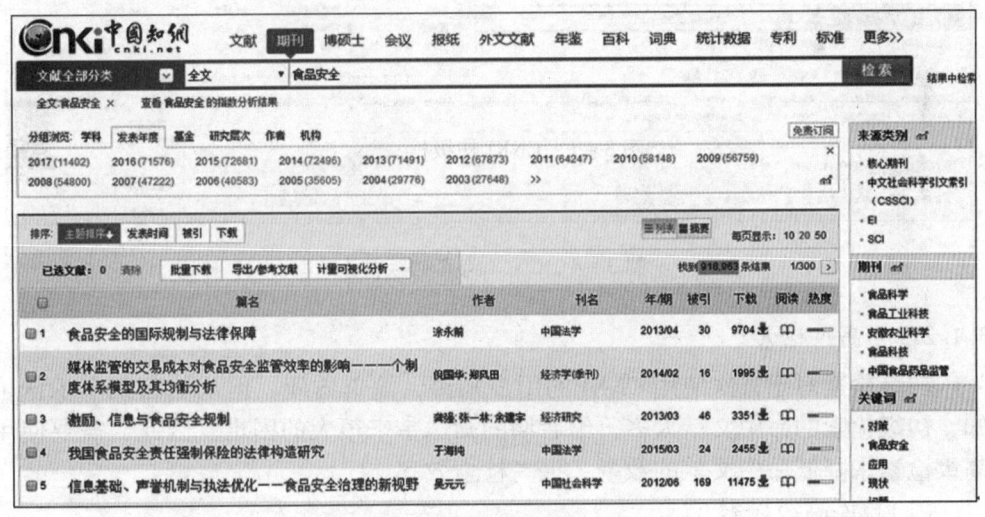

图 3 - 2　CNKI 单库初级检索

(2) 跨库初级检索

跨库初级检索是指同时在多个数据库中进行初级检索。CNKI 能够跨库检索的数据库如下:期刊数据库、特色期刊数据库、博士学位论文库、硕士学位论文库、国内会议论文库、国际会议论文库、报纸全文数据库、学术辑刊数据库、商业评论数据库、年鉴数据库、专利数据库、标准数据库、成果数据库。CNKI 默认的跨库检索是前 9 个数据库，如图 3-3 所示。

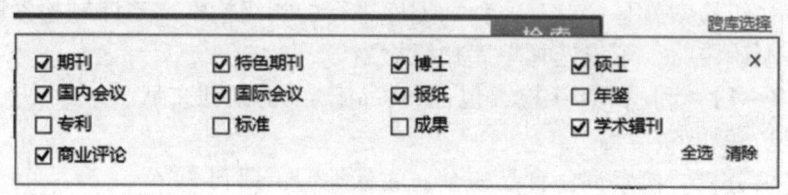

图 3-3　CNKI 跨库选择列表

【例 3-5】　利用 CNKI 在会议和博硕士论文数据库中检索主题包含"食品安全"的文献。

检索步骤如下：

①需求分析。检索词：食品安全。文献类型：会议、博硕士论文。

②通过"跨库选择"选中 4 个数据库：博士、硕士、国内会议、国际会议。

③选择"主题"检索项，输入"食品安全"检索词。

④检索结果：19 490 篇，如图 3-4 所示。

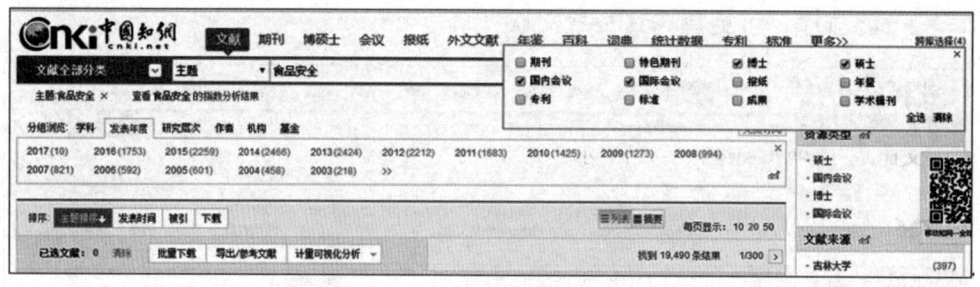

图 3-4　CNKI 跨库初级检索

3.1.2.2　高级检索

初级检索对于首次使用 CNKI 的用户来讲，简单方便。但从前面几个示例可知，初级检索的命中文献太多，给后期的筛选带来很大的困难。因此，需要使用高级检索来降低命中文献的数量，提高检索效率。

(1) 单库高级检索

单库高级检索是在 CNKI 某一个数据库中利用某些选项的逻辑组合进行检索。例如，在 CNKI 首页，选择"期刊"数据库，进入检索页面，如图 3-5 所示。

第 3 章 中文学术信息检索

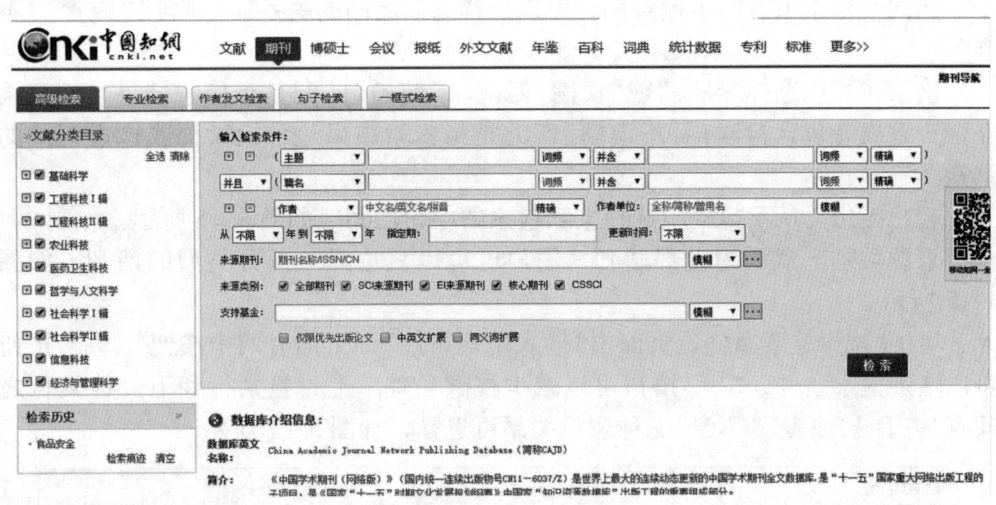

图 3-5 CNKI 单库高级检索

单库高级检索功能如下：

①文献分类目录。有的检索词在不同领域中存在，为了提高检索的精确度，可以设置学科领域。例如，"食品安全"涉及"宏观经济管理与可持续发展"，也涉及"工业经济"等领域。

②期刊导航。按照学科分类来选择某一领域的期刊。

③检索控制。

- 文献检索项。如图 3-6 所示。

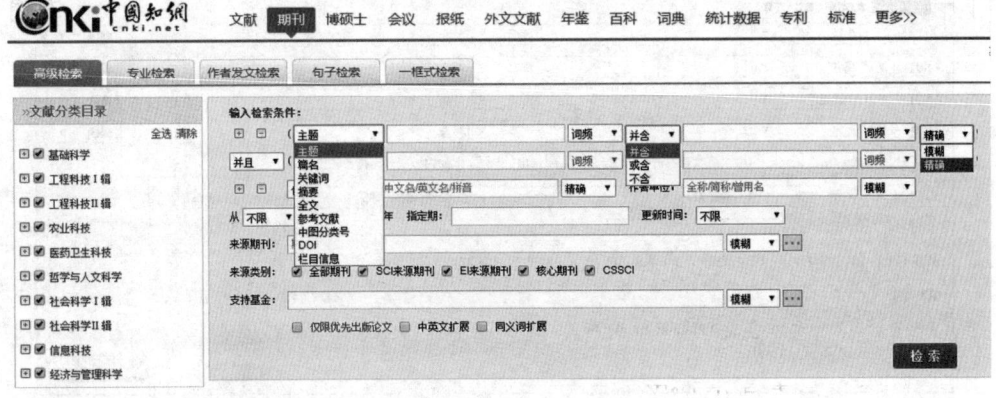

图 3-6 文献检索项的设置

文献检索项可以根据下拉框给定的检索项来选择，例如主题、篇名、关键词、摘要、全文、参考文献、中图分类号等。

当同一检索项有两个检索词,可以选择它们之间的关系:"并含""或含""不含"。

检索时可以选择"精确"或"模糊"匹配。"精确"匹配是指检索结果与检索词完全一致或者包含检索词;"模糊"匹配是指检索结果包含检索词或检索词中的词素。

- 起止年份。从下拉框中选择文献检索的年份区间,如图 3-5 所示。
- 来源类别。默认为全部期刊,用户也可以只选择一部分类型的期刊,如图 3-5 所示。
- 增加/减少检索条件。页面中"输入检索条件"的下面有两个按钮,"+"按钮可以增加检索条件,"-"按钮可以减少检索条件。上一检索行和下一检索行之间有"并且""或者""不含"三种逻辑关系可选择,如图 3-7 所示。

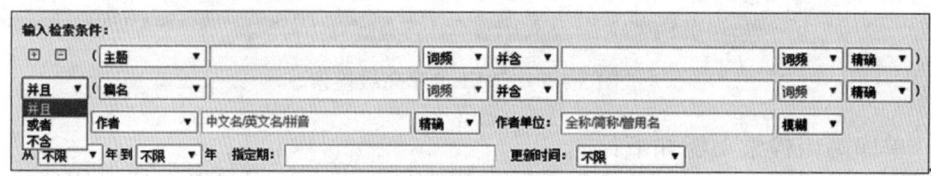

图 3-7 增加/减少检索条件

④高级检索。提供多种检索条件的复合,如图 3-8 所示。设置多个条件,可以提高检索结果的精确度。

高级检索提供了多个文献检索项的设置,并在其中增加了"词频",可以选择数字 2~8,说明检索词在相应检索项中出现的次数。

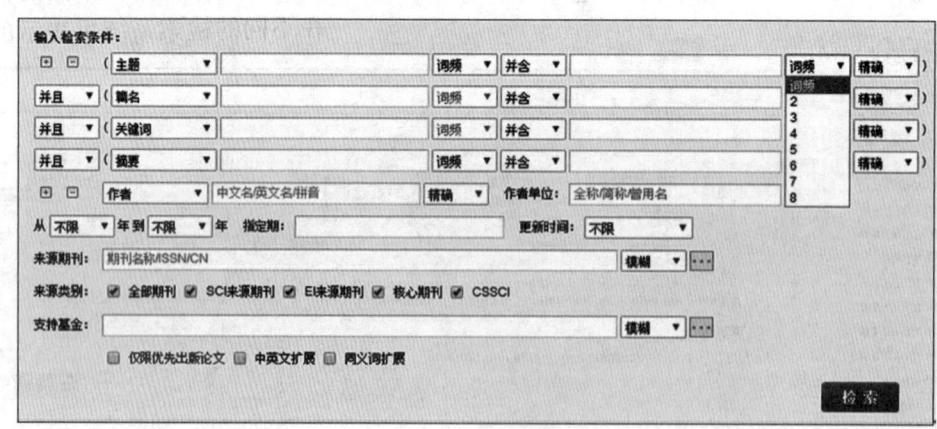

图 3-8 高级检索

⑤专业检索。用检索字段的英文缩写和逻辑运算符来构造检索表达式,主要是图书情报专业人员使用,如图 3-9 所示。

第 3 章　中文学术信息检索　　57

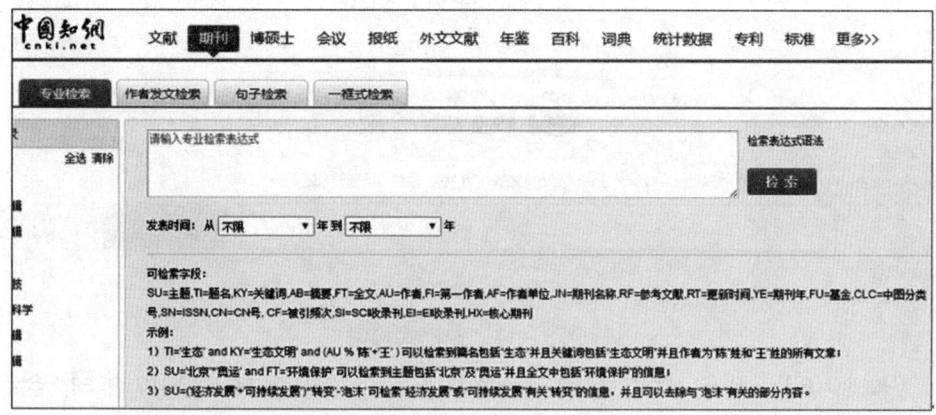

图 3-9　专业检索

⑥作者发文检索。通过作者的姓名和所在单位来检索，如图 3-10 所示。如果需要专门研究某一专家或学者的学术成果，用这种方式最为方便快捷。

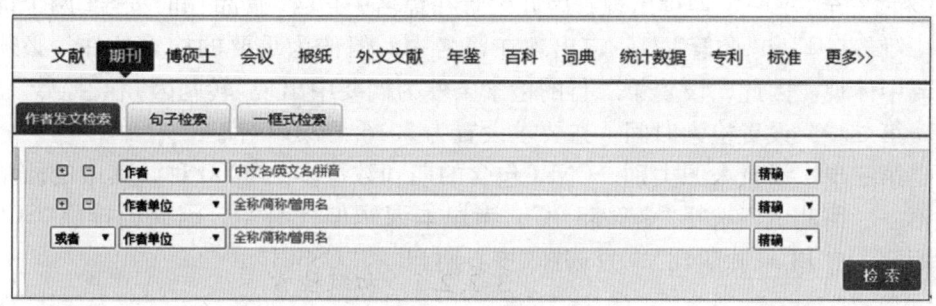

图 3-10　作者发文检索

⑦句子检索。查找在同一句话或者同一段中包含某些检索词的文献，如图 3-11 所示。

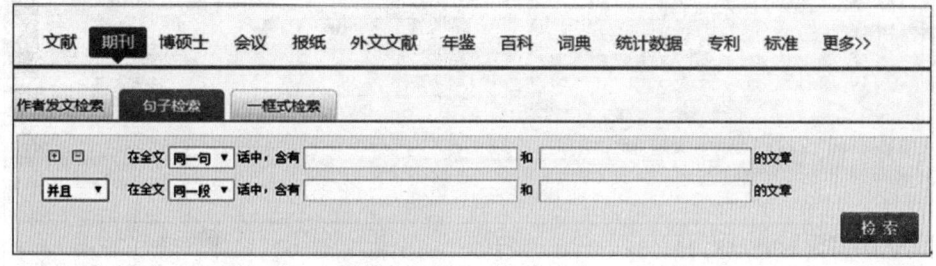

图 3-11　句子检索

⑧一框式检索。回到中国知网的首页，此即为一框式检索。如图 3-12 所示。

图 3-12 一框式检索

【例 3-6】 利用 CNKI 在期刊全文数据库中检索 2016～2017 年与"食品安全""转基因""监管"有关的文献。

检索步骤如下：

第一步，需求分析。在多条件检索时，既要考虑查全率，又要考虑查准率。

"食品安全"是最重要的词汇，要体现在篇名里。但考虑到有的文献，"食品"和"安全"不一定连续出现，因此设置在篇名中包含"食品"和"安全"两个词。

"转基因"和"监管"不一定出现在篇名中，但作为重要的检索条件，必须在摘要中体现。因此，设置第二行的检索条件为摘要中出现"转基因"和"监管"。

第二步，设置检索时间。按要求设置为 2016～2017 年。

第三步，设置来源类别。CNKI 包含的期刊数量多达 8000 种，其中的质量参差不齐。因此，不选择"全部期刊"。考虑本课题偏社科类，因此也排除"SCI 来源期刊"和"EI 来源期刊"，只选择"核心期刊"和"CSSCI"。

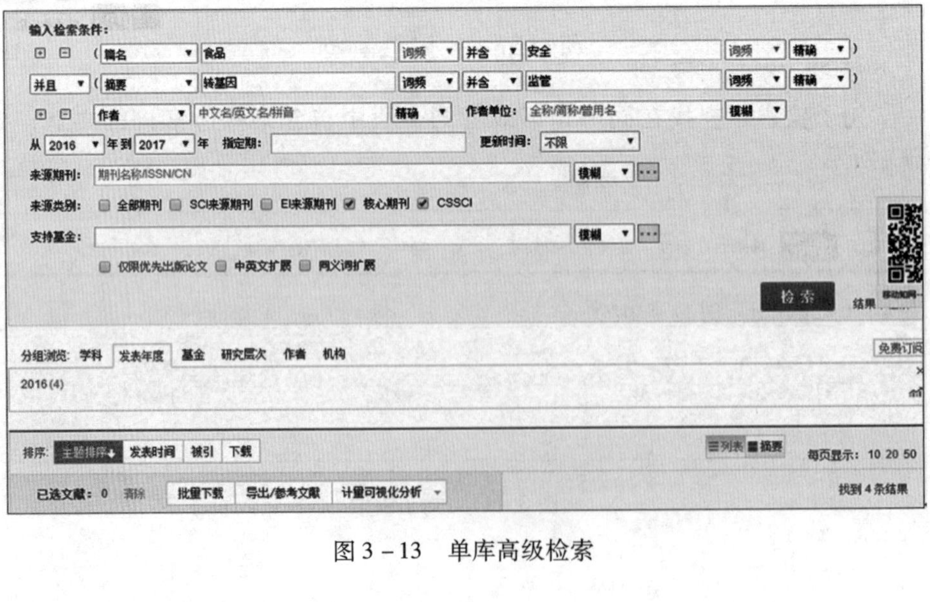

图 3-13 单库高级检索

检索结果：4篇，如图3-13所示。

(2)跨库高级检索

CNKI的跨库高级检索与单库高级检索的界面类似，这里直接通过示例来展示。

【例3-7】 利用CNKI跨库高级检索与"食品安全""转基因""监管"有关的文献。

第一步，设置检索条件。设置篇名中含有"食品"和"安全"，摘要中含有"转基因"和"监管"。

第二步，设置发表时间。单库高级检索的时间区间设置到年份，而跨库高级检索的时间要设置年月日。本例时间设置为2016年1月1日到2017年4月6日。

第三步，跨库选择：采用CNKI默认的数据库选项。

检索结果：17篇，如图3-14所示。

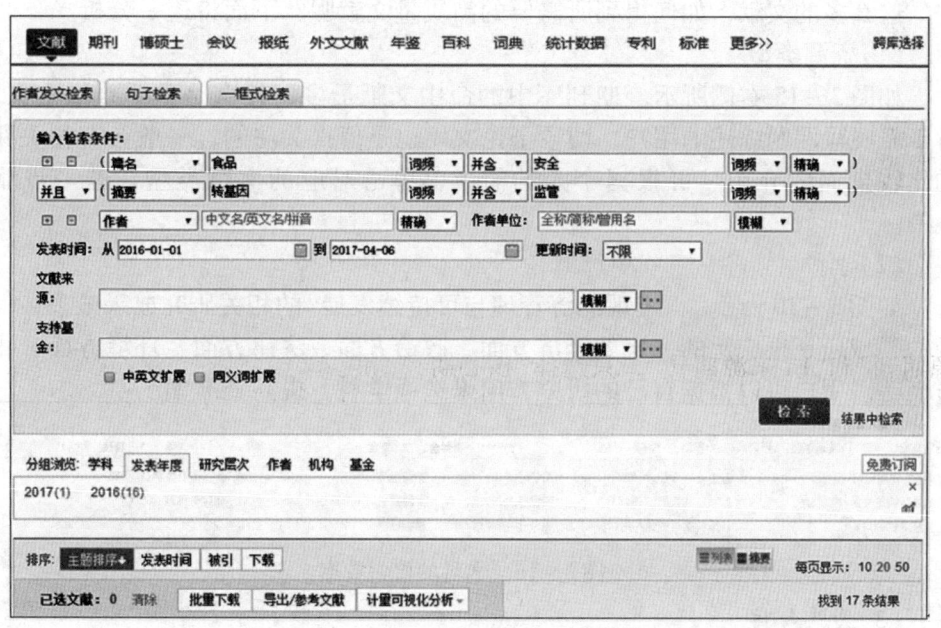

图3-14 跨库高级检索

3.1.3 CNKI检索示例

刚拿到课题时，一般都需要经过多次的检索，根据当前的检索结果，不断调整检索策略，最后才能得到比较满意的命中文献。接下来以"食品安全"为例，看一步步的检索过程。

3.1.3.1 跨库初级检索

以"食品安全"作为主题，跨库初级检索，如图3-15所示。

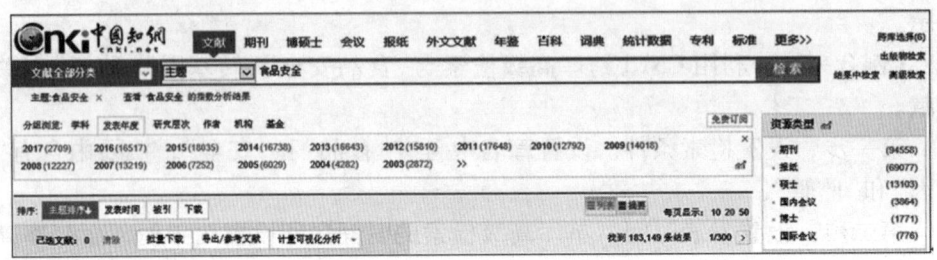

图3-15 跨库初级检索

检索结果：183 149篇。

这么多的文献，如何得到所需要的高质量文献呢？下面将逐一分析。

（1）资源类型

如图3-15右侧所示。期刊库中的命中文献最多，其次是重要报纸全文库。对于需要写课题综述的用户，博硕士论文库也是值得关注的，一般会有相关课题的比较全面的介绍。可根据个人的需求，单击对应的文献类型，进一步缩小范围。

（2）学科

如图3-16所示。"宏观经济管理与可持续发展"的相关研究成果最多，但涉及的领域还是很广泛的，比如经济方面、政治方面、法律方面、环境方面、化工方面等。用户可以根据自己的研究方向来选择学科，提高查准率。

分组浏览:	学科	发表年度	研究层次	作者	机构	基金			免费订阅
宏观经济管理与可持续发展(68662)		轻工业手工业(33552)		工业经济(21316)		农业经济(15787)		预防医学与卫生学(10453)	✕
行政法及地方法制(10323)		畜牧与动物医学(9471)		贸易经济(9075)		中国政治与国际政治(5285)		市场研究与信息(4751)	
企业经济(3035)		环境科学与资源利用(2534)		服务业经济(2422)		植物保护(2144)		化学(2081)	≫

图3-16 学科的检索数据

（3）发表年度

如图3-17所示。2017年由于只有几个月的数据，所以命中文献的篇数相对较少。从统计数据来看，2007—2015年每年的相关文献均有一万多篇，而2007年之前的相对较少。

分组浏览:	学科	发表年度	研究层次	作者	机构	基金			免费订阅
2017(2709)	2016(16517)	2015(18035)	2014(16738)	2013(16643)	2012(15810)	2011(17648)	2010(12792)	2009(14018)	✕
2008(12227)	2007(13219)	2006(7252)	2005(6029)	2004(4282)	2003(2872)	≫			

图3-17 发表年度的检索数据

第 3 章 中文学术信息检索

(4) 研究层次

如图 3-18 所示。本课题的研究层次主要集中在行业指导（社科）、工程技术（自科）、政策研究（社科）、基础与应用基础研究（自科）、基础研究（社科）等方面。

分组浏览：学科 发表年度 **研究层次** 作者 机构 基金				免费订阅
行业指导(社科)(77972)	工程技术(自科)(24169)	政策研究(社科)(21271)	基础与应用基础研究(自科)(15121)	基础研究(社科)(14588)
行业技术指导(自科)(8801)	职业指导(社科)(3250)	政策研究(自科)(2099)	专业实用技术(自科)(2001)	经济信息(1285)
大众科普(526)	标准与质量控制(自科)(510)	高级科普(341)	高等教育(316)	大众文化(279)

图 3-18 研究层次的检索数据

(5) 作者

如图 3-19 所示，从作者的文献数据来看，王志刚和郑风田在这方面的文献特别多。把鼠标放在人名上，会自动显示其所在单位。这两位学者的单位都是中国人民大学。通过作者的检索数据，可以发现与检索词相关的发表成果丰硕的领域内学者或专家。

分组浏览：学科 发表年度 研究层次 **作者** 机构 基金				免费订阅
王志刚(84)	郑风田(62)	吴林海(56)	刘文(48)	程景民(46) 欧志葵(43) 罗云波(43) 李江华(43) 魏益民(42) 胡颖廉(40) 李凯年(37)
乔娟(37)	龚威(33)	郭波莉(33)	励建荣(31)	

图 3-19 作者的检索数据

(6) 机构

如图 3-20 所示，中国农业大学、江南大学、南京农业大学、华中农业大学、吉林大学、浙江大学、中国人民大学等机构在"食品安全"方面的研究成果较多。从机构的检索数据可以发现与检索词相关的发表成果丰硕的研究机构，便于进一步跟踪学习。

分组浏览：学科 发表年度 研究层次 作者 **机构** 基金				免费订阅
中国农业大学(977)	江南大学(810)	南京农业大学(789)	华中农业大学(778)	吉林大学(723) 浙江大学(709) 中国人民大学(645)
西北农林科技大学(599)	华东理工大学(488)	西南大学(459)	山东大学(457)	中国海洋大学(430) 东北农业大学(410) 湖南农业大学(403)
天津科技大学(380)				

图 3-20 机构的检索数据

(7) 基金

如图 3-21 所示，命中文献主要受国家自然科学基金、国家社会科学基金、国家科技支撑计划、国家高技术研究发展计划（863 计划）支持的比较多。好的研究成果往往依赖于基金资助，越高级别的基金支持的研究成果质量也越高。

分组浏览：学科 发表年度 研究层次 作者 机构 **基金**				免费订阅
国家自然科学基金(2531)	国家社会科学基金(897)	国家科技支撑计划(818)	国家高技术研究发展计划(863...(493)	
国家重点基础研究发展计划(97...(220)	国家科技攻关计划(160)	中国博士后科学基金(150)	高等学校博士学科点专项科研基金(129)	
广东省自然科学基金(95)	跨世纪优秀人才培养计划(92)	上海市重点学科建设基金(90)	北京市自然科学基金(78)	
江苏省教育厅人文社会科学研究基...(76)	湖南省教委科研基金(75)	河南省科技攻关计划(73)		

图 3-21 基金的检索数据

3.1.3.2 跨库高级检索

"食品安全"作为主题，跨库高级检索。

根据上面的分组浏览情况调整检索策略，设置如下检索条件：

①主题：食品安全。

②发表时间：2013年1月1日—2017年4月6日。

③支持基金：点击右侧的"…"按钮，在弹出的页面中选择6种高级别的基金，如图3－22所示。然后点击页面右下角的"确定"按钮，设置成功。

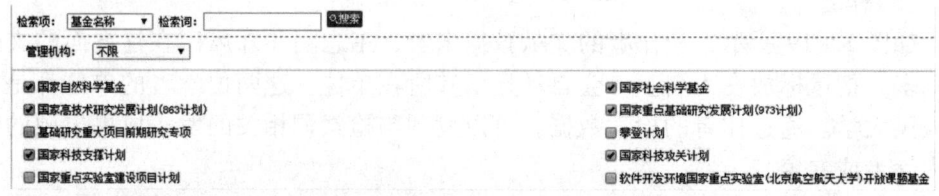

图3－22　基金的选项设置

④作者单位：中国人民大学。

⑤检索结果：99篇，如图3－23所示。

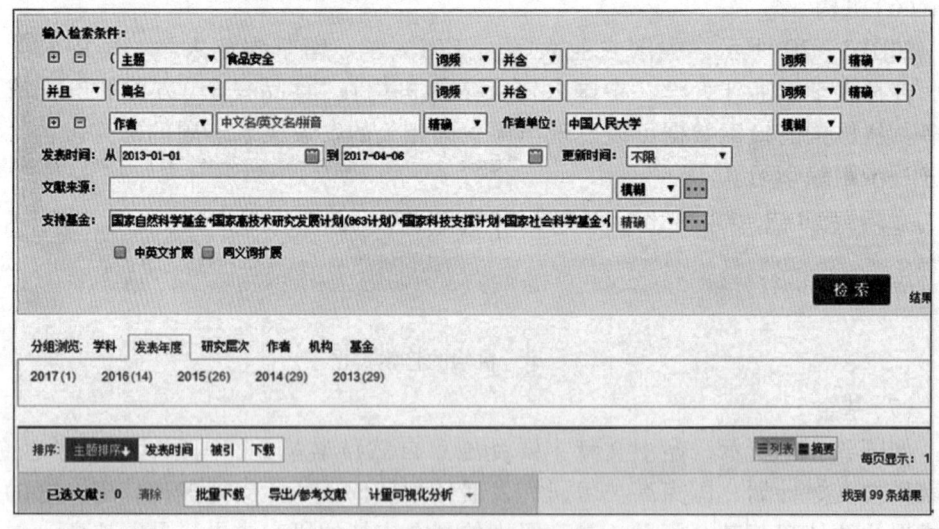

图3－23　跨库高级检索的设置

3.1.3.3 筛选命中文献

用户通过跨库高级检索的各项设置条件，让命中文献的数量控制在100篇以内是比较合适的。接下来就要对命中文献再进行排序，从"重要"论文着手研究。

CNKI 提供了 4 种排序方式，分别是：

(1) 主题

CNKI 默认的排序方式。

(2) 发表时间

可以由近及远排序，也可以由远及近排序。如果需要查找最新的文献，可以由近及远。

(3) 被引

文献的被引频次可以体现出文献的质量。因此，选择按被引频次从高到低排序，可以优先阅读质量高、关注度高的文献。

在图 3-24 的 99 篇检索结果中，被引频次大于等于 15 的文献共计 9 篇，其中 2013 年发表的文献有 5 篇，2014 年上半年发表的文献有 4 篇。说明被引频次不仅和文献的质量相关，也和发表的时间有关，刊出时间久的文献相对来说被引频次多一些；而 2015—2017 年的文献由于发表周期短，被引频次较少也属于正常现象。具体排序如图 3-24 所示。

序号	题名	作者	来源	发表时间	数据库	被引	下载
1	省级食品安全监管绩效评估及其指标体系构建——基于平衡计分卡的分析	刘鹏	华中师范大学学报(人文社会科学版)	2013-07-27	期刊	33	1387
2	国家食品安全风险监测评估与预警体系建设及其问题思考	唐晓纯	食品科学	2013-08-15	期刊	29	1207
3	食品安全社会共治:企业、政府与第三方监管力量 先出版	张曼;唐晓纯;普蓂喆;张璟;郑风田	食品科学	2014-03-28 15:40	期刊	27	2332
4	消费者对食品安全信息的搜寻行为研究——基于北京市消费者的调查	全世文;曾寅初	农业技术经济	2013-04-26	期刊	19	1418
5	论食品安全的社会共治	彭亚拉	食品工业科技	2014-01-15	期刊	17	902
6	媒体监管的交易成本对食品安全监管效率的影响——一个制度体系模型及其均衡分析	倪国华;郑风田	经济学(季刊)	2014-04-15	期刊	16	1998
7	社区支持农业情境下生产者建立消费者食品信任的策略——以四川安龙村高家农户为例	陈卫平	中国农村经济	2013-02-28	期刊	15	745
8	"社区支持农业"模式及其在我国的发展	吴天龙;刘同山	商业研究	2014-08-10	期刊	15	802
9	我国食品安全犯罪的惩处强度及其相关因素分析——基于160例食品安全犯罪案件的分析	全世文;曾寅初	中国刑事法杂志	2013-04-20	期刊	15	1022

图 3-24 高被引命中文献

(4) 下载

下载频次体现了文献的被关注度。虽然下载之后，用户通过阅读该文献，不一定会引用它,但至少说明该文献引起了用户的学术兴趣。因此,按照下载频次从高到低排序,能一定程度上优先阅读关注度高的文献。

在图 3-25 的 99 篇检索结果中,下载排名前十位的文献中,有 9 篇是被引频次大于等于 15 的文献,另外 1 篇文献的被引频次是 9。显示"被引"和"下载"之间还是有一定的联系。

	题名	作者	来源	发表时间	数据库	被引	下载
1	食品安全社会共治:企业、政府与第三方监管力量 优先出版	张曼;唐晓纯;普蓂喆;张璟;郑风田	食品科学	2014-03-28 15:40	期刊	27	2332
2	媒体监管的交易成本对食品安全监管效率的影响——一个制度体系模型及其均衡分析	倪国华;郑风田	经济学(季刊)	2014-04-15	期刊	16	1998
3	消费者对食品安全信息的搜寻行为研究——基于北京市消费者的调查	全世文;曾寅初	农业技术经济	2013-04-26	期刊	19	1418
4	省级食品安全监管绩效评估及其指标体系构建——基于平衡计分卡的分析	刘鹏	华中师范大学学报(人文社会科学版)	2013-07-27	期刊	33	1387
5	国家食品安全风险监测评估与预警体系建设及其问题思考	唐晓纯	食品科学	2013-08-15	期刊	29	1207
6	我国食品安全犯罪的惩处强度及其相关因素分析——基于160例食品安全犯罪案件的分析	全世文;曾寅初	中国刑事法杂志	2013-04-20	期刊	15	1022
7	风险程度与公众认知:食品安全风险沟通机制分类研究	刘鹏	国家行政学院学报	2013-06-20	期刊	9	945
8	论食品安全的社会共治	彭亚拉	食品工业科技	2014-01-15	期刊	17	902
9	"社区支持农业"模式及其在我国的发展	吴天龙;刘同山	商业研究	2014-08-10	期刊	15	802
10	社区支持农业情境下生产者建立消费者食品信任的策略——以四川安龙村高家农户为例	陈卫平	中国农村经济	2013-02-28	期刊	15	745

图 3-25 下载次数最多的十篇文献

假如选择按被引频次从高到低排序,那么,接下来应该如何看文献?是一篇一篇认真阅读,还是先了解每篇文献和用户所研究课题的相关性?答案是后者,这是快速筛选出合适文献的方法。

3.1.3.4 文献重要信息

下面以被引频次最高的文献为例,了解文献的重要信息。在图 3-24 中,点击题名《省级食品安全监管绩效评估及其指标体系构建——基于平衡计分卡的分析》,就可以进入该文献的信息显示页面,如图 3-26 所示。

该页面包含了以下内容:

(1)知识节点。包括基本信息(题目、作者、机构)、摘要、基金、关键词、分类号等内容。其中,摘要和关键词是需要认真阅读的,这会帮助用户了解该文献是否值得全文阅读。

当用户确定该文献是所需要的,就可以选择"CAJ下载"或"PDF下载"。

第3章 中文学术信息检索

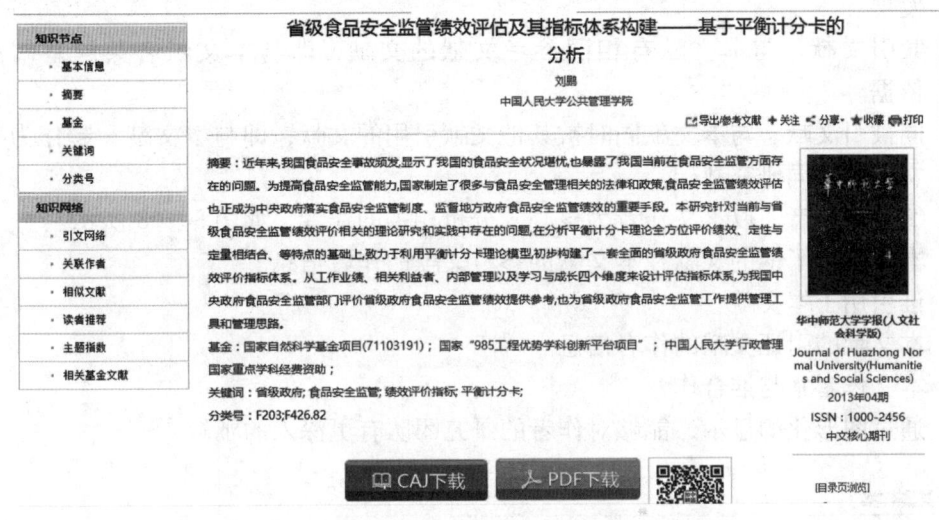

图 3-26　文献的相关信息

点击期刊封面图片下面的期刊名《华中师范大学学报(人文社会科学版)》，会打开一个新的页面，介绍该期刊的相关信息。

(2) 知识网络。

①引文网络。以本文(节点文献)为核心，分析相关文献，如图 3-27 所示。

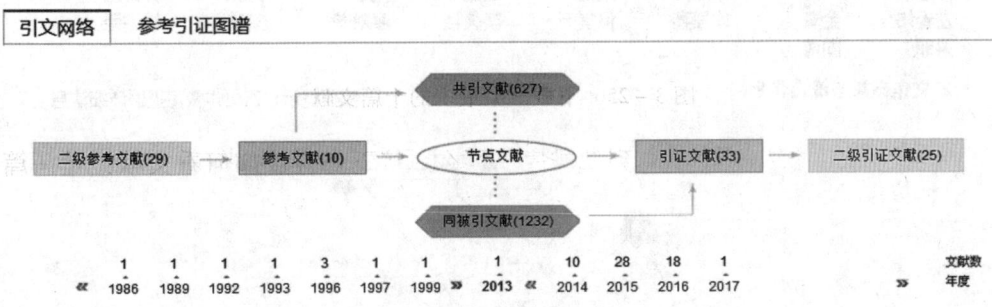

图 3-27　引文网络

- 参考文献。本文献的研究基础和依据。
- 二级参考文献。本文献的参考文献的参考文献，提供进一步研究的基础和依据。
- 引证文献。引用了本文献的文献。可以了解本文献发表之后，后续有哪些进展。
- 二级引证文献。本文献的引证文献的引证文献，提供进一步研究的后续发展。
- 共引文献。与本文献有相同参考文献的文献,即与本文献有共同基础和依据。
- 同被引文献。与本文献同时被其他文献引用的文献,即与本文献一起作为某文献的共同研究基础。

②关联作者。以本文作者为核心,分析相关的作者,如图3-28所示。
- 本文引用了谁的文献?本文献的参考文献的作者信息。
- 谁引用了本文献?

本文献的引证文献的作者信息。
- 本文作者常与谁合作?

通过图形化的显示,能够对作者的研究团队有更深入的了解。

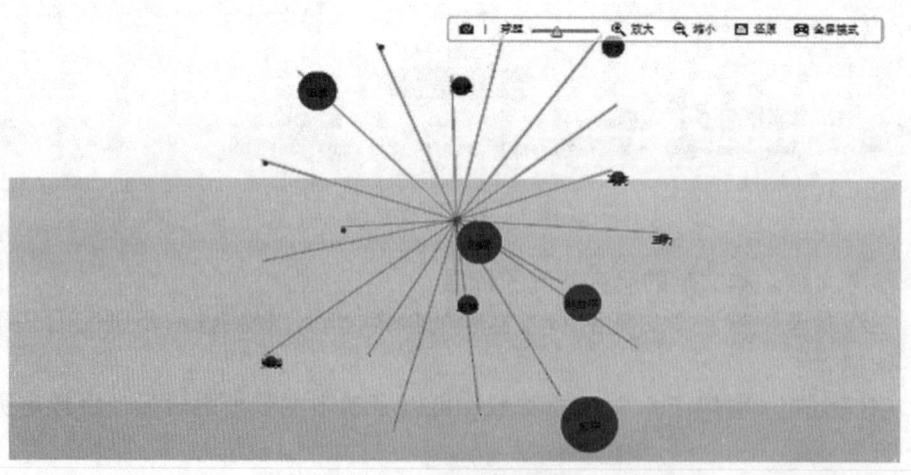

图3-28 关联作者

③相似文献。与本文献在主题、内容上比较相近的文献。

④读者推荐。喜欢本文的读者同时还下载了哪些文献。

⑤主题指数。统计源数据库中的主题频率，包括期刊库、博士论文库、硕士论文库、报纸库、会议库，如图3-29所示。

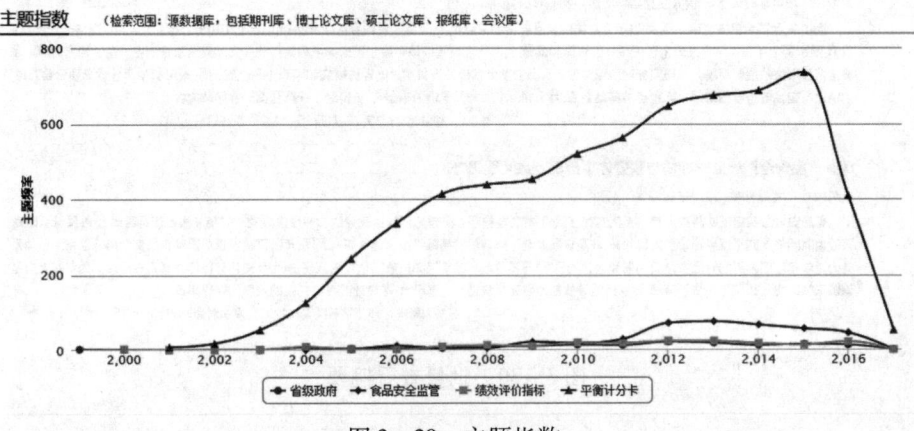

图3-29 主题指数

例如，"平衡计分卡"作为主题，2001年仅有9篇文献，2015年达到735篇的最高峰。说明该主题是2015年的热点。而其他主题，如"省级政府""食品安全监管""绩效评价指标"一直处于较低的文献数量。

⑥相关基金文献。根据本文献的基金名称与编号，自动聚类该基金所有文献。

本文献没有"相关基金文献"。

3.1.3.5 批量文献的获取与分析

（1）批量查看摘要

筛选文献时，用户可以通过摘要来判别文章是否符合要求。之前查看摘要，需要点击单篇文献，然后进入该文献的概要信息页面。这样筛选的效率很低。在图3-24中，单击右侧的"摘要"，就可以同时浏览多篇文献的摘要信息，如图3-30所示。

（2）批量下载

在图3-24中，每篇文献的前面都有复选框，单击该框，可以选中多篇文献，再点击"批量下载"，就可以一次性下载多篇文献。

（3）导出/参考文献

为了深入研究课题，除了检索到的文献之外，经常还要查阅对应的参考文献。CNKI提供了这种功能。在图3-24中，先选中多篇文献，然后点击"导出/参考文献"，进入到图3-31的页面，其中的"文献导出格式"可以根据用途选择不同的文献格式。

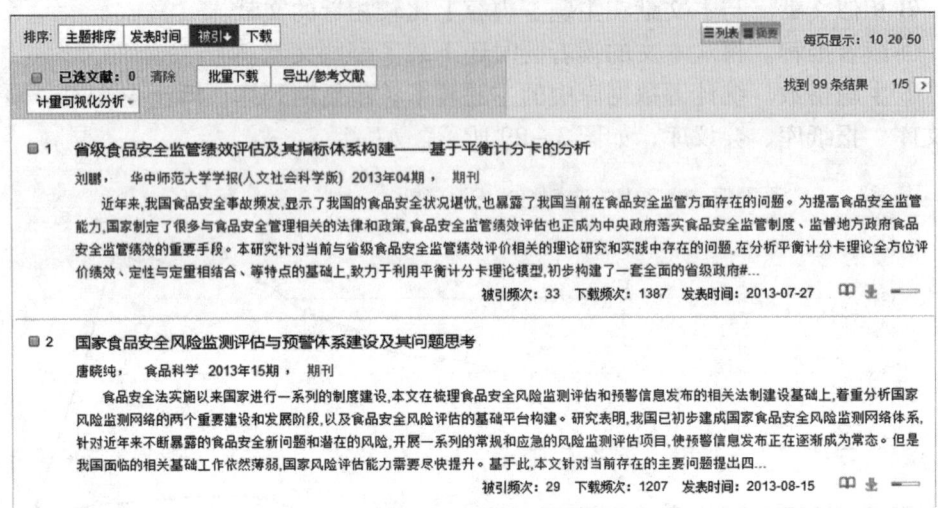

图3-30 批量查看摘要

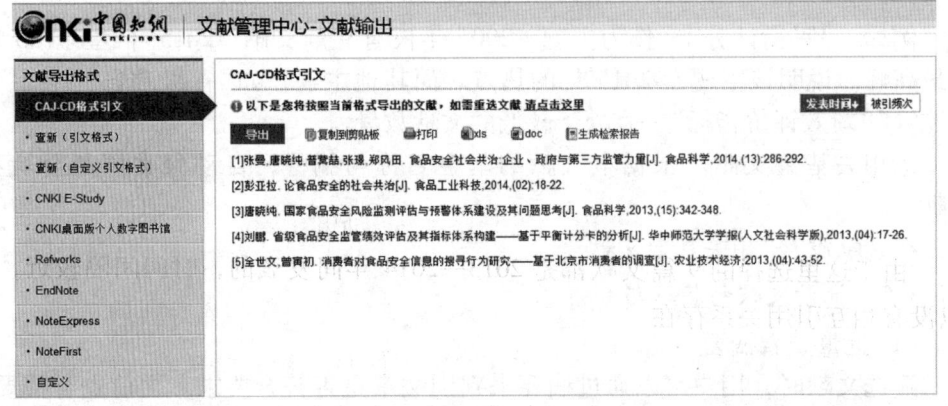

图3-31 批量导出参考文献

(4)计量可视化分析

针对单篇文献的分析，往往可能不够全面。如果能够对一组文献进行分析，那么结果会更透彻，有效性更强。在图3-24中，选择前9篇被引次数最高的文献，单击"计量可视化分析"的"已选文献分析"，进入到图3-32所示的页面，对9篇文献进行可视化分析。

①指标分析。用数字进行分析，了解各项指标，如总参考数、总被引数、总下载数等。

②总体趋势分析。用图线来表达所选文献的参考文献和引证文献发文时间和发文量。由于选中的9篇文献为2013年或2014年发表，从图3-32可以看出，

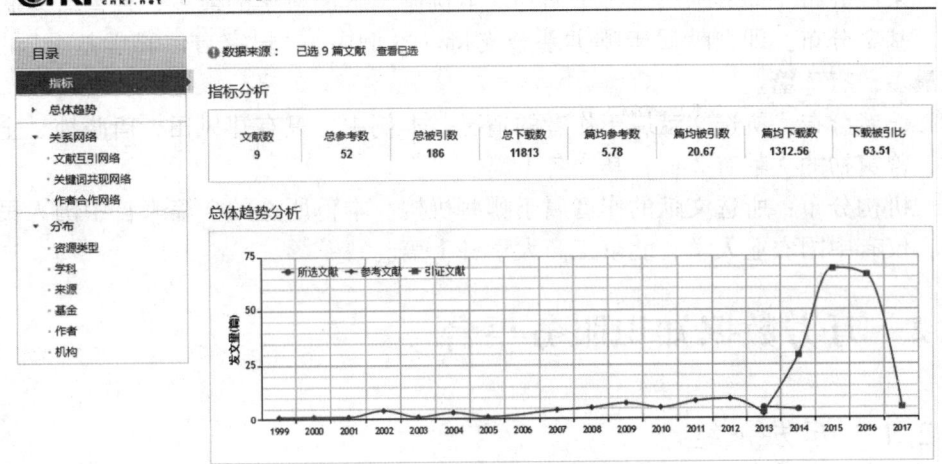

图 3-32 计量可视化分析

参考文献的发文量最多的是 2012 年，其次是 2011 年，符合参考文献的新颖性要求。引证文献的发文量最多的是 2015 年，其次是 2016 年，也符合引证文献时间上的延迟效应。

③关系网络。
- 文献互引网络。分析选中的文献之间的互引关系。根据区域、年份、关键词、作者，可以分析所选文献主要分为哪些研究主题。

由于这里选择的 9 篇文献都是 2013—2014 年间发表的，时间间隔较近，所以没有相互引用关系存在。
- 关键词共现网络。即将同一文献中出现的两个关键词连接起来构成的网络。

本例的 9 篇文献中，"食品安全"是共现次数最多的，有 3 次；其次是"食品加工""理论模型""社区支持"的共现次数为 2 次；剩下的关键词共现次数仅 1 次。

通过对共现次数多的关键词进行分析，可以发现研究热点。
- 作者合作网络。可以分析出所选文献的作者之间的合作情况。

本例中，郑风田在一篇文献中与 4 名作者合作，而在另一篇文献中与 1 名作者合作。

④分布分析。
- 资源类型分布。文献来源于期刊、报纸、硕博士论文库等。
- 学科分布。即文献属于哪些学科。本例中，经济与管理科学最多，有 7 篇文献。
- 来源分布。即文献属于哪个期刊。本例中，食品科学的最多，有 2 篇文献。
- 基金分布。即文献属于哪类基金支持。本例中，"国家自然科学基金"的篇数最多，有 7 篇。
- 作者分布。所选文献属于作者的情况。本例中，只有郑风田、唐晓纯、全世文、曾寅初的文献有 2 篇，其余各 1 篇。
- 机构分布：所选文献的作者属于哪些机构。本例所选的 9 篇来自中国人民大学，仅有中国农业大学、北京工商大学各 1 篇。

3.2 万方数据知识服务平台

3.2.1 万方介绍

3.2.1.1 概述

万方数据股份有限公司是国内较早以信息服务为核心的股份制高新技术企业，是在互联网领域，集信息资源产品、信息增值服务和信息处理方案为一体的综合信息服务商。万方数据资源系统是万方数据股份有限公司在中国科技信息研究所的信息服务资源的基础上开发的大型科技信息平台。该系统 1997 年 8 月开始运行，2009 年 6 月升级为万方数据知识服务平台。该平台的网址是"http://www.wanfangdata.com.cn/"。

万方数据知识服务平台包括中国学术期刊数据库、中国学位论文全文数据库、中国科技期刊开放获取平台、中国科技论文在线、中国学术会议文献数据库、中国法律法规数据库、中国科技成果数据库、中国地方志数据库、中国年鉴资源全文数据库、中外标准数据库、中外专利数据库、科技报告数据库、方正阿帕比电子图书资源库、国家哲学社会科学学术期刊数据库、威科集团期刊库、Arxiv 网络数据库、美国科研出版社数据库、HighWire、牛津大学出版社数据库、剑桥大学出版社期刊库、德古意特出版社图书期刊数据库、DOAJ、法国科学传播出版社数据库、PubMed、NSTL 数据库、Open J-Gate、韩国科学技术信息研究所论文库、瑞士 MDPI 期刊库、世界科技出版公司数据库。

3.2.1.2 万方数据知识服务平台资源介绍

（1）期刊

期刊资源包括中文期刊和外文期刊，其中中文期刊共 8000 余种，核心期刊 3200 种左右，涵盖了自然科学、工程技术、医药卫生、农业科学、哲学政法、社会科学、科教文艺等各个学科。外文期刊主要来源于外文文献数据库，收录了 1995 年以来世界各国出版的 20 900 种重要学术期刊。

(2) 学位论文

学位论文资源包括中文学位论文和外文学位论文。中文学位论文收录始于 1980 年，年增 30 万余篇，涵盖理学、工业技术、人文科学、社会科学、医药卫生、农业科学、交通运输、航空航天和环境科学等各学科领域。外文学位论文收录始于 1983 年，累计收藏 11.4 万余册，年增量 1 万余册。

(3) 会议论文

会议资源包括中文会议论文和外文会议论文。中文会议论文收录始于 1982 年，年收集 4000 多个重要学术会议，年增 20 万篇全文，每月更新。外文会议论文主要来源于外文文献数据库，收录了 1985 年以来世界各主要学协会、出版机构出版的学术会议论文。

(4) 图书

图书资源包括中文图书和中外工具书。中文资源主要来源于方正阿帕比电子图书资源库。该资源库涵盖了社科、人文、经管、文学、历史、科普等各种种类，总数量达到 35 万种，以新书为主，2004 年以后出版的新书占 75%。外文工具书主要来源于中国科技信息研究所特色资源库。

(5) 专利

专利资源来源于中外专利数据库，收录始于 1985 年，目前共收录中国专利 1 500 万余条，国外专利 3 700 万余条，年增 25 万条。收录范围涉及 11 国 2 组织，内容涵盖自然科学各个学科领域。

(6) 科技报告

中文科技报告收录始于 1966 年，源于中华人民共和国科学技术部，共计 20 000 余份，外文科技报告收录始于 1958 年，主要为美国政府四大科技报告（AD、DE、NASA、PB），共计 110 万余份。

(7) 成果

成果资源主要来源于中国科技成果数据库，涵盖了国内各省、市、部委鉴定后上报国家、科技部的科技成果及星火科技成果，涵盖新技术、新产品、新工艺、新材料、新设计等众多学科领域。

(8) 标准

标准资源来源于中外标准数据库，涵盖了中国标准、国际标准以及各国标准等在内的 37 万多条记录，综合了由国家技术监督局、建设部情报所、建材研究院等单位提供的相关行业的各类标准题录。全文数据来源于国家指定的专有标准出版单位，文摘数据来自中国标准化研究院国家标准馆，数据权威。

(9) 法规

法规资源主要由国家信息中心提供，信息来源权威、专业，涵盖了国家法律、行政法规、部门规章、司法解释以及其他规范性文件。

(10) 年鉴

中国年鉴全文资源是目前国内最大的连续更新的动态年鉴资源全文数据库。它收录了 1912 年至今中国国内中央、地方、行业和企业等各类年鉴的全文文献。

(11) 地方志

简称方志,即按一定体例,全面记载某一时期某一地域的自然、社会、政治、经济、文化等方面情况或特定事项的书籍文献。地方志资源来源于中国地方志数据库,新方志收录始于 1949 年,共计 4 万余册;旧方志收录年代为新中国成立之前,近 8 万册。

(12) 视频

万方视频是以科技、教育、文化为主要内容大类的学术视频知识服务系统,与中央电视台、教育部、凤凰卫视、中国科技信息研究所、中华医学会、中国科学院、北大光华、天幕传媒等国内外著名专业制作机构进行广泛的战略合作。现已推出高校课程、学术讲座、学术会议报告、考试辅导、就业指导、医学实践、管理讲座、科普视频等精品视频。

3.2.1.3　pdf 格式文件

万方数据知识服务平台提供的全文信息绝大部分是 pdf 格式文件,用户需要安装 pdf 专业阅读软件 Adobe Reader。在万方数据知识服务平台首页的左下角,点击"帮助"进入帮助页面,在左侧边栏选择"工具下载",即可下载该软件。

3.2.2　万方检索方法

3.2.2.1　初级检索

在万方数据知识服务平台的首页上直接输入检索词进行的检索就是初级检索,如图 3-33 所示。

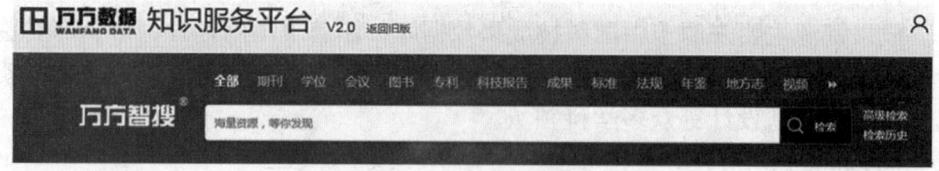

图 3-33　万方初级检索界面

【例 3-8】　利用万方检索包含"食品安全"的文献。检索结果:623 494 篇。

在初级检索时,默认检索词在"全文"范围内检索,结果往往太多,难以筛选。可以通过以下两种方式来减少命中文献的数量。

①通过检索结果页面的左边,选择"资源类型""年份""语种""来源数据库""出版状态""机构""基金"等,以减少命中文献的数量。

②通过设置"标题""作者""关键词""起始年""结束年",在结果中进一步

检索。

3.2.2.2 高级检索

在万方数据知识服务平台的首页上单击"高级检索",进入高级检索界面,如图 3-34 所示。

图 3-34 万方高级检索界面

用户可以选择所需检索的多种文献类型、语种,填写检索信息(包括主题、题名、关键词、创作者、作者单位、日期、期刊、学位、会议等),设置发表时间和更新时间。

用户还可以单击图 3-34 的"专业检索",自行编写检索表达式。

3.2.3 万方检索示例

3.2.3.1 跨库高级检索

以"食品安全"作为主题,跨库高级检索,如图 3-35 所示。

检索到 304 621 篇文献。文献太多,无法逐一浏览。

考虑到文献的新颖度,可以将发表时间进行限制,选择 2013—2017 年的文献,检索到 80 787 篇文献。和之前相比,减少了许多,但 8 万多篇,仍然数量太大。

增加作者单位为"中国人民大学",检索结果为 6 篇,全部是期刊文献。

对比中国知网学术总库的 99 篇结果,说明万方数据知识服务平台的收录资源与中国知网学术总库不尽相同,导致检索结果的差异。

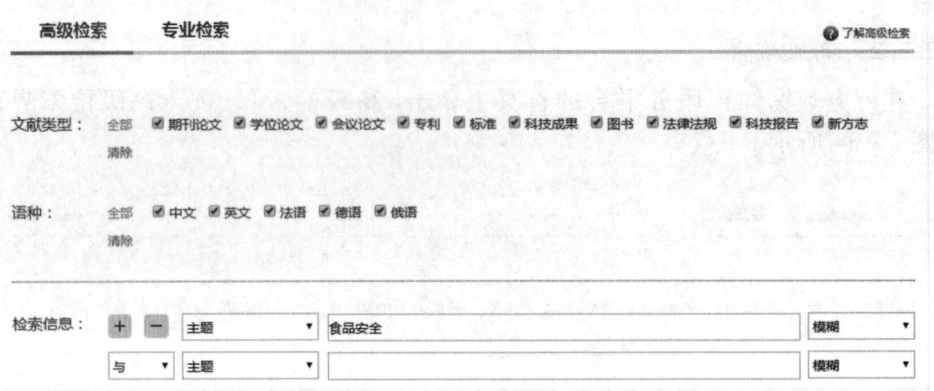

图 3-35 万方跨库高级检索示例

3.2.3.2 知识脉络分析

利用万方数据知识服务平台提供的知识脉络分析功能，可以对"食品安全"问题有更深入的了解，如图 3-36 所示。

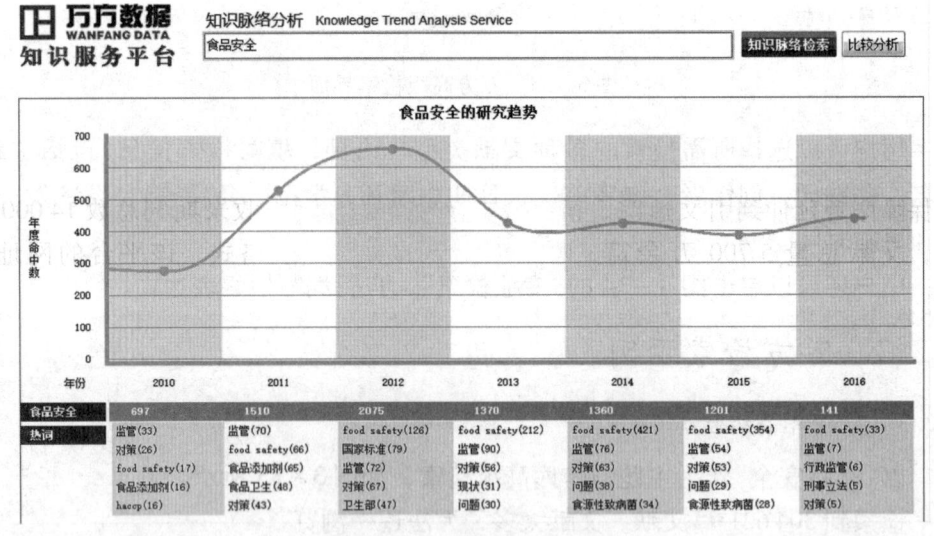

图 3-36 知识脉络分析

由图 3-36 可知，食品安全问题的研究在 2012 年达到最高峰，2013—2016 年的研究成果相对稳定。同时，可以看到与"食品安全"相关的热词，例如"监管""食品添加剂""对策"等，便于用户进一步检索时增加这些关键词，提高检索的准确性。

另外，知识脉络分析还在热词的下方提供了 10 篇经典文献、10 篇研究前沿文献、9位相关学者。这对"食品安全"问题的研究极有价值。由于之前查询"食品安全"检索到的文献动辄有8万多篇，难以抉择。然而，研究最应该关注的就是经典文献、前沿文献和重要作者。因此，采用知识脉络分析来寻找合适文献，对于一般用户来说是一条捷径。

3.3 维普期刊资源整合服务平台

3.3.1 维普介绍

3.3.1.1 概述

重庆维普资讯有限公司成立于1995年，前身为中国科技情报研究所重庆分所数据库研究中心，是中国第一家进行中文期刊数据库研究的机构。

该数据库研究中心于1989年自主研发并推出了中文科技期刊篇名数据库。之后，维普资讯又相继推出了中文科技期刊数据库、中国科技经济新闻数据库、中文科技期刊数据库（引文版）、外文科技期刊数据库、中国科学指标数据库、中文科技期刊评价报告、中国基础教育信息服务平台、维普—google学术搜索平台、维普考试服务平台、图书馆重点学科服务平台、文献共享服务平台、维普期刊资源整合服务平台、维普机构知识服务管理系统、文献共享平台、维普论文检测系统等系列产品。

维普期刊资源整合服务平台是中文期刊资源一站式服务平台，是从单纯的全文保障服务延伸到引文追踪、情报分析等服务的产品。收录期刊总数14 000余种，文献总量5 700万余篇。收录的论文格式为pdf格式。该平台的网址是"http://lib.cqvip.com/"。

3.3.1.2 维普期刊资源整合服务平台介绍

（1）期刊文献检索

对原有中文科技期刊数据库检索查新及全文保障功能有效继承，并做了流程梳理和功能优化，同时新增了文献传递、检索历史、参考文献、基金资助、期刊被知名国内外数据库收录的最新情况查询、查询主题学科选择、在线阅读、全文快照、相似文献展示等功能。

（2）文献引证追踪

对原有中文科技期刊数据库（引文版）的功能进行优化和流程梳理，是目前国内规模最大的文摘和引文索引型数据库，对文献之间的引证关系进行深度数据挖掘，除提供基本的引文检索功能外，还提供基于作者、机构、期刊的引用统计分析功能。引文数据回溯加工至2000年，采用数据链接机制实现到维普资讯系列产品的功能对接,极大提高资源利用效率。

(3)科学指标分析

中国科学指标数据库是目前国内规模最大的动态连续分析型事实数据库,通过引文数据分析揭示国内近200个细分学科的科学发展趋势,衡量国内科学研究绩效。该功能模块以维普中文科技期刊数据库近10年的千万篇文献为计算基础,对中国近年来科技论文的产出和影响力及其分布情况进行客观描述和统计。以学科领域为引导,展示我国最近10年各学科领域最受关注的研究成果,揭示不同学科领域中研究机构的分布状态及重要文献产出。

(4)高被引析出文献

即维普资讯的高被引析出文献库。期刊文献是最具连续性动态性的文献传播载体,期刊文章的参考文献往往跨越了期刊、学位论文、会议论文、图书、专利、标准等多文献类型。这些参考文献脉络所涉及的文献内容也具备丰富的科研参考价值。

(5)搜索引擎服务

是为机构用户基于谷歌和百度搜索引擎面向读者提供服务的有效拓展支持工具,从而为广大的终端使用者提供方便;既是灵活的资源使用模式,也是图书馆服务的有力交互推广渠道,良好的网络访问速度,全天候免维护;通过开通该服务可以使图书馆服务推广到读者环境中去——"读者在哪里,图书馆的服务就在哪里",让图书馆服务无处不在。

3.3.2 维普检索方法

3.3.2.1 基本检索

在维普期刊资源整合服务平台的首页上直接进行的检索就是基本检索,如图3-37所示。

图3-37 维普基本检索界面

用户可以设置检索的时间、检索的刊物范围、检索的学科，选择检索字段，输入检索词。默认状态下，检索时间是1989—当年，检索范围是全部期刊，检索学科为所有学科，检索字段为题名或关键词。

【例 3-9】 利用维普基本检索，查找任意字段为"食品安全"的文献。检索结果：201 322 篇。

文献太多，难以筛选。可以通过限定时间、限定检索字段为题名或关键词，进一步减少文献的数量。

3.3.2.2 高级检索

在维普期刊资源整合服务平台的首页上单击高级检索，打开高级检索界面，如图 3-38 所示。

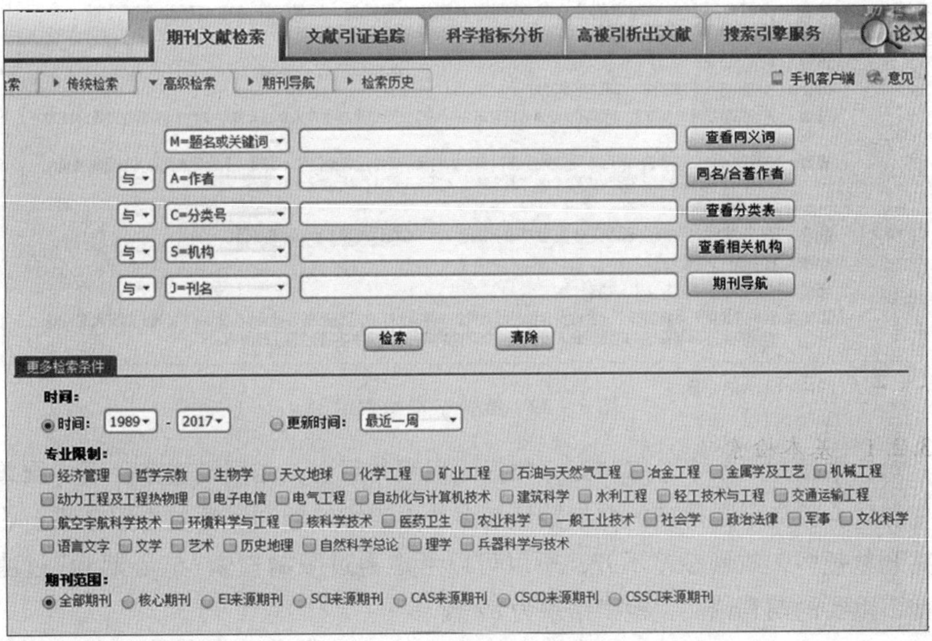

图 3-38 维普高级检索界面

用户输入题名或关键词，还可以查看该词汇的同义词；输入作者，还可以查看同名或合著作者；分类号不清楚的，可以查看分类表；相关机构也可以查看；期刊可以通过期刊导航了解。另外，用户还可以限制时间、限制专业、限制期刊范围，以达到检索结果更精准的目的。

3.3.3 维普检索示例

3.3.3.1 期刊文献检索

以"食品安全"进行"期刊文献检索"的基本检索。

设置题名或关键词为"食品安全",机构为"中国人民大学",时间为"2013—2017"年,检索结果为190篇,如图3-39所示。

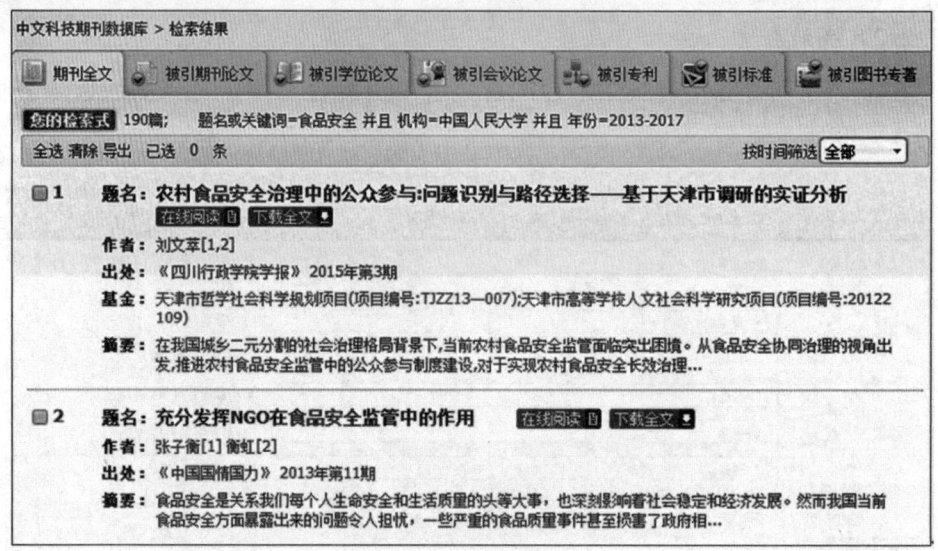

图3-39 维普基本检索示例

对比中国知网学术总库和万方数据知识服务平台,相同设置条件下,维普期刊资源整合服务平台得到的文献数量最多。由于维普期刊资源整合服务平台收录的期刊数量多,质量参差不齐,所以可以考虑通过限制检索"核心期刊"过滤掉一些不重要的期刊论文,检索结果为87篇。

3.3.3.2 被引期刊论文

图3-39中,选择"被引期刊论文",显示如图3-40所示。

从图3-40中可以看到,被引次数在6次以上的只有6篇,且均为2013年文献,说明被引的滞后性。在图3-39所检索到的190篇文献中,这6篇文献值得重点关注。

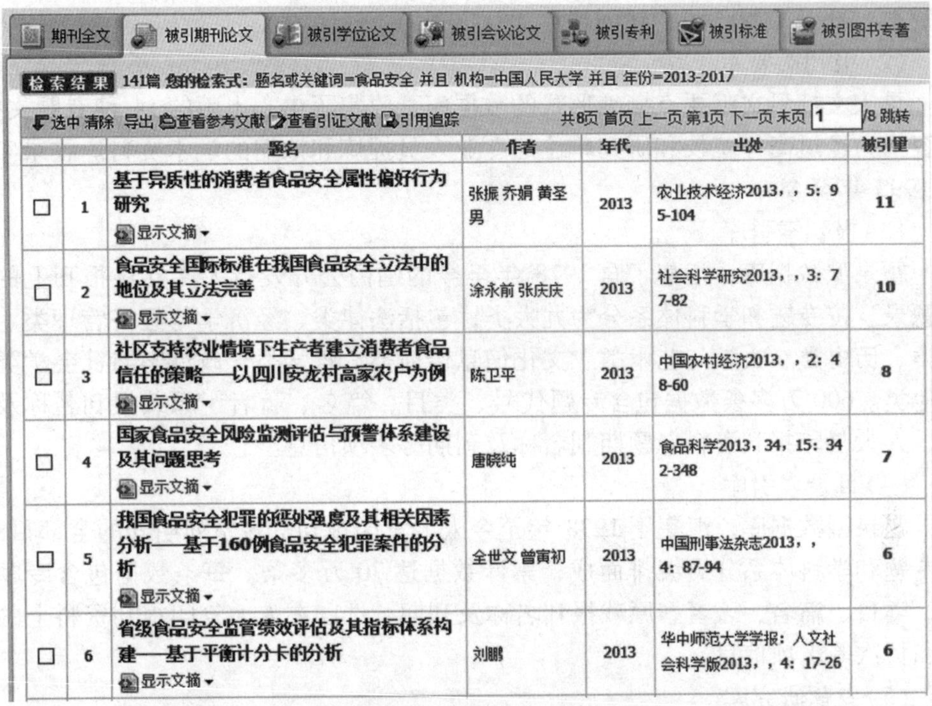

期刊全文 | 被引期刊论文 | 被引学位论文 | 被引会议论文 | 被引专利 | 被引标准 | 被引图书专著

检索结果 141篇 您的检索式：题名或关键词=食品安全 并且 机构=中国人民大学 并且 年份=2013-2017

选中 清除 导出 查看参考文献 查看引证文献 引用追踪 共8页 首页 上一页 第1页 下一页 末页 1 /8 跳转

		题名	作者	年代	出处	被引量
□	1	基于异质性的消费者食品安全属性偏好行为研究 显示文摘	张振 乔娟 黄圣男	2013	农业技术经济2013，，5：95-104	11
□	2	食品安全国际标准在我国食品安全立法中的地位及其立法完善 显示文摘	涂永前 张庆庆	2013	社会科学研究2013，，3：77-82	10
□	3	社区支持农业情境下生产者建立消费者食品信任的策略——以四川安龙村高家农户为例 显示文摘	陈卫平	2013	中国农村经济2013，，2：48-60	8
□	4	国家食品安全风险监测评估与预警体系建设及其问题思考 显示文摘	唐晓纯	2013	食品科学2013，34，15：342-348	7
□	5	我国食品安全犯罪的惩处强度及其相关因素分析——基于160例食品安全犯罪案件的分析 显示文摘	全世文 曾寅初	2013	中国刑事法杂志2013，，4：87-94	6
□	6	省级食品安全监管绩效评估及其指标体系构建——基于平衡计分卡的分析 显示文摘	刘鹏	2013	华中师范大学学报：人文社会科学版2013，，4：17-26	6

图3-40 维普被引期刊论文检索示例

3.4 人大复印报刊资料

3.4.1 人大复印报刊资料介绍

3.4.1.1 概述

中国人民大学复印报刊资料库是人大数媒（北京）科技有限公司以人民大学书报资料中心的复印报刊资料系列数据库为内容基础，辅以先进的检索方式、优质的期刊、论文推荐而成的人文科学、社会科学资料库。中国人民大学书报资料中心成立于1958年，是新中国最早从事人文社会科学文献搜集、整理、编辑、发布的信息资料提供机构。人大复印报刊资料库的网址是“http://ipub.exuezhe.com/”。

3.4.1.2 人大复印报刊资料资源介绍

（1）全文数据库

囊括了人文社会科学领域中的各个学科，包括政治学与社会学类、哲学类、法律类、经济学与经济管理类、教育类、文学与艺术类、历史学类、文化信息传播类以及其他类。每个类别分别涵盖了相关专题的期刊文章。收录1995年以来的资料，部分专题已回溯到创刊年。

(2) 报刊摘要库

是人文社科文献要点摘编形式的数据库，收集了中心出版的 14 种专题文摘，内容均为经过高等院校和研究单位的专业人员提炼和浓缩的学术资料。收录年限为 1993 年至今。

(3) 报刊索引库

题录型数据库，汇集了自 1978 年至今的国内公开发行人文社科报刊上的全部题录。按专题和学科体系分为九大类，包括法律类、经济学与经济管理类、教育类、历史类、文学与艺术类、文化信息传播类、哲学类、政治学与社会学类和其他类。600 万多条数据包含专题代号、类目、篇名、著者、原载报刊名称及刊期、人大复印报刊资料专题期刊名称及刊期等多项信息。

(4) 目录索引库

题录型数据库，汇集了 1978 年至今人大复印报刊资料系列期刊的全部目录，按专题和学科体系分类编排而成，累计数据达 70 万多条。每条数据包含专题代号、类目、篇名、著者、原载报刊名称及刊期、选印在人大复印报刊资料上的刊期和页次等多项信息。

(5) 专题研究库

2008 年 10 月建成，是根据特色选题，从人大复印报刊资料全文数据库中整理生成各类专题研究资料，从而形成的新的数据库产品。该库主要设有 24 种专题，其中包括中国立法、司法、政治、民族、社会等方面的问题研究，每个专题里面又下设若干子库。

(6) 数字期刊库

以整刊形式面向读者，可以查看期刊封面、期号等信息，同时提供按期刊学科、期刊首字母拼音、期刊分类号、期刊属性等不同形式的查询方式以方便读者进行资源检索。按刊物类别分为复印报刊资料系列、原发刊系列、文摘系列。收录年限为 1995 年至今。

3.4.2 人大复印报刊资料检索示例

3.4.2.1 初级检索

在人大复印报刊资料数据库的首页上直接输入检索词进行的检索就是初级检索，如图 3-41 所示。

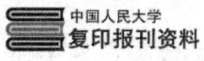
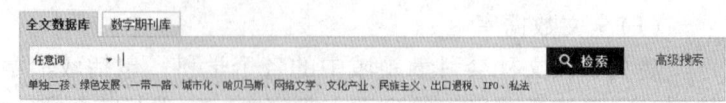

图 3-41 人大复印报刊资料初级检索界面

用户可以点击"任意词"旁的下拉框,选择标题、副标题、作者、作者简介、作者单位、关键词、正文、摘要、参考文献、原文出处、分类名称、分类号,限制检索的范围。

【例 3 - 10】 利用人大复印报刊资料数据库检索正文中包含"食品安全"的文献。

检索结果:2 996 篇。

文献较多,难以筛选。可以通过限定检索字段为标题、关键词、摘要等,进一步减少文献的数量。

3.4.2.2 高级检索

在人大复印报刊资料数据库的首页上点击右侧的"高级检索",进入图 3 - 42 所示界面。

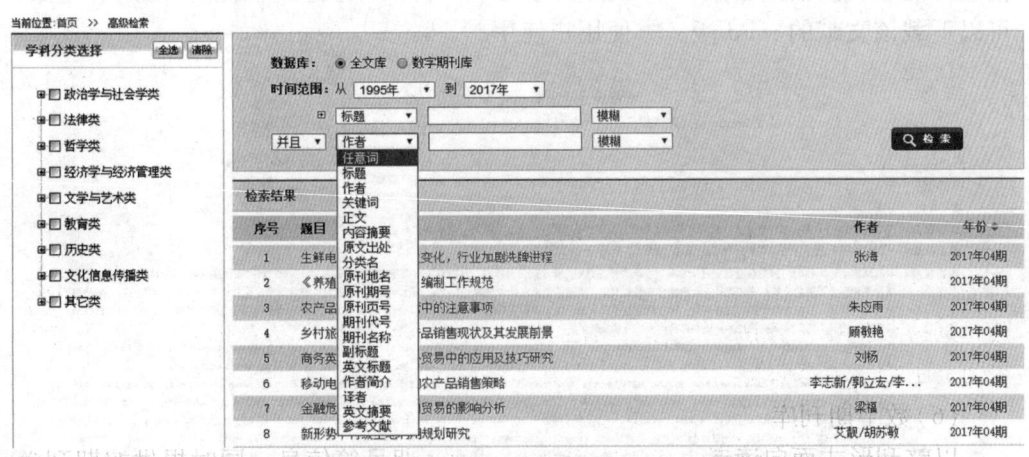

图 3 - 42 人大复印报刊资料高级检索界面

用户可以选择时间范围,设置多个字段的检索词,选择左侧的学科分类,使得检索的结果更精准。

下面以"食品安全"进行高级检索,如图 3 - 43 所示。在高级检索界面中,设置时间为 2013—2017 年,检索字段为关键词,检索内容为"食品安全",选择"精确"匹配。检索结果为 45 篇。点击最右侧的"年份",可以实现按时间顺序由近至远或由远至近的排列。

82　　网络信息检索

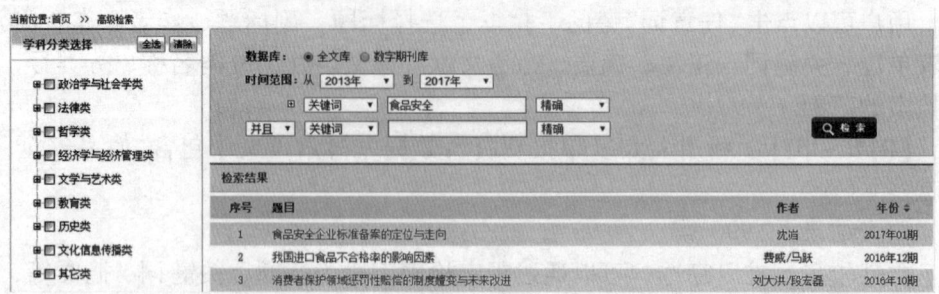

图 3-43　人大复印报刊资料高级检索示例

点击第一篇文献，显示如图 3-44 所示。从中可以知道作者简介、原文的出处、中英文内容提要、期刊名称和复印期号、中英文关键词、支持的基金项目等信息。能够直接阅读全文，了解其参考文献，得到相关文章的推荐。如有需要，可以下载该文献的 word 版，方便用户使用。

图 3-44　人大复印报刊资料文献示例

3.5　中国科学文献服务系统

3.5.1　中国科学文献服务系统介绍

3.5.1.1　概述

中国科学文献服务系统是国家科学数字图书馆（CSDL，China Science Digital Library）资助的项目，由中国科学院文献情报中心主办，建立于 2002 年。建设目标是建立中文科技期刊的基于 Web 的科技文献文摘、引文、联合目录馆藏的科技知识服务体系,面向广大机构和个人用户提供中文科技期刊文献资源的有效发现和评价服务。该系统为用户构建了基于文献检索、引文链接、全文获取、网络咨询为一体的信息服务平台。中国科学文献服务系统的网址是"http://sciencechina.cn/"。

3.5.1.2 主要资源介绍

(1)中国科学引文数据库

中国科学引文数据库(CSCD,Chinese Science Citation Database)创建于 1989 年,收录了我国数学、物理、化学、天文学、地学、生物学、农林科学、医药卫生、工程技术、环境科学和管理科学等领域出版的中英文科技核心期刊和优秀期刊千余种,是我国第一个引文数据库。目前已积累从 1989 年到现在的论文记录 4 675 056 条,引文记录 576 16 643 条。

系统除具备一般的检索功能外,还提供引文索引。使用该功能,用户可迅速从数百万条引文中查询到某篇科技文献被引用的详细情况,还可以从一篇早期的重要文献或著者姓名入手,检索到一批近期发表的相关文献,对交叉学科和新学科的发展研究具有十分重要的参考价值。

(2)中国科学文献计量指标数据库

中国科学引文数据库课题组利用 CSCD 数据库和 SCI 数据库,对我国的科技论文进行了详细的统计,力图多角度地展现我国科学研究的成果。本指标数据库自 1999 年开始,持续描绘了每年度我国科技论文产出和影响力的宏观状况。从宏观统计到微观统计,渐次展开,展示了省市地区、高等院校、科研院所、医疗机构、科学研究者论文产出力和影响力,并以学科领域为引导,显示我国各学科领域的研究成果,揭示不同学科领域中,研究机构的分布状态。

(3)中国科技期刊引证指标数据库

中国科技期刊引证指标数据库是根据 CSCD 年度期刊指标统计数据创建的。该统计数据以 CSCD 核心库为基础,对刊名等信息进行了大量的规范工作,所有指标统计遵循文献计量学的相关定律及统计方法。这些指标如实反映国内科技期刊在中文世界的价值和影响力。

3.5.2 CSCD 检索示例

3.5.2.1 简单检索

在 CSCD 界面中选择简单检索,默认为"来源文献检索",也可以改为"引文检索"。

【例 3-11】 利用 CSCD 数据库检索文摘中包含"食品安全"的文献。
检索结果:2 454 篇。

CSCD 数据库给出检索结果的分布,如图 3-45 所示。

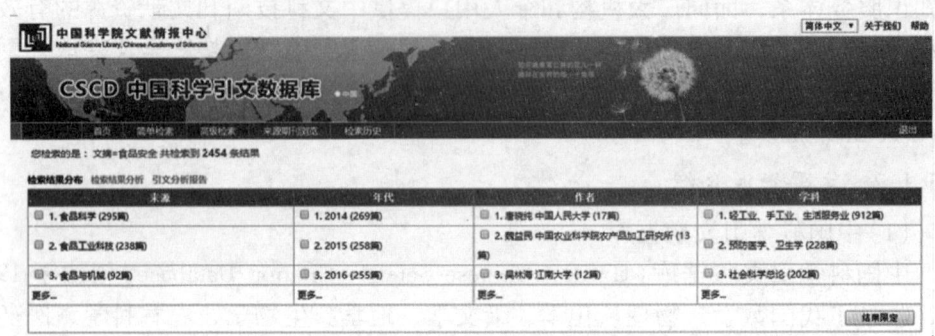

图 3-45 CSCD 简单检索示例

从图 3-45 中可知,《食品科学》期刊命中文献最多,有 295 篇;2014 年的相关文献最多,有 269 篇;中国人民大学的唐晓纯发表文章最多,有 17 篇;学科中轻工业、手工业、生活服务业的文献最多,有 912 篇。

选择"检索结果分析",可以按来源、年代、作者、学科来表示排名前 10 位的每项占总体文献的百分比。比如,按学科分析的结果如图 3-46 所示。

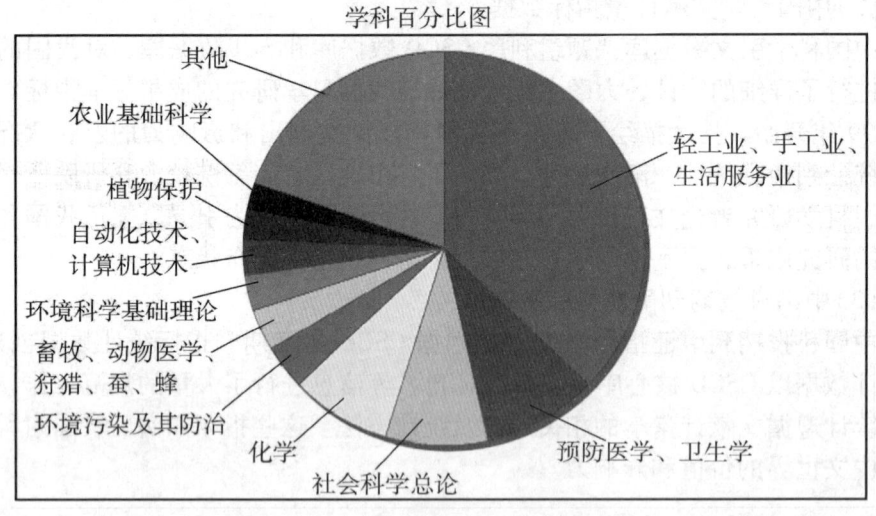

图 3-46 CSCD 简单检索结果分析

选择"引文分析报告",可以看到每年出版的文献数、每年被引的文献数、每篇文献近五年每年的被引次数、1989—2017 年总的被引次数、每年的平均引用次数等信息,如图 3-47 所示。用户还可以选择右侧的"查看引证文献"和"查看去除自引的引文报告"。

第 3 章 中文学术信息检索　　85

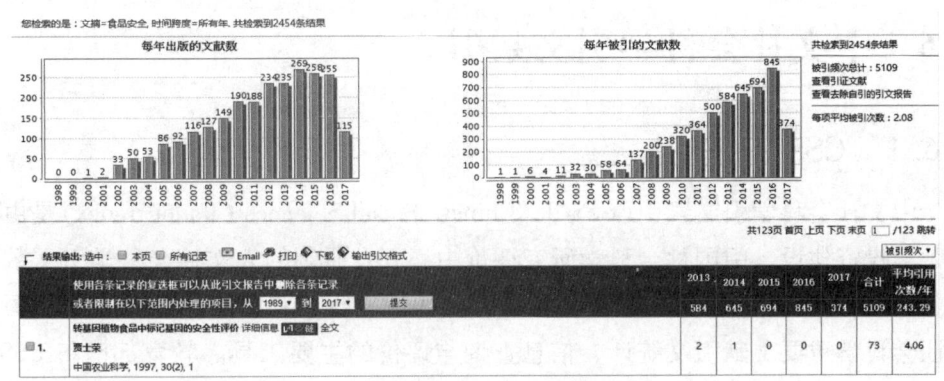

图 3-47　CSCD 简单检索引文分析报告

3.5.2.2　高级检索

CSCD 高级检索分为来源文献检索和引文检索。两种检索方式均可以在检索框中输入字段名称和布尔连接以及检索内容构造检索式，或者在最下方的检索框填入相应检索词，点击添加，将自动生成检索语句。

下面以来源文献检索为例，进行高级检索。

【例 3-12】　设置关键词为"食品安全"，机构为"中国人民大学"，时间为 2013—2017 年，检索结果为 16 篇，如图 3-48 所示。

图 3-48　CSCD 高级检索示例

从检索结果可以看出，《食品科学》期刊中的文献最多；2014 年的文献最多；唐晓纯和李佳洁的文献最多。在检索结果的下面是具体的文献信息，可以通过点击标题栏来进行题名、作者、来源、被引频次的排序。

3.6　中文社会科学引文索引

3.6.1　CSSCI 介绍

中文社会科学引文索引(CSSCI，Chinese Social Sciences Citation Index)是由南京大学投资建设、中国社会科学研究评价中心开发研制的人文社会科学引文数据库。CSSCI 用来检索中文人文社会科学领域的论文收录和被引用情况，是我国人文社会科学重要文献引文统计、信息查询与评价的主要工具。教育部已将 CSSCI 作为全国人文社会科学重点研究基地评审、研究成果评奖、科研项目结题、高级人才培养等方面的重要评审依据。CSSCI 的网址是"http://cssci.nju.edu.cn/"。

CSSCI 遵循文献计量学规律，采取定量与定性相结合的方法从全国 2 700 余种中文人文社会科学学术性期刊中精选出学术性强、编辑规范的期刊作为来源期刊。目前收录包括法学、管理学、经济学、历史学、政治学等在内的 28 大类 500 多种学术期刊，来源文献 100 万余篇，引文文献一千万余篇。

利用 CSSCI 可以检索到所有 CSSCI 来源刊的收录(来源文献)和被引情况。来源文献检索提供多个检索入口，包括篇名、作者、作者所在机构、刊名、关键词、文献分类号、学科类别、学位类别、基金类别及项目、期刊年代卷期等。被引文献的检索提供的检索入口包括被引文献、作者、篇名、刊名、出版年代、被引文献细节等。其中，多个检索口可以按需进行优化检索：精确检索、模糊检索、逻辑检索、二次检索等。检索结果按不同检索途径进行发文信息或被引信息分析统计，并支持文本信息下载。

3.6.2　CSSCI 检索示例

3.6.2.1　初级检索

在 CSSCI 首页中选择查询字段，直接输入检索词，就可以实现初级检索，默认为"来源文献"检索，也可以改为"被引文献"检索。

【例 3-13】　利用 CSSCI 数据库检索关键词中包含"食品安全"的文献，检索结果为 1 031 篇，如图 3-49 所示。CSSCI 数据库默认检索时间为 1998—当年。

初级检索查询到的文献太多，可以利用 CSSCI 数据库提供的二次检索功能进一步精炼。例如，在"所有字段"下拉框处选择"作者机构"，输入"中国人民大学"，点击"检索"按钮，精炼为 74 篇文献，如图 3-50 所示。

图 3-49　CSSCI 初级检索示例

图 3-50　CSSCI 二次检索示例

除了通过上述方式进行二次检索之外，还可以在图 3-50 的左边栏选择文献的类型、学科、期刊、年代，实现检索结果的精炼。检索的结果可以按照年代、篇名、作者进行排序（升序或降序）。

3.6.2.2　高级检索

CSSCI 高级检索分为来源文献检索、被引文献检索和来源期刊导航。下面以来源文献检索介绍高级检索功能。

【例 3-14】　设置关键词为"食品安全"，机构为"中国人民大学"，时间为 2013—2016 年，检索结果为 38 篇，如图 3-51 所示。

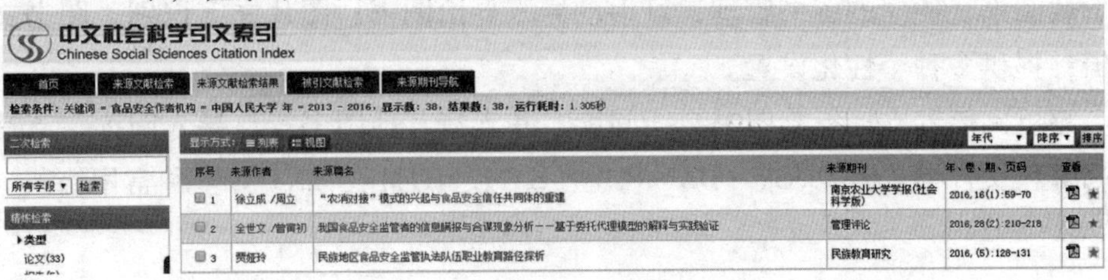

图 3-51　CSSCI 高级检索示例

3.7 超星电子图书

3.7.1 超星数字图书馆介绍

3.7.1.1 概述

超星数字图书馆成立于1993年,是国内专业的数字图书馆解决方案提供商和数字图书资源供应商。超星数字图书馆是国家863计划中国数字图书馆示范工程项目,2000年1月在互联网上正式开通。它由北京世纪超星信息技术发展有限责任公司投资兴建。

超星数字图书馆覆盖范围涉及哲学、宗教、社科总论、经典理论、民族学、经济学、自然科学总论、计算机等50余大类;收录年限为1977年至今的资料,包括数百万册电子图书,500万篇论文,全文总量13亿余页,数据总量1000TB;大量免费电子图书,超8万的学术视频;拥有超过35万授权作者,5300位名师,1000万注册用户,并且每天仍在不断地增加与更新。超星数字图书馆是世界最大的中文在线数字图书馆。

3.7.1.2 超星汇雅电子图书数据库

超星汇雅电子图书数据库是由北京超星公司推出的新一代电子图书数据库的管理和使用服务平台,数据库包含中图分类法22大类,140多万种电子图书,涵盖经典理论、哲学宗教、政治法律、社会科学总论、军事、经济、数理科学和化学、文学、自然科学总论、工业技术等各个学科领域,是全球最大的中文电子图书资源库。超星汇雅电子图书数据库的网址是"http://www.sslibrary.com/"。

3.7.1.3 超星阅读器

超星阅读器是超星公司推出的一款超星网电子书阅读及下载管理的客户端软件。超星阅读器支持在图书原文上做多种标注及添加书签,并可以导出保存;高速下载图书,便捷的图书管理,可手动导入导出图书;图片文字识别;图书文本编辑;提供多种个性化设置。

超星阅读器支持下载图书离线阅读,并支持其他图书资料导入阅读,支持的图书资料文件格式有PDG、PDZ、PDF、HTM、HTML、TXT等多种常用格式。

3.7.2 超星电子图书检索示例

3.7.2.1 初级检索

在汇雅电子图书数据库首页的输入框中输入检索词,即可进行初级检索。

【例3-15】 进行"食品安全"为检索词的初级检索,系统默认查找书名中包含"食品安全"的书籍,检索结果为93本,如图3-52所示。

图3-52 超星图书初级检索示例

用户可以通过输入书名、作者、目录、全文检索的内容进行二次检索,缩小检索的范围。检索到的图书可以通过超星阅读器阅读,也可以进行PDF阅读或者网页阅读。

3.7.2.2 高级检索

在汇雅电子图书数据库的首页,点击"高级检索"按钮即可进入设置界面。通过输入书名、作者、主题词、年代、中图分类号还可以选择分类,获得检索结果。

【例3-16】 设置书名为"食品安全",年代为2013—2017年,检索结果为14篇,如图3-53所示。

检索结果显示了书名、主题词、作者、出版日期、出版社、中图分类号等重要信息。通过这些信息,尤其是主题词,可以进一步选定适合用户需求的电子图书。

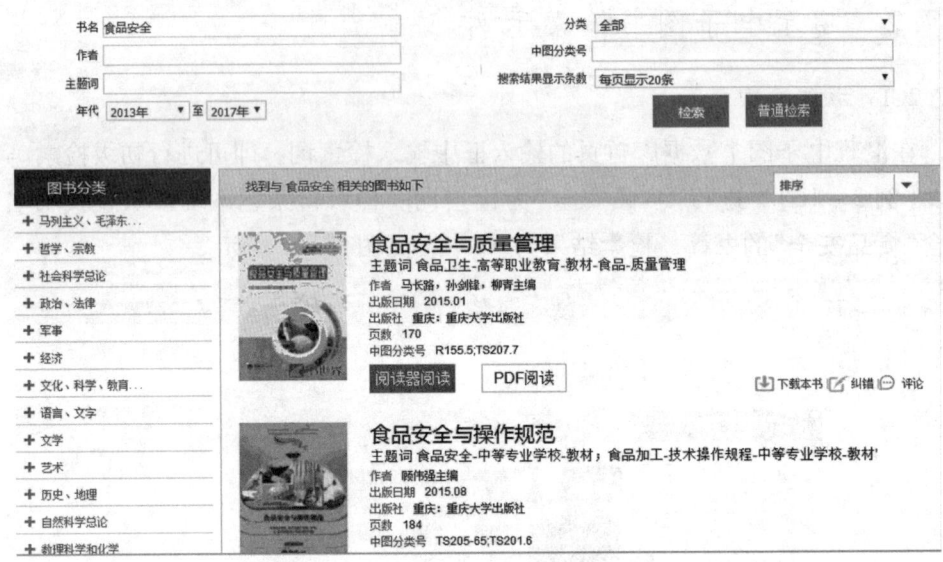

图 3-53　超星图书高级检索示例

本 章 小 结

本章介绍中文学术信息检索重要的数据库,包括中国知网学术总库、万方数据知识服务平台、维普期刊资源整合服务平台、人大复印报刊资料、中国科学文献服务系统、中文社会科学引文索引和超星电子图书。

对于上述数据库,本章介绍了其收录的学科范围、收录的时间起始等信息,用户可以根据需要选择相应的数据库。每种数据库均给出检索的示例,检索的条件和内容大致相当,用户通过对比,可以了解不同数据库的差异,将检索结果互为补充。

本章重点介绍中国知网学术总库。用户熟练掌握其强大的分析功能后,可以快速筛选出符合课题要求的少量文献,再进一步精读。其他数据库仅做简要介绍,信息检索的方法大同小异。

中文学术信息检索的关键在于检索条件的设置,用户往往很难一次就获得满意的检索结果,需要利用数据库提供的分析功能,对现有检索结果进行细致分析,然后调整检索条件以及检索词,从而不断精炼检索结果,最终得到合适数量、内容最符合研究课题的文献。

练 习 题

1. 通过中国知网学术总库检索你所在学院的教师近五年发表的文献，了解发文篇数最多的老师是哪位，被引次数最多的老师是哪位。

2. 了解你所学专业的优秀期刊，至少列举两种，并说明这两种期刊的类型（核心期刊、统计源期刊、CSCD 源期刊、CSCD 扩展版期刊、CSSCI 扩展版期刊、Medline 源期刊）。

3. 结合你的专业，选择一个研究课题，至少采用本章中的三个数据库进行文献检索，对比三个数据库的检索结果，总结不同数据库的特点。

4. 通过超星、北大方正、书生之家三种电子图书系统，查询本专业的书籍，对比三种系统的检索结果，总结各自的优缺点。

5. 将电子图书馆与传统图书馆进行对比，总结它们之间的差别。

第4章 外文学术信息检索

4.1 Web of Science 平台

4.1.1 Web of Science 平台介绍

4.1.1.1 概述

Web of Science(简称 WOS)平台是一个基于 Web 构建整合的数字研究环境,通过强大的检索技术和基于内容的连接能力,将高质量的信息资源、独特的信息分析工具和专业的信息管理软件无缝地整合在一起,兼具知识的检索、提取、分析、评价、管理与发表等多项功能,从而大大扩展和加深了信息检索的广度与深度,加速科学发现与创新的进程。

在功能上,WOS 平台提供了强大的知识发现与管理工具,包括跨库跨平台的 CrossSearch、独特的引文检索、主题检索、化学结构检索、基于内容与引文的跨库交叉浏览、检索结果的信息分析、定题跟踪 Alerting 服务、检索结果的信息管理(EndNote、Reference Manager、ProCite、WriteNote)等,帮助研究人员迅速深入地发现自己所需要的信息,把握研究发展的趋势与方向。

WOS 引文索引是在20世纪六七十年代由美国科学情报研究所(ISI,Institute for Scientific Information)创建。1992年,Thomson 公司收购了 ISI;2008年,Thomson 公司与 Reuter 公司合并组成 Thomson-Reuters 公司。2016年,Onex 公司和霸菱亚洲投资基金完成对 Thomson-Reuters 公司的知识产权与科技业务的收购,成立新的 Clarivate Analytics 公司,WOS 平台由其负责运营。

WOS 平台的网址是"http://www.webofscience.com/"。

4.1.1.2 WOS 平台主要资源

(1)WOS 核心合集——引文索引

①SCIE(Science Citation Index Expanded)。SCIE 是科学引文索引,目前收录1900年至今的8 000多种国际性、高影响力的学术期刊,包含自然科学、工程技术、临床医学等方面共177个学科。

科学引文索引分为核心版(又称光盘版,即 SCI)和扩展版(又称网络版,即 SCIE)。就起源来说,ISI 在早期每年向其客户(主要是全世界的图书馆)寄光盘,内容是所有被 ISI 收录的期刊发表文章的摘要。当时收录的期刊没有现在多。后来随着互联网的发展，ISI 在 1999 年左右建立了网络检索系统，原先需要寄光盘的数据也都导入网站系统，此后每年新增的期刊只在网络上检索，不入光盘。能通过网站检索到的期刊都称为 SCIE。但建立网站检索后，ISI 并没有停止向其客户寄光盘，这就导致了光盘版和网络版的区别。2000 年起，经国家科技部等相关部门研究决定，科学引文索引的论文统计采用 SCIE 数据，但很多人仍然习惯将科学引文索引称为 SCI 索引。

SCI 索引已经成为目前国际上最具权威性的、用于基础研究和应用基础研究成果的重要评价体系。它是评价一个国家、一个科学研究机构、一所高等学校、一本期刊，乃至一个研究人员学术水平的重要指标之一。

②SSCI(Social Sciences Citation Index)。SSCI 是社会科学引文索引，目前收录 1900 年至今的 3 000 多种国际性、高影响力的学术期刊，包含社会科学方面 57 个学科。

③A&HCI(Arts & Humanities Citation Index)。A&HCI 是人文艺术引文索引，目前收录 1975 年至今的 1 700 多种国际性、高影响力的学术期刊，包含哲学、语言学、文学、建筑、艺术、亚洲研究、电影/广播/电视等 28 个艺术与人文学科。

④CPCI - S(Conference Proceedings Citation Index-Science)。CPCI - S 是科技会议文献引文索引，提供 1990 年以来以专著、丛书、预印本、期刊、报告等形式出版的国际会议论文文摘及参考文献索引信息，涉及自然科学和工程技术的所有领域。

⑤ CPCI - SSH (Conference Proceedings Citation Index-Social Science & Humanities)。CPCI - SSH 是社会科学以及人文科学会议文献引文索引，提供 1990 年以来以专著、丛书、预印本、期刊、报告等形式出版的国际会议论文文摘及参考文献索引信息，涉及社会科学、艺术及人文科学的所有领域。

(2)WOS 核心合集——化学索引

①CCR - EXPANDED(Current Chemical Reactions)，新化学反应。收录 1986 年至今来自期刊和专利文献的一步或多步新合成方法。其中包括 Institut National de la Propriete Industrielle 化学结构数据，可回溯至 1840 年。

②IC(Index Chemicus)，化合物索引。收录 1993 年至今世界上有影响的期刊报道的新颖有机化合物。

(3)学术分析与评价工具

①ESI(Essential Science Indicators)。ESI 是基本科学指标，是基于 SCIE 和 SSCI 而建立的评价基准数据库，为研究人员和科研管理人员提供研究绩效的量化分析，了解在各研究领域中最领先的国家、期刊、科学家、论文和研究机构；识别自然科学和社会科学领域的重要趋势、研究方向和研究前沿；确定具体研究

领域内的研究成果和学术影响力。ESI 从研究的生产力、影响力、创新力和发展力四个方面衡量分析一个研究机构整体的影响力。

②JCR(Journal Citation Reports)。JCR 是期刊引用报告，依据 SCIE 和 SSCI 的引文数据，提供可靠的统计分析方法，对全球学术期刊进行客观、系统的评估，帮助用户以定量的方式了解全球的学术期刊，并且通过这些分析数据了解某本学术期刊在相应研究领域中的影响力。JCR 从世界上经同行评议的学术期刊中，筛选出被引次数最高的近 8000 种期刊，涵盖了 200 多门学科，提供自 1997 年以来的期刊引文统计分析数据。

(4) 专利索引 DII(Derwent Innovations Index)。DII 是基于 WOS 平台的专利信息数据库，将德温特世界专利索引(DWPI, Derwent World Patents Index)与专利引文索引(PCI, Patents Citation Index)加以整合。用户不仅可以检索专利信息，而且可以检索到专利的引用情况。该数据库收录了来自全球 47 个专利发行机构(涵盖 100 多个国家)的专利信息；专利覆盖范围可追溯到 1963 年，引用信息可追溯到 1973 年。

(5) 重要学术信息资源

①INSPEC。INSPEC 是由英国电气工程师协会提供的综合文献索引，它涉及的主要学科领域包括物理学、电子与电气工程、计算机与控制工程以及信息科技方面文献的综合索引。数据库涵盖了 700 多万篇科技论文，它为物理学学家、工程师、信息专家、研究人与科学家提供了不可或缺的信息服务。INSPEC 每周进行更新，涵盖了来自期刊、书籍、报告以及会议录的数据。

②MEDLINE。MEDLINE 是由美国国家医学图书馆及合作机构编制的关于生命科学(包括生物医学、生命科学、生物工程、公共健康、临床护理、植物科学和动物科学)的文献数据库。记录来源于 1950 年以来的 4 900 多种，以 30 多种语言出版的期刊，每年新增记录约 50 万条。

4.1.2 WOS 检索

4.1.2.1 基本检索

用户从 WOS 平台的首页上，选择"Web of Science 核心合集"数据库，即可进入如图 4-1 所示的检索界面。

基本检索默认在 WOS 核心合集中进行。但用户如果只想查询某一类索引，可以通过图 4-1 的"更多设置"选择所需的引文索引，所列出的引文索引为本馆所购买的数据库，每个引文索引的后面都标注了所购买的索引信息的起始时间。没有购买的引文索引不会显示。例如，图 4-1 中没有 A&HCI 人文艺术引文索引。

第 4 章　外文学术信息检索

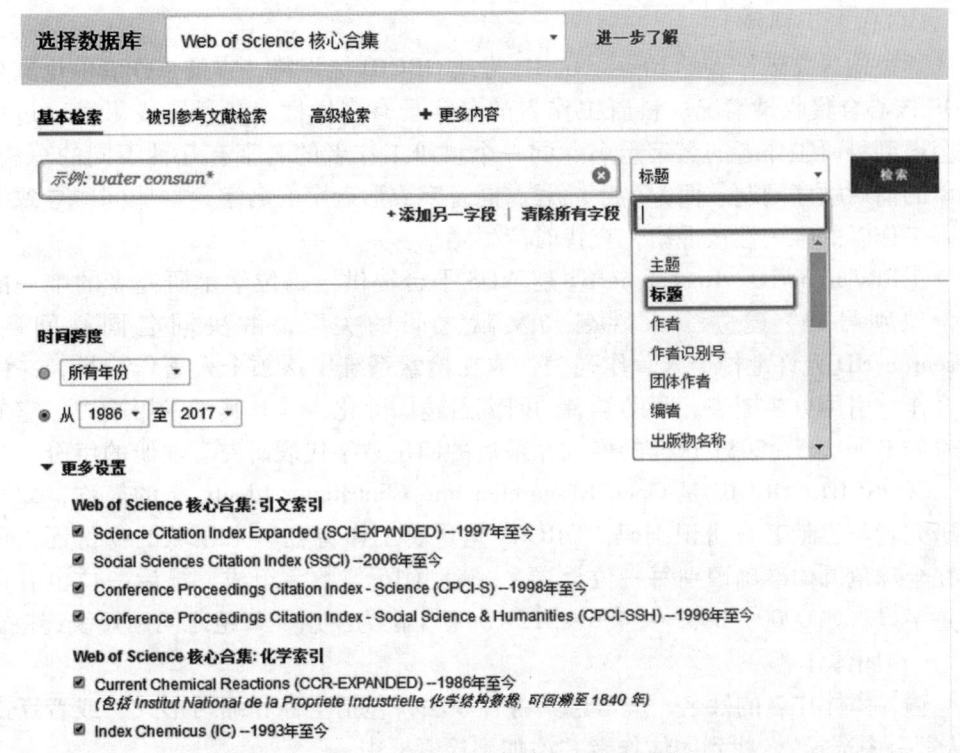

图 4-1　WOS 核心合集检索界面

在基本检索中，既可以执行单字段检索，也可以结合主题、作者、地址等进行多字段组合检索。下面对各字段进行介绍。

（1）主题

通过主题来查找文献。它是在论文的题名、文摘或关键词中检索。在该字段中输入的检索词可以使用通配符、逻辑算符组配。

注意：如要进行精确的词组检索，须用引号限定，比如输入"food safety"，则可找到准确的 food safety 词组；如果输入 food safety，中间的空格等同于 AND 逻辑运算符，那么既可找到 food safety 词组，也可找到包含 food 和 safety 两个单词，但不连在一起的，"…, providing an experimental basis for determining the safety of food additives"这样的句子。

（2）标题

通过标题来查找文献，检索框中输入的内容仅在论文的题名中检索。

（3）作者

通过输入文献的作者姓名，来检索该作者的论文被 WOS 核心合集收录情况，进而了解该作者在一段时间内的科研动态。为了能查全某个作者的所有文献，建议用几种顺序来查询。例如，zhang sanfeng 或者 zhang san-feng 或者 sanfeng zhang。

(4) 作者识别号

通过输入文献作者的 ResearcherID 号或 ORCID 标识符，查询该作者的论文被 WOS 核心合集收录情况。科研工作者的名字具有多样性，在科研成果发表过程中会遇到科研工作者的名字重名、同一个科研工作者的名字有几种不同的写法、翻译的前后顺序问题、西方名字缩写、同音字或形近字的名字，这些问题导致了科研工作者的唯一性被混淆，查找时产生困难。

①ResearcherID。ResearcherID 是 WOS 平台提供给每位学术研究者的唯一的身份识别号码，建立个人姓名与文献之间的关联，解决同名同姓问题。ResearcherID 允许上传个人著作列表，或在检索系统中认领个人著作成果，并生成合作、引用分析图表，帮助学者的研究迅速国际化，提升其学术影响力。它的编号如 B-9205-2011 这样的格式，最后的四位数字代表研究者注册的年份。

②ORCID。ORCID 是 Open Researcher and Contributor Identifier 的简称，即开放研究者与贡献者身份识别码。ORCID 是科研工作者在学术领域的身份证，可以在全球范围内准确识别每一位学者，一般由 16 位数字组成，最后一位也有可能是字母，如 0000-0002-5456-312X，每 4 位为一组，每组之间用短线连接。

(5) 团体作者

输入团体作者的姓名，应考虑其各种写法，包括全称和缩写形式，或者点击"从索引中选择"，找到团体作者并添加到检索框中。

(6) 编者

通过输入来源文献的编者姓名来查找文献。

(7) 出版物名称

输入刊名的全称。如果记不住刊物的全称，可输入刊名的前几个单词和通配符来检索，或者点击"从索引中选择"，进入"出版物名称索引"查阅名称，选择并添加到检索框中。

(8) DOI

DOI 是 Digital Object Unique Identifier 的简称，即数字对象唯一标识符。对所标识的数字对象而言，DOI 具有唯一性，保证了在网络环境下对数字化对象的准确提取，有效地避免重复。例如，输入"10.1134/S1061920808010020"，通过 DOI 字段检索，可以查到"Numerical simulation of electron scattering by nanotube junctions"这篇论文。

传统方式是采用 URL 对因特网上数字资源进行标识，用户点击 URL 链接即可访问对应的数字资源。然而 URL 所代表的只是数字资源的物理位置，并不是数字资源本身，一旦资源的物理位置发生变化，原来的 URL 将成为"死链"。因此，仅仅使用 URL 来代表数字对象和链接已经不能适应分布式动态环境的要求。DOI 由此产生，它并非只是一个不重复的字符串，而是一套包括名称空间、唯一标识符、命名机构、命名登记系统和解析系统 5 个部分的完整体系。

(9) 出版年

输入论文出版的准确年份，或发表论文的时间段。

(10) 地址

可以输入一个机构、一个城市、一个国家或一个邮编等以及它们的组合。该字段所有地址都可以检索。机构名和通用地址通常采用缩写，可以点击检索框下面的"查看缩写列表"。各检索词之间可以使用 SAME、AND、OR、NOT 算符组配。如果查询的两个或多个词汇要求是在同一地址中出现，检索时用 SAME 运算符。SAME 和 AND 的区别可以通过下面的例子区分。

①输入"SouthChina SAME normal"。检索结果为 1 篇文献，通信作者的地址为 SouthChina Normal Univ, MOE Key Lab Laser Life Sci, Guangzhou 510631, Guangdong, Peoples R China。

SouthChina 和 normal 都出现在通信作者的同一地址里。

②输入"SouthChina AND normal"。检索结果为 2 篇文献，除了①中的那篇文献之外，另外一篇文献的其中两个作者的地址如下：

> [1] East China Normal Univ, Dept Math, Shanghai Key Lab PMMP, 500, Dongchuan Rd, Shanghai 200241, Peoples R China.
> [2] SouthChina Univ Technol, Dept Math, Guangzhou 510641, Guangdong, Peoples R China.

Normal 出现在第一个作者的地址里，而 SouthChina 出现在第二个作者的地址里。

(11) 机构扩展

输入机构的全称。如果记不住机构的全称，点击"从索引中选择"，进入"增强机构信息列表"查找名称。可以采用按首字母浏览的方法查找对应机构；也可以输入文本查找相关的机构。找到之后，可以点击"查看详细信息"的"D"图标，了解该机构名称的不同拼写形式。值得注意的是，机构扩展中并未包含所有机构。目前机构扩展的机构名称叙词表中收录了约 4 000 家机构。

(12) 会议

输入会议全称，或者会议名称的关键词进行检索。

(13) 语种

列表中有多种语言供选择。该字段不能单独检索，需要和其他字段检索相组配。

(14) 文献类型

列表中有多种文献类型供选择。该字段不能单独检索，需要和其他字段检索相组配。常用的文献类型如下：

①Article(论文)。包括发表在期刊中的或用在研讨会或会议中的研究论文、特写、简明通信、病例报告、技术说明、年表以及完整论文。

②Proceedings Paper(会议录文献)。多种学科的会议、讨论会、研讨会、学术会、专题学术讨论会和大型会议的出版文献。通常发表于会议录的书籍中。

来自两个会议录索引(CPCI – S 和 CPCI – SSH)的记录将被标识为"会议录文献"。然而如果该记录也在期刊中发表,那么另外三个索引(SCIE、SSCI 和 A&HCI)中的该相同记录将被标识为"论文"。

(15)基金资助机构

该字段包含由来源文献提供的基金资助信息。WOS 核心合集收录了 SCIE 中自 2008 年起,以及 SSCI 中自 2015 年起的基金资助信息。

(16)授权号

基金资助信息中一般会包含基金资助机构向具体的资金资助项目分配的识别编号或代码。例如授权号、项目号和计划编号都属于这类。在 WOS 核心合集中,该识别内容称作授权号。

(17)入藏号

与 WOS 平台中每条记录相关的唯一识别码。

(18)PubMed ID

指定给每条 MEDLINE 记录的一个唯一标识符。并不是 WOS 中所有记录都有 PubMed ID,只有在 MEDLINE 中存在该记录的匹配记录时,才会有 PubMed ID。

【例 4 – 1】 在 WOS 核心合集里,检索主题包含"food safety"的文献。检索结果:36 561 篇,如图 4 – 2 所示。

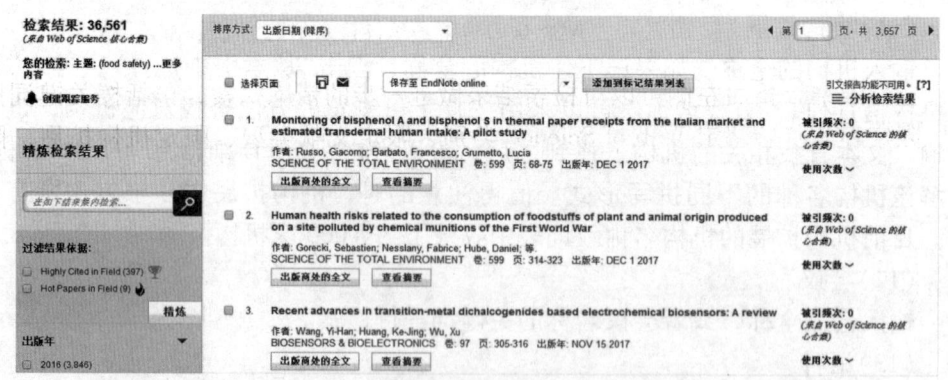

图 4 – 2 WOS 核心合集单条件检索示例

在网页的左边,可以继续输入检索词精炼检索结果。在检索框的下面,可以看到"Highly Cited in Field"高被引论文 397 篇,"Hot Papers in Field"热点论文 9 篇。这两种类型的论文在 WOS 的 ESI 中进行统计,对于研究人员来说具有较高的研究价值，值得重点关注。右上角显示"引文报告功能不可用"，原因是检索到的文献数量太多，超过了 10 000 条记录。用户需要调整检索条件，精炼检索结果。

【例 4-2】　在 WOS 核心合集里，检索标题包含"food safety"且时间为 2012—2017 年范围内的文献，限定只检索 SCIE 和 SSCI 两个引文索引。检索结果：1 774 篇，如图 4-3 所示。

图 4-3　WOS 核心合集多条件检索示例

在检索结果页面左侧可以对检索结果做进一步的精炼检索，包括按关键词搜索、限定出版年、限定 Web of Science 类别、限定文献类型、限定机构扩展、限定基金资助机构等。

在检索结果右侧有"分析检索结果"，可以用来对检索到的论文做各种统计，包括作者、丛书名称、会议名称、国家/地区、文献类型、编者、基金资助机构、授权号、团体作者、语种、机构、机构扩展、出版年、研究方向、来源出版物名称和 Web of Science 类别。比如，图 4-4 是分析"食品安全"方面最近 5 年的核心研究人员。排在第一位的是 ANONYMOUS，表示匿名文献。因为有些文献，如编辑部文章、按语、校正、通讯、会议文献等，也可作为引文被人引用，但无著者姓名，因而编成匿名引文索引。这里的分析数据可以导出为文件，然后拷贝到 Excel 做进一步的分析。

字段:作者	记录数	占1774的%	柱状图
ANONYMOUS	45	2.537 %	
JACXSENS L	29	1.635 %	
UYTTENDAELE M	24	1.353 %	
LUNING PA	18	1.015 %	
MERMELSTEIN NH	13	0.733 %	
SOON JM	12	0.676 %	
KIREZIEVA K	10	0.564 %	
ZWIETERING MH	9	0.507 %	
DA CUNHA DT	8	0.451 %	
STEDEFELDT E	8	0.451 %	

图 4-4 分析核心研究成员

图 4-5 是按机构扩展进行分析，了解"食品安全"研究方面高产出的研究机构。排在前 9 位的均为国外的研究机构，排名第一的 WAGENINGEN UNIVERSITY RESEARCH（瓦赫宁根大学及研究中心）位于荷兰，在食品安全和食品质量方面，启动和参与过的欧盟项目高达 31 项（共 80 项），充分显示了其在这一领域的实力和国际地位。CHINESE ACADEMY OF SCIENCES（中国科学院）排名第 10 位，表现也不俗。

字段:机构扩展	记录数	占1774的%	柱状图
WAGENINGEN UNIVERSITY RESEARCH	52	2.931 %	
UNIVERSITY OF CALIFORNIA SYSTEM	45	2.537 %	
GHENT UNIVERSITY	43	2.424 %	
UNITED STATES DEPARTMENT OF AGRICULTURE USDA	32	1.804 %	
UNIVERSITY OF CALIFORNIA DAVIS	31	1.747 %	
US FOOD DRUG ADMINISTRATION FDA	26	1.466 %	
UNIVERSITY OF GUELPH	24	1.353 %	
OHIO STATE UNIVERSITY	21	1.184 %	
INSTITUT NATIONAL DE LA RECHERCHE AGRONOMIQUE INRA	20	1.127 %	
CHINESE ACADEMY OF SCIENCES	19	1.071 %	

图 4-5 分析高产出研究机构

图 4-6 是按学科进行分析，了解"食品安全"涉及的学科范围。排在前三位的分别是食品科技、营养与饮食、公共环境与职业病。

字段:Web of Science 类别	记录数	占1774的%	柱状图
FOOD SCIENCE TECHNOLOGY	778	43.856 %	
NUTRITION DIETETICS	149	8.399 %	
PUBLIC ENVIRONMENTAL OCCUPATIONAL HEALTH	125	7.046 %	
BIOTECHNOLOGY APPLIED MICROBIOLOGY	122	6.877 %	
TOXICOLOGY	94	5.299 %	
ENVIRONMENTAL SCIENCES	86	4.848 %	
AGRICULTURE MULTIDISCIPLINARY	80	4.510 %	
CHEMISTRY APPLIED	76	4.284 %	
ECONOMICS	75	4.228 %	
PHARMACOLOGY PHARMACY	73	4.115 %	

图 4-6 分析学科范围

在检索结果右侧的"创建引文报告",一般用来分析某一学者的研究成果。例如,在图4-4中,可以看到Jacxsens L的文献最多。接下来,专门检索该学者的所有文献。

【例4-3】 在WOS核心合集里,检索作者为"Jacxsens L"的所有时间的文献,限定只检索SCIE和CPCI-S两个引文索引。检索结果:114篇。对这114篇创建引文分析报告。图4-7可以看到引文统计的数量。

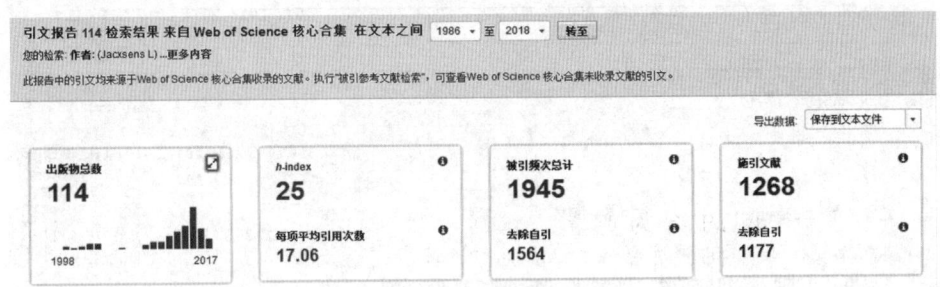

图4-7 引文报告数据

h指数(h-index)是加利福尼亚大学圣地亚哥分校统计物理学家赫希在2005年发明的,h代表高引用次数(high citations)。一个人的h指数是指他至多有h篇论文分别被引用了至少h次。赫希认为h指数能够比较准确地反映一个人的学术成就。一个人的h指数越高,则表明他的论文影响力越大。

在图4-7中对于被引频次和施引文献,都有对应的"去除自引"。这里是指去掉当前检索结果集中任何文献,得出的他引数据,更能真实反映该学者的文献的关注度。由于一篇论文可能引用检索结果集中的多篇文献,因此检索到的施引文献数量可能小于"被引频次"计数的总和。

引文报告还给出按年代的被引频次的图示,以及将该学者的文献按被引频次降序排列,列出2014—2018年的被引次数的表格,如图4-8所示。从中可以看到,该学者的论文被引频次逐年上升,2016年达到最高值。有两篇文献的被引频次总计超过100(这里没有去除自引)。

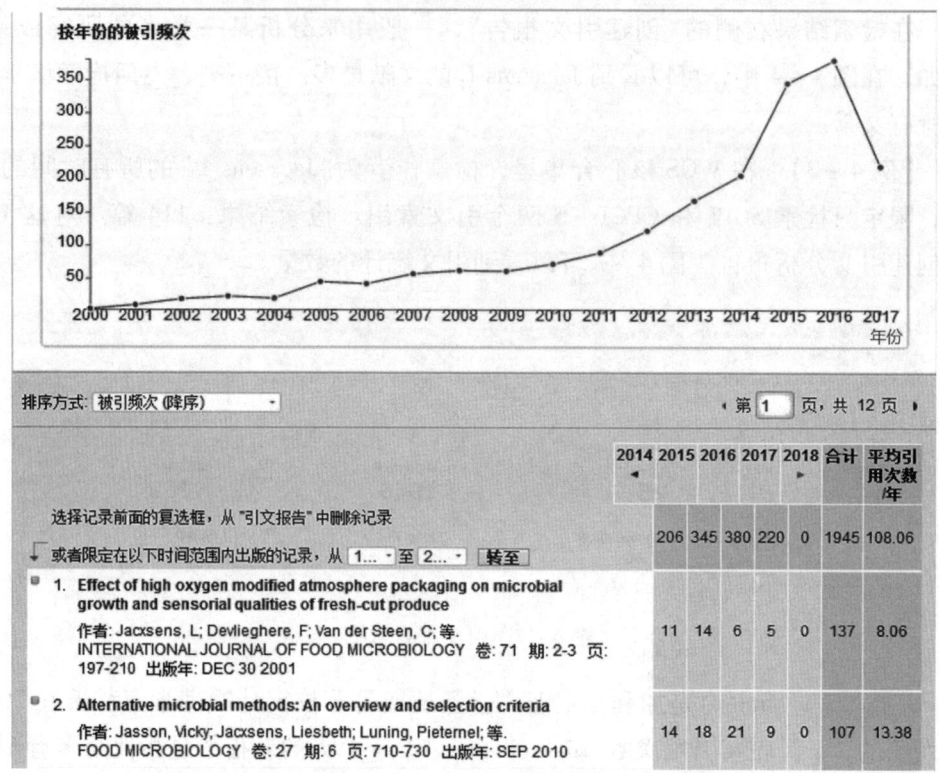

图 4-8　引文报告图表

4.1.2.2　被引参考文献检索

如果一篇文献已经被 WOS 核心合集收录，那么运用基本检索，输入文献的题目，选择"标题"字段即可找到该文章，如图 4-9 所示。

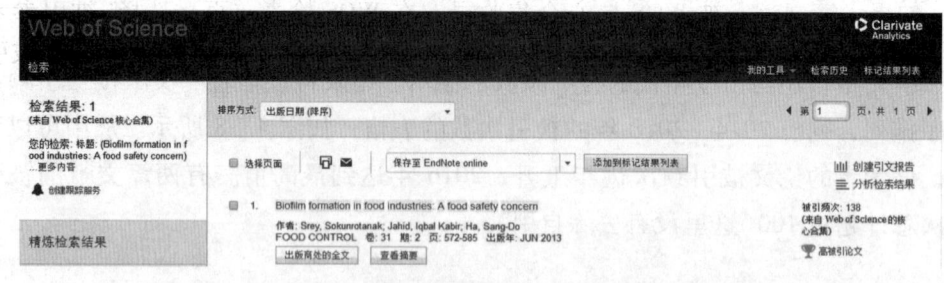

图 4-9　WOS 核心合集标题检索示例

点击图 4-9 中的论文标题，可以看到该篇文献的详细信息，如图 4-10 所示。点击右侧的"被引频次"，可以查看该文献的施引文献，138 是指在 WOS 核心合集中的被引频次；点击"引用的参考文献"可以查看该文献的参考文献。"创建引文跟踪"需要用户事先在 WOS 平台上注册，然后登录，之后每次该篇论文被引用时，用户注册的邮箱都能自动收到通知邮件。

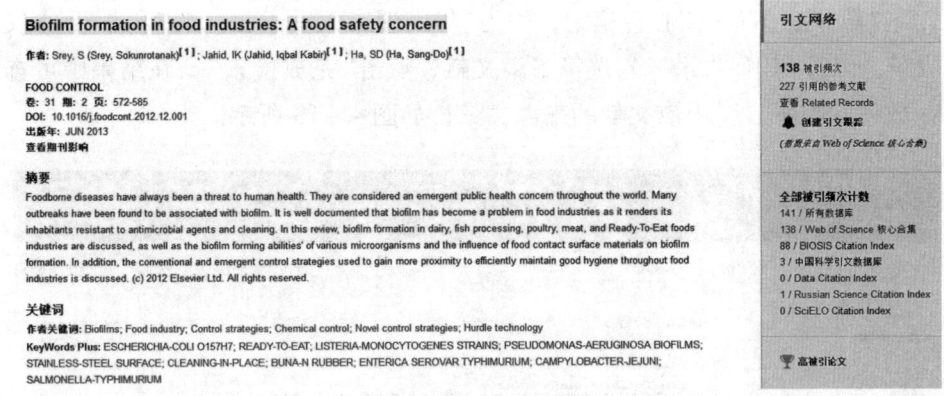

图 4-10 文献详细信息

图 4-10 中最下方的 Keywords Plus 表示"附加关键词"，是编辑从文章的参考文献的标题中提取的关键词，它们并未出现在作者自己给出的关键词列表中。标注每篇文章的 Keywords Plus，可帮助以不同词条查询的用户找到该文章。

在图 4-10 的左侧点击"查看期刊影响"，可以查看该期刊在 2016 年和前 5 年的影响因子，所属 JCR 类别，在该类所有期刊中的排序情况，以及 JCR 分区情况，如图 4-11 所示。下面还给出了该期刊的出版商和 ISSN 号。

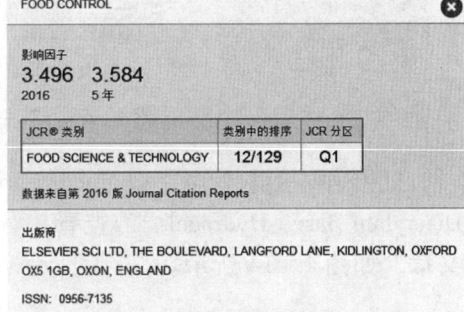

图 4-11 文献所在期刊的详情

如果一篇文献未被 WOS 核心合集收录，在 WOS 检索首页，选择"被引参考文献检索"。用户可以通过"被引作者""被引著作""被引年份""被引卷*""被引期*""被引页*""被引标题*"等检索字段，查找某一特定文献的被引用情况。

【例 4-4】利用 WOS 被引参考文献检索，设置被引作者为 Wang Qunfang，年份为 2013，检索结果为 2 篇，如图 4-12 所示。

图 4-12 被引参考文献索引

每篇文献的"施引文献"列显示该文献被引用的次数(指该文献被WOS数据库中的所有文献引用的次数)。第一篇文献在WOS核心合集中,被引次数为6;第二篇文献不在WOS核心合集中,因为《华南理工大学学报(自然科学版)》仅被EI收录,未被SCIE收录。勾选第二篇文献,点击"完成检索",在结果中可查看WOS数据库中所有引用该文献的来源文献,如图4-13所示。

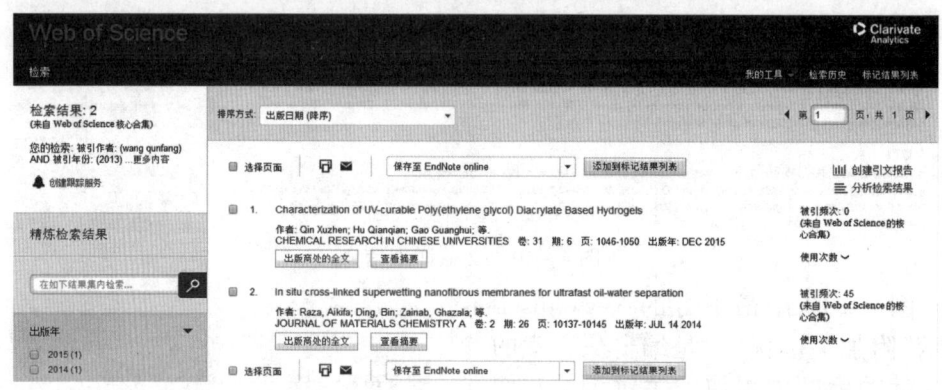

图4-13 被引参考文献的来源文献

打开第一篇文献"Characterization of UV-curable Poly(ethylene glycol) Diacrylate Based Hydrogels",查看其参考文献,发现第22篇即为Wang Qunfang的文章,如图4-14所示。

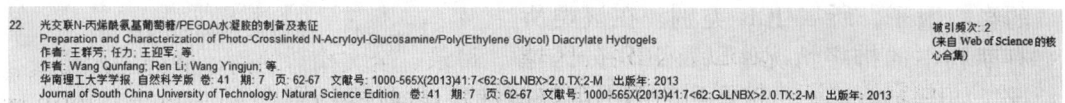

图4-14 被引参考文献检索示例

这篇论文不在WOS核心合集,因此无法直接查看摘要或全文。用户可以通过CNKI平台检索该篇论文,下载全文。

4.1.2.3 高级检索

对于检索式熟悉的用户,可以直接创建检索式进行检索。例如,用户要查找主题为"食品安全",单位是"浙江大学"的2017年文献,可以输入如下检索式:"TS=(food safety) AND OG=(Zhejiang University) AND PY=2017",点击"检索"按钮,得到检索结果为30篇。

不熟悉检索式的用户,可以先依次进行检索,然后将检索式进行组配,如图4-15所示。

检索式	检索结果				编辑检索式	组配检索式 AND OR 组配	删除检索式 全选 × 删除
#4	30	#3 AND #2 AND #1 索引=SCI-EXPANDED, SSCI, CPCI-S, CPCI-SSH, CCR-EXPANDED, IC 时间跨度=所有年份			编辑	☐	☐
#3	1,144,875	出版年: (2017) 索引=SCI-EXPANDED, SSCI, CPCI-S, CPCI-SSH, CCR-EXPANDED, IC 时间跨度=所有年份			编辑	☐	☐
#2	109,282	机构扩展: (zhejiang university) 索引=SCI-EXPANDED, SSCI, CPCI-S, CPCI-SSH, CCR-EXPANDED, IC 时间跨度=所有年份			编辑	☐	☐
#1	36,561	主题: (food safety) 索引=SCI-EXPANDED, SSCI, CPCI-S, CPCI-SSH, CCR-EXPANDED, IC 时间跨度=所有年份			编辑	☐	☐

图 4-15　WOS 高级检索示例

用户第一次检索主题为"食品安全"的文献，第二次检索机构为"浙江大学"的文献，第三次检索发表时间在 2017 年的文献，这三次检索的结果都是非常多的文献，难以选择。通过勾选#1、#2、#3，并选择 AND 运算符进行组配，得到#4 的检索结果 30 篇。

4.1.3　ESI

4.1.3.1　ESI 介绍

（1）ESI 学科分类

ESI 是一个基于 WOS 核心合集数据库（SCIE 和 SSCI）的深度分析型研究工具。通过 ESI，用户可以对科研绩效和发展趋势进行长期的定量分析。ESI 采用 WOS 最近十年的滚动数据进行分析，每两个月更新一次。ESI 的收录范围超过 10 000 种期刊，文献类型是 Article（论文）和 Review（综述）。

基于期刊论文发表数量和引文数据，ESI 提供对 22 个学科研究领域中的国家、机构和期刊的科研绩效统计和科研实力排名，22 个学科详情如表 4-1 所示。

表 4-1　ESI 学科分类

Agricultural Science（农业科学）	Mathematics（数学）
Biology & Biochemistry（生物学与生物化学）	Microbiology（微生物学）
Chemistry（化学）	Molecular Biology & Genetics（分子生物学与遗传学）
Clinical Medicine（临床医学）	Multidisciplinary（综合交叉学科）
Computer Science（计算机科学）	Neuroscience & Behavior（神经科学与行为科学）
Economics & Business（经济学与商学）	Pharmacology & Toxicology（药理学与毒理学）
Engineering（工程学）	Physics（物理学）
Environment/ Ecology（环境科学/生态学）	Plant & Animal Science（植物学与动物学）
Geosciences（地球科学）	Psychiatry/Psychology（精神病学/心理学）
Immunology（免疫学）	Social Sciences—general（社会科学总论）
Materials Science（材料科学）	Space Science（空间科学）

ESI 所收录的期刊会被分为 22 个学科,再依学科进行各项统计。在 ESI 数据库中,每种期刊只会被分入一个学科;只有被归类为综合交叉学科(Multidisciplinary)的 Science、Nature 与 PNAS 期刊,会被按照各篇文章的参考文献与引用文献,重新为每篇文章单独分类,但每篇文章仍只会被分类到一个学科。ESI 学科与我国教育部学科分类体系不能直接对应。目前,各高校以"进入 ESI 全球排名前 1% 或前 1‰ 的学科"作为学科评价指标。

(2) ESI 术语

①高被引论文。近十年内发表且被引次数排在 ESI 相应学科领域全球前 1% 以内的论文。

②热点论文。近两年内发表且在近 2 个月内被引次数排在 ESI 相应学科领域全球前 1‰ 以内的论文。

③高水平论文。高被引论文和热点论文取并集合的论文集合。

④研究前沿。一组高被引论文,是通过聚类分析确定的核心论文。

⑤学科基准值。即评价基准线,是指某一 ESI 学科论文的分年度期望被引次数。它是衡量研究绩效的基准,是帮助理解引文统计的标尺。

⑥引用率。按照近十年间各年进行统计,表示各学科每年发表论文的篇均被引次数。

⑦百分位。每年发表的论文达到某个百分点基准应至少被引用的次数,用来衡量论文引用的活跃度。

⑧学科排名。提供近十年的论文总数、被引次数、篇均被引次数和高被引论文数。

⑨引用阈值。在某一 ESI 学科中,将论文按照被引次数降序排列,确定其排名或百分比位于前列的最低被引次数。

⑩ESI 学科阈值。近十年,某一 ESI 学科被引次数排在前 1% 的作者和机构,或排在前 50% 的国家或期刊的最低被引次数。

⑪高被引论文阈值。近十年,某一 ESI 学科被引次数排在前 1% 的论文的最低被引次数。

⑫热点论文阈值。近两年,某一 ESI 学科最近两个月被引次数排在前 0.1% 的论文的最低被引次数。

4.1.3.2 ESI 检索示例

ESI 主界面如图 4-16 所示。在页面的上半部分,用户可以选择 ESI 各学科所有机构的数据指标(Indicators)、学科基准值(Field Baselines)或引用阈值(Citation Thresholds)等不同数据类型。中间的图示区,可以查看数据的可视化结果:通过点击 Hide Visualization 隐藏可视化地图;在隐藏状态下,点击 Show Visualization 显示可视化地图。下面的结果区,可以看到分析对象的详细指标表

图 4-16　ESI 主界面

现，通过点击 Customize 自定义结果区中显示的指标。

(1) 查找某机构进入全球前 1% 的 ESI 学科

图 4-17 显示了查询华南理工大学进入全球前 1% 的 ESI 学科的过程。

① 在 ESI 主界面上半部分，点击指标 Indicators 选项（系统默认此选项，如果为橙色，则不必点击）。

② 在 ESI 主界面中部的左半边，Results List 选择研究领域（Research Fields）（系统默认此选项，如果已经显示在列，则不必选择）；点击增加筛选条件（Add Filter），会弹出选择列表，从中选择机构（Institutions），然后输入"S CHINA"，出现下拉菜单选项，选择"S CHINA UNIV TECHNOL"（华南理工大学的英文缩写）；最后可以在 Include Results For 选择高水平论文（Top Papers）（系统默认此选项，如果已经显示在列，则不必选择）或高被引论文（Highly Cited Papers）或热点论文（Hot Papers）。

③在 ESI 主界面的结果区，从左至右依次显示了序号、研究领域、论文数、被引次数、篇均被引次数、高水平论文（或高被引论文或热点论文）的数量。

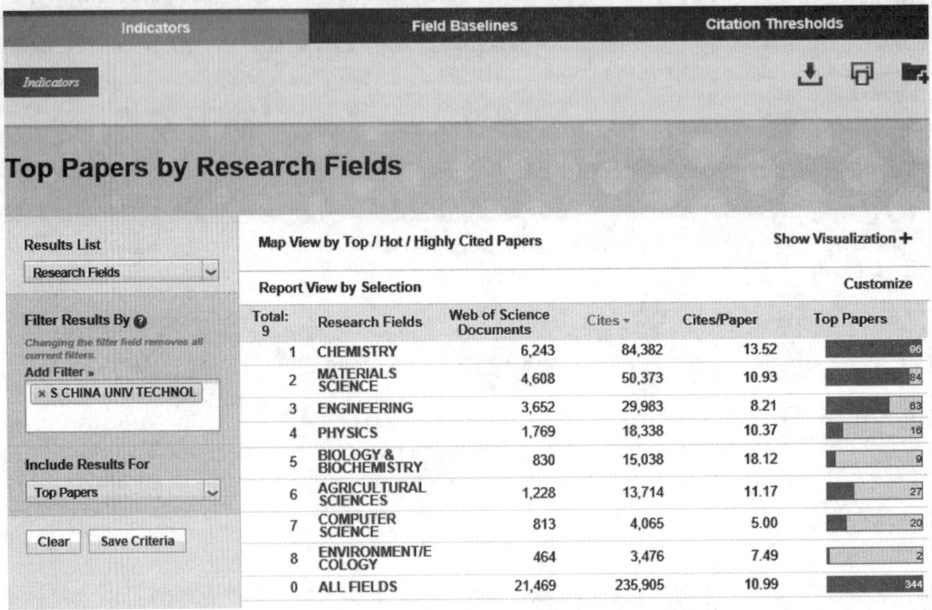

图 4-17　机构 ESI 前 1% 学科查询示例

从图 4-17 中可以看出，华南理工大学有 8 个 ESI 学科进入全球前 1%，最后一行 All Fields 项包括华南理工大学已进入和未进入全球前 1% 的 ESI 所有学科的论文指标信息。

点击图 4-17 中结果区的第一行最右侧蓝色条（其中写有数字 96），会出现图 4-18 所示的界面：通过 Sort By 后的下拉菜单的选项来进行论文排序（默认按引用次数排序）；通过选择 Customize Documents 来自定义各类指标和题录信息；点击论文题目时，ESI 会自动链接到 WOS 数据库中，获取论文的详细信息；点击作者、期刊、学科分别获得相关信息；点击被引次数时，将会显示被引趋势图，如图 4-19 所示。趋势图中的每一竖条表明该篇论文相邻 5 年的被引次数，可以看出，2011—2015 年的被引次数最多。

（2）获取某机构在 ESI 各学科的高水平论文（或高被引论文或热点论文）

要查询某机构的某学科的高水平论文，如果该机构对应的 ESI 学科在全球前 1%，则可以根据上面的步骤查询。如图 4-17 所示，先查到华南理工大学的化学学科，再到图 4-18 的论文列表中查询相应的高水平论文。如果该机构对应的 ESI 学科未能进入全球前 1%，但拥有高水平论文，则可以采用如下方法查询（以华南理工大学临床医学的高水平论文为例）：

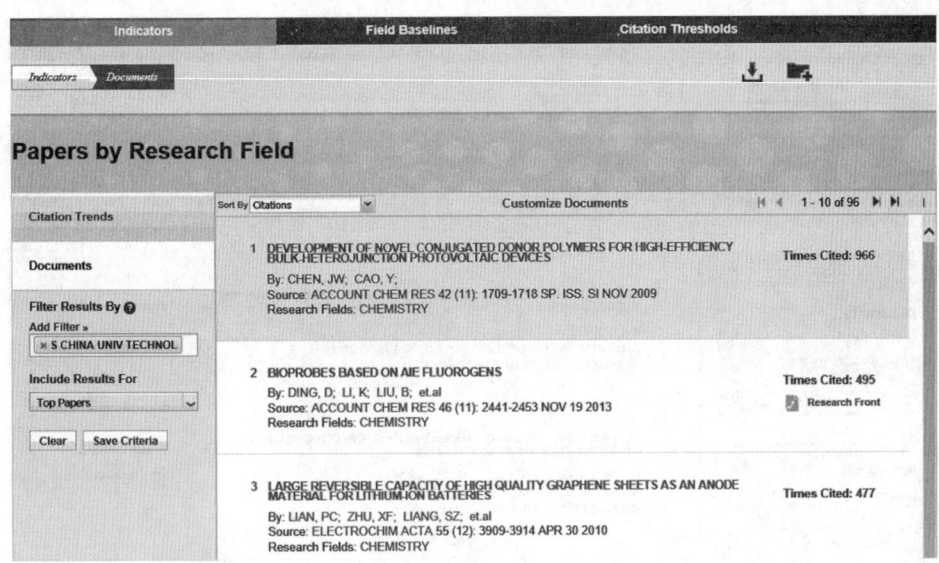

图 4-18　某机构 ESI 某学科高水平论文列表示例

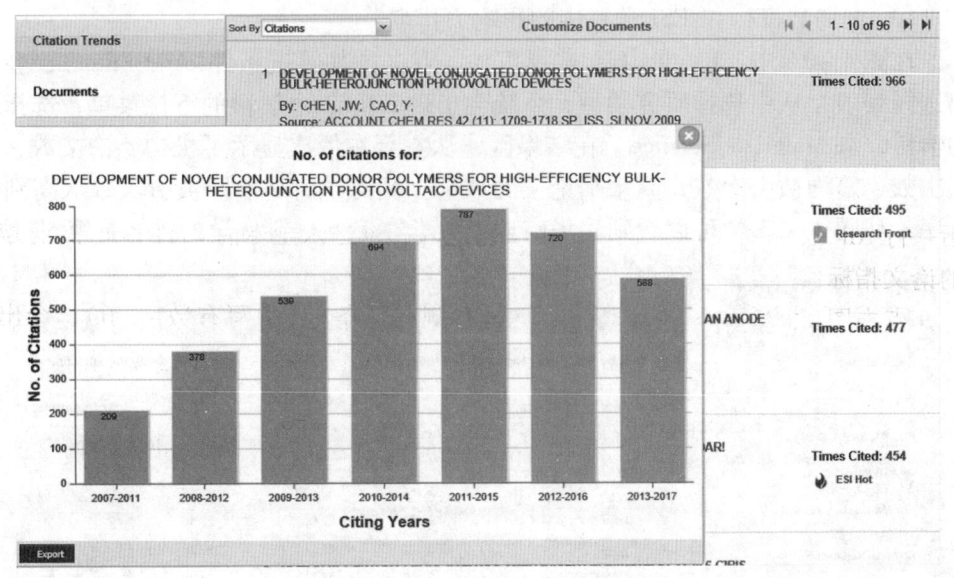

图 4-19　ESI 论文的被引趋势图

在图 4-16 中的结果区，选择第一个"Clinical Medicine"，点击右边的"Top Papers"选项下的蓝色条。进入到 Indicators→Documents 界面后，在左边的"Add Filter"中选择"Institution"，然后输入"S CHINA"，出现下拉菜单选项，选择"S CHINA UNIV TECHNOL"。在结果区显示出华南理工大学有 2 篇高水平论文，如图 4-20 所示。

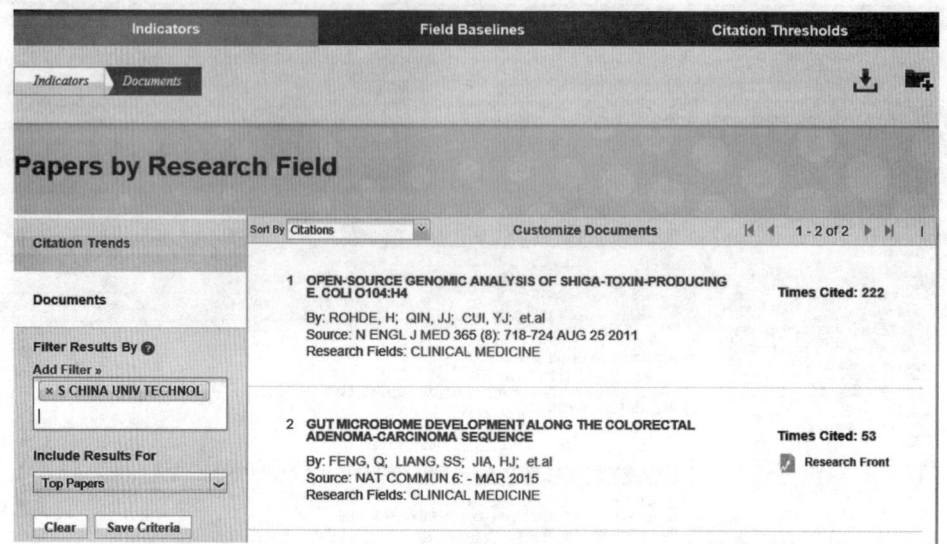

图 4-20　未入 ESI 前 1% 学科的高水平论文查询示例

（3）查询某机构在 ESI 学科中的影响力排名

在图 4-16 中，Results List 选择机构。点击增加筛选条件（Add Filter），会弹出选择列表，从中选择研究领域，系统会出现 ESI 22 个学科的下拉菜单，选择目的学科，如 Materials Science。在结果区，从左至右依次显示了机构、论文数、被引次数、篇均被引次数、高水平论文的数量。机构排名是按照被引次数从高到低排序，从图 4-21 中可以看到，华南理工大学在 ESI 材料科学的排名是第 57 位。

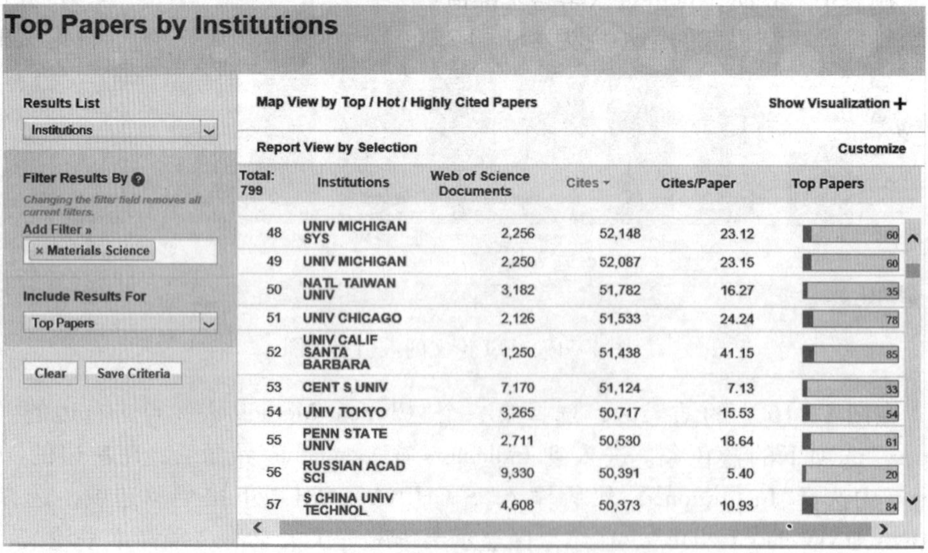

图 4-21　某机构在 ESI 学科中的影响力排名

(4) 查找 ESI 各学科的研究前沿

在图 4-16 中，Results List 选择研究前沿(Research Fronts)。点击增加筛选条件(Add Filter)，会弹出选择列表，从中选择研究领域(Research Fields)。然后选择学科，如 Computer Science，选择高水平论文(Top Papers)为文献输出类型。在结果区从左至右依次显示了研究前沿的数量(Total)、研究前沿的具体内容(Research Fronts)、高水平论文数（Top Papers）和平均年（Mean Year），如图 4-22 所示。

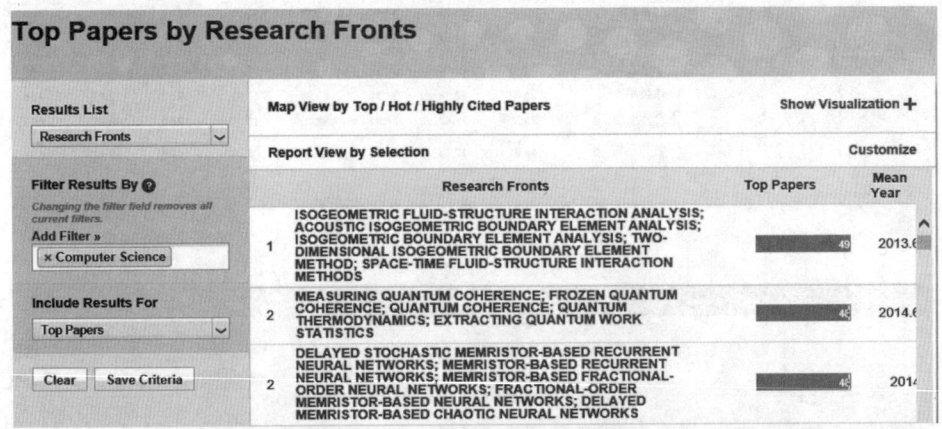

图 4-22 ESI 某学科研究前沿示例

(5) 确定 ESI 各学科的基准值(以被引次数为例)

在 ESI 主界面，点击进入学科基准值选项，可以分别选择引用率、百分位或者学科排名。结果区的第一栏为 ESI 的 22 个学科，分年度显示各学科论文的被引用情况是否达到了全球平均水平。例如，在图 4-23 中，可以看到 2007 年化学(Chemistry)学科发表的论文的篇均被引次数为 23.64。因此，如果一篇发表在 2007 年的化学学科的论文的被引次数不低于 23.64，则该论文的被引表现不低于全球平均水平。

(6) 如何确定 ESI 各学科的阈值

在 ESI 主界面，点击进入引用阈值选项，可以分别选择 ESI 学科阈值、高被引论文阈值或热点论文阈值。结果区以 ESI 的 22 个学科为出发点，分别从作者、机构、期刊、国家等不同层次来给出被引阈值。例如，在图 4-24 中，总被引次数进入全球前 1% 的农业科学的机构要求发表论文的最低总被引次数为 1 749 次。

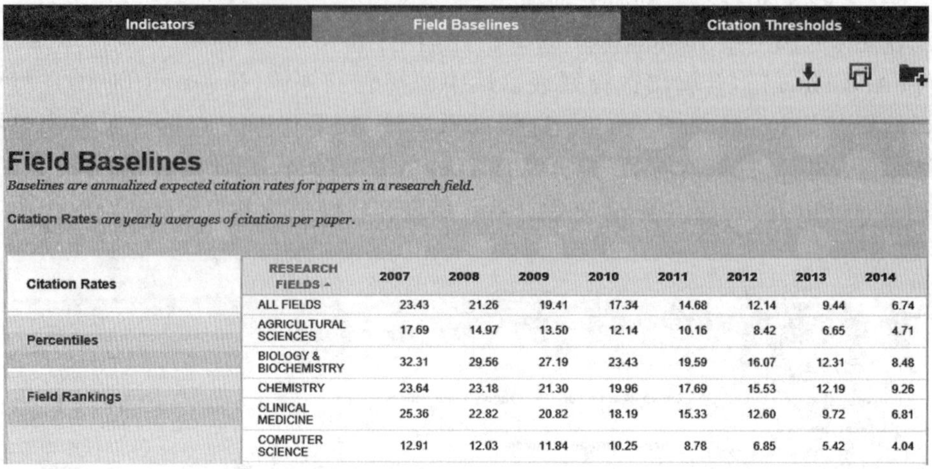

RESEARCH FIELDS	2007	2008	2009	2010	2011	2012	2013	2014
ALL FIELDS	23.43	21.26	19.41	17.34	14.68	12.14	9.44	6.74
AGRICULTURAL SCIENCES	17.69	14.97	13.50	12.14	10.16	8.42	6.65	4.71
BIOLOGY & BIOCHEMISTRY	32.31	29.56	27.19	23.43	19.59	16.07	12.31	8.48
CHEMISTRY	23.64	23.18	21.30	19.96	17.69	15.53	12.19	9.26
CLINICAL MEDICINE	25.36	22.82	20.82	18.19	15.33	12.60	9.72	6.81
COMPUTER SCIENCE	12.91	12.03	11.84	10.25	8.78	6.85	5.42	4.04

图 4－23　ESI 学科基准值查询

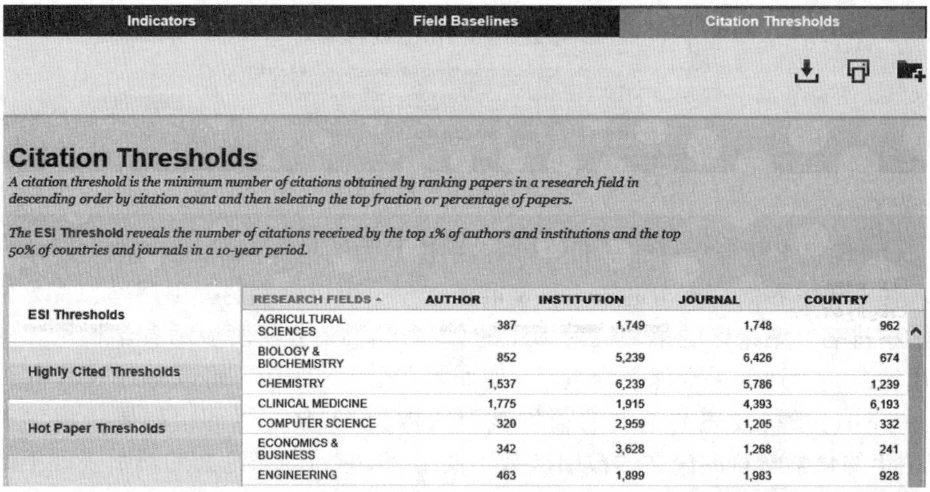

RESEARCH FIELDS	AUTHOR	INSTITUTION	JOURNAL	COUNTRY
AGRICULTURAL SCIENCES	387	1,749	1,748	962
BIOLOGY & BIOCHEMISTRY	852	5,239	6,426	674
CHEMISTRY	1,537	6,239	5,786	1,239
CLINICAL MEDICINE	1,775	1,915	4,393	6,193
COMPUTER SCIENCE	320	2,959	1,205	332
ECONOMICS & BUSINESS	342	3,628	1,268	241
ENGINEERING	463	1,899	1,983	928

图 4－24　ESI 学科阈值

4.1.4　JCR

4.1.4.1　JCR 介绍

JCR 是一个独特的多学科期刊评价工具。JCR 是唯一提供基于引文数据的统计信息的期刊评价资源。通过对参考文献的标引和统计，JCR 可以在期刊层面衡量某项研究的影响力，显示出引用和被引期刊之间的相互关系。JCR 包括自然科学和社会科学两个版本。其中，JCR－Science 涵盖来自 83 个国家或地区，约2 000家出版机构的 8 500 多种期刊，覆盖 176 个学科领域。JCR – Social Sciences 涵盖来自 52 个国家或地区，713 家出版机构的 3 000 多种期刊，覆盖 56 个学科领域。

　　JCR 对 SCIE 和 SSCI 收录的期刊之间引用和被引用数据进行统计、运算，并针对每种期刊定义了影响因子等指数。一种刊物的影响因子越高，也即其刊载的文献被引用率越高，一方面说明这些文献报道的研究成果影响力大，另一方面也反映该刊物的学术水平高。因此，JCR 以其大量的期刊统计数据及计算的影响因子等指数，成为一种期刊评价工具。图书馆可根据 JCR 提供的数据制定期刊引进政策；论文作者可根据期刊的影响因子排名决定投稿方向。

　　图 4 – 25 所示为 JCR 主界面。

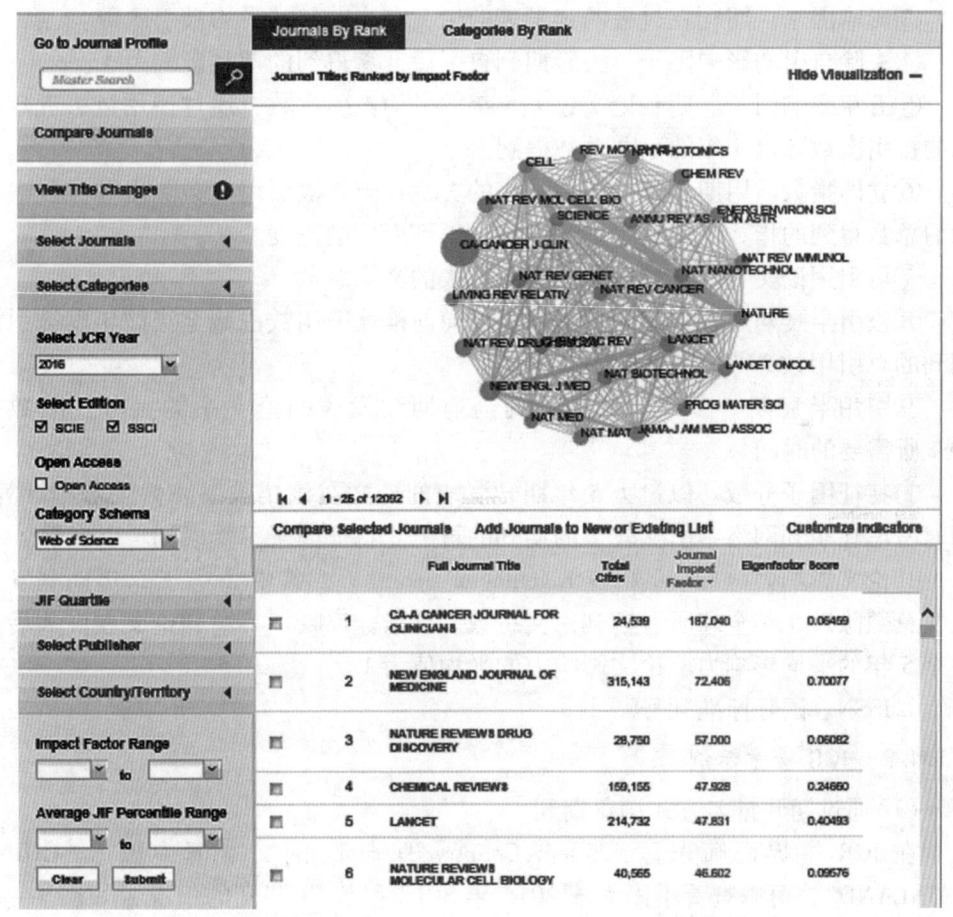

图 4 – 25　JCR 主界面

　　JCR 主界面的左侧为筛选区，可以根据多个选项来筛选期刊数据集，包括学科、JCR 版本、年份、分区、出版社、国家/地区、影响因子区间等，也可以查看期刊的更名历史。右侧的上部，可以选择期刊排名模式或学科排名模式浏览数据。右侧的中部是图示区，展示期刊或学科的网络关系视图，节点大小代表期刊的影响因子，点击节点可获取该期刊详细信息，连线粗细代表期刊间的引证强度。右侧的下部是结果区，显示经过筛选得到的数据和相应的指标，Compare Selected Journals 勾选期刊进行比较，Add Journals to New or Existing List 选择期刊保存至自定义表单，Customize Indicators 选择相关的期刊指标进行展示。具体指标如下：

①刊名缩写。查看期刊的刊名缩写。

②总引用次数。某一特定期刊的文章在 JCR 出版年被引用的总次数。

③影响因子。期刊在过去两年发表的论文在当前年的平均被引次数。

④去除自引的影响因子。去除期刊自引后计算得到的期刊影响因子。

⑤五年影响因子。期刊论文过去 5 年的平均被引次数，通过使用过去五年期刊的被引次数除以 5 年的论文总数得到。

⑥立即指数。用期刊某一年中发表的文章在当年被引用次数除以同年发表文章的总数得到的指数，反映了期刊中论文得到引用的速度。

⑦可引用论文量。某特定期刊当年发表的文章总数。

⑧被引半衰期。一种期刊从当前年度向前推算引用数占截至当前年度被引用期刊的总引用数 50% 的时间。

⑨引用半衰期。参考文献数达到当前期刊发表的论文中的参考文献数的 50% 所需要的时间。

⑩特征因子分数。以过去 5 年期刊发表的论文在该年被引总数为基础计算，同时考虑在期刊网络中引文较多的期刊的贡献。特征因子不受期刊自引影响。

⑪论文影响力分数。$0.01 * Eigenfactor\ Score/X$，其中 X 等于 5 年期刊发表论文总数除以 5 年全球所有期刊论文总数。该指标反映了某期刊论文在发表后第一个 5 年的平均影响力。论文影响力的平均值为 1。

⑫ISSN。国际标准刊号。

4.1.4.2 JCR 检索示例

(1) 通过期刊排名方式浏览期刊

在 JCR 主界面筛选区，Select Country/Territory 的文本框中输入"CHINA MAINLAND"，可以查看中国大陆 2016 年 SCIE 和 SSCI 期刊的情况，如图 4-26 所示。期刊默认按影响因子由高到低排序。

在图 4-26 中找到目标期刊（例如 Cell research），点击期刊名称，可以查看期刊的详细信息，如图 4-27 所示。图中截选了该期刊 2012—2016 年近五年的各项指标数据。

Select All		Full Journal Title	Total Cites	Journal Impact Factor	Eigenfactor Score
	1	CELL RESEARCH	11,885	15.606	0.03806
	2	Light-Science & Applications	2,856	14.098	0.01106
	3	FUNGAL DIVERSITY	4,068	13.465	0.00781
	4	Bone Research	592	9.326	0.00154
	5	National Science Review	512	8.843	0.00274
	6	Molecular Plant	6,040	8.827	0.02011
	7	Nano Research	9,155	7.354	0.02211
	8	Journal of Molecular Cell Biology	1,655	5.988	0.00680
	9	Cellular & Molecular Immunology	2,691	5.897	0.00756
	10	Protein & Cell	1,898	5.374	0.00731
	11	Chinese Physics C	3,556	5.084	0.01853
	12	Organic Chemistry Frontiers	2,261	4.955	0.00746
	13	Nano-Micro Letters	889	4.849	0.00189
	14	Photonics Research	769	4.679	0.00280
	15	Geoscience Frontiers	1,079	4.256	0.00492

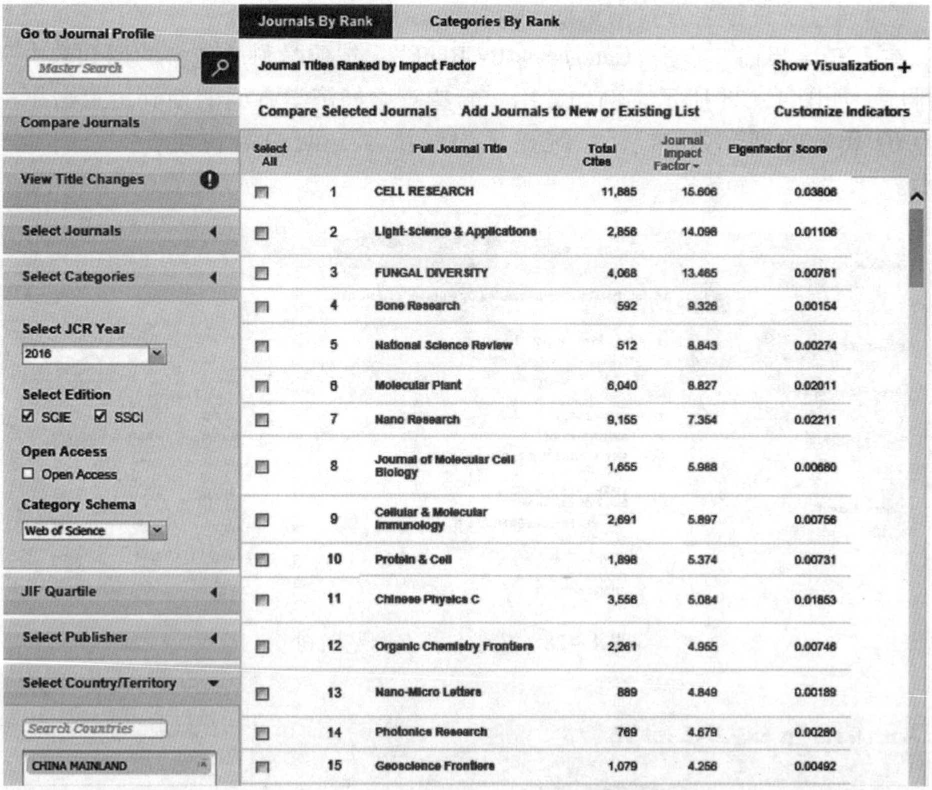

图 4－26　2016 年中国大陆的 SCIE 和 SSCI 期刊排名

Year	Total Cites Graph	Journal Impact Factor Graph	Impact Factor Without Journal Self Cites Graph	5 Year Impact Factor Graph	Immediacy Index Graph	Citable Items Graph	Cited Half-Life Graph	Citing Half-Life Graph	Eigenfacto Score Graph	Article Influence Score Graph	% Articles in Citable Items Graph	Normalizec Eigenfacto Graph	Average JIF Percentile Graph
2016	11,885	15.606	15.387	14.331	3.960	75	5.5	6.3	0.03806	5.912	89.33	4.36178	95.503
2015	10,393	14.812	14.518	12.393	3.093	75	5.0	6.2	0.03585	5.065	97.33	4.08618	95.455
2014	9,195	12.413	12.301	11.187	4.150	80	4.7	6.0	0.03482	4.457	86.25	3.89954	93.207
2013	8,083	11.981	11.726	11.078	3.950	80	4.4	5.4	0.03782	4.416	88.75	4.16813	93.243
2012	7,026	10.526	10.330	10.216	2.848	99	4.0	5.7	0.03484	3.997	87.88	Not A...	90.541

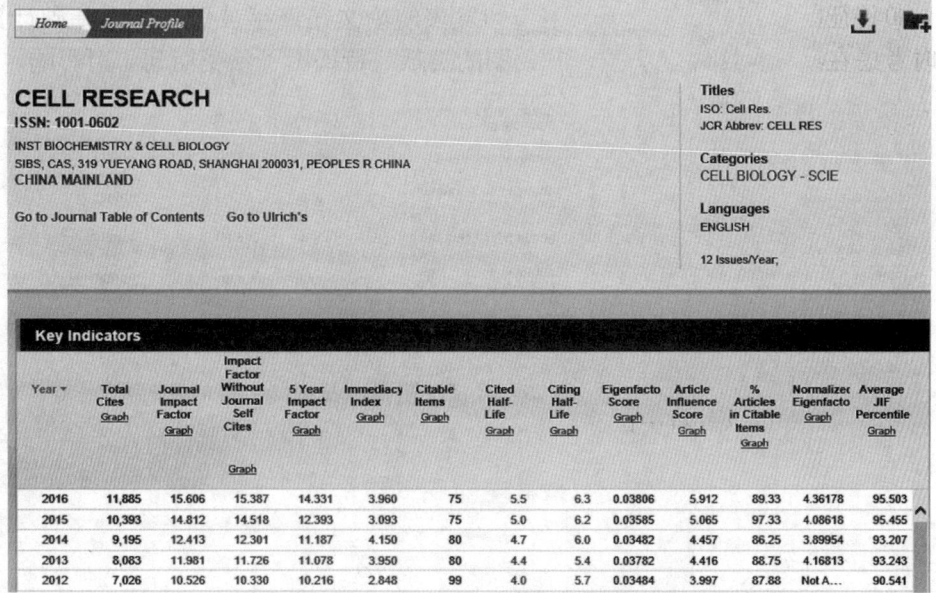

图 4－27　CELL RESEARCH 期刊详情

(2) 通过学科排名方式浏览期刊

在 JCR 主界面,点击"Categories By Rank",按照学科所包含的期刊数由高到低排序,如图 4-28 所示。例如,用户希望查看经济学方面的期刊,点击第一行 ECONOMICS 的期刊数 347,系统显示出经济学方面的期刊列表,如图 4-29 所示。

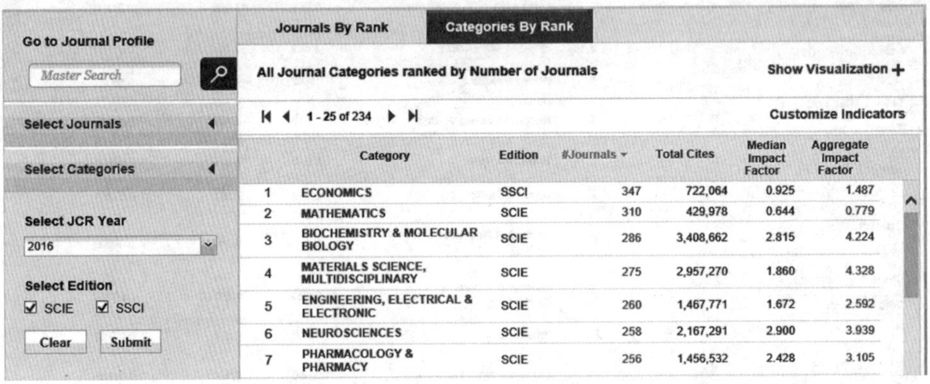

图 4-28　按学科排名浏览期刊

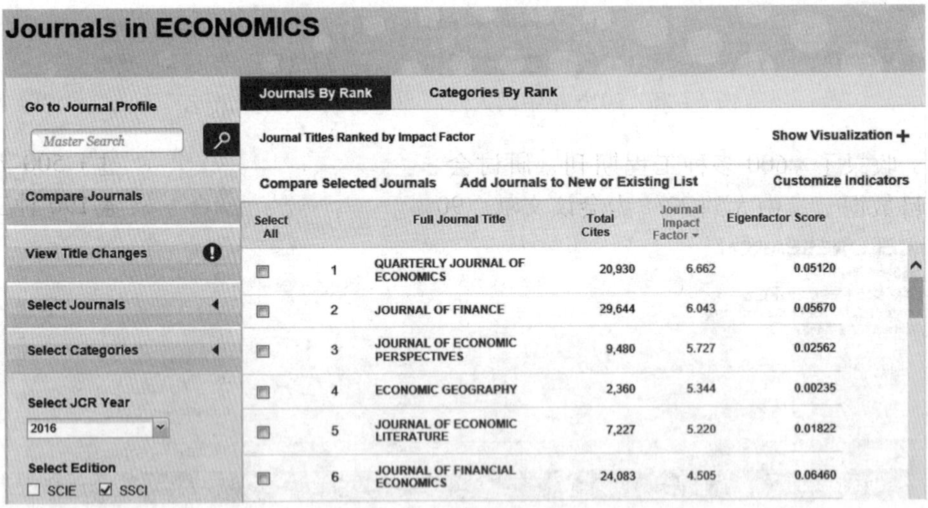

图 4-29　经济学期刊列表

4.2 美国工程索引

4.2.1 工程索引介绍

4.2.1.1 概述

美国工程索引(EI，Engineering Index)是世界著名的检索工具，由美国工程信息公司(Ei，Engineering information Inc.)编辑出版发行。该公司始建于1884年，是世界上最大的工程信息提供者之一，早期出版印刷版、缩微版等信息产品，1969年开始提供 EI Compendex 数据库服务。Compendex 是三个单词 COMPuterized、ENgineering、inDEX 截取其中的大写字母组成的。

美国工程信息公司在1992年开始收录中国期刊。1995年该公司开发了称为"Village"的系列产品，2000年推出 Engineering Village 2(简称EV2)。EV2 是以 Compendex 等数据库为信息源的网上统一检索平台，可检索美国工程索引、美国专利等信息资源。EV2 平台涵盖了工程、应用科学相关的最为广泛的领域，内容来源包括学术文献、商业出版物、发明专利、会议论文和技术报告等。1998年，Elsevier 公司收购了美国工程信息公司。

EV2 平台的网址是"https://www.engineeringvillage.com/"。

4.2.1.2 EV2 平台主要资源

(1) Compendex

收录了5 600多种工程期刊、研讨会、论文集和技术报告，超过1 500万笔书目数据。其中大约22%为会议文献，90%的文献语种是英文。涵盖190种工程和应用科学领域的数据，包含化学工程、土木工程、采矿工程、机械工程、电气工程与一般工程。在线版本收录1969年至今的资料，回溯期刊是1884—1968年间的超过170万多笔书目资料。

(2) INSPEC

从5 000多种科学和技术性期刊、2 500笔会议记录中收录超过1 350万笔书目摘要数据。涵盖电子工程、电子学、物理学、控制工程、信息科技、计算机与控制工程等科学文献。收录1969年至今的资料，回溯期刊是1884—1968年间的超过87.3万笔资料。

(3) NTIS

全称为 National Technical Information Service Database，内容选自美国由国家资助之研究发展计划的研究报告，包含美国太空总署(NASA)、能源部(DOE)及其他政府部门提供的各类研究报告，收录超过250万笔文献资料。涵盖350种学科，包含了建筑工业技术、化学、能源与能量、环境保护与控制、工业与机械工程、材料科学、自然资源、动力与燃料等学科。收录了1899年至今的资料。

（4）GeoBASE

一个横跨地球科学各个领域并将其研究文献编入索引的数据库，收录了超过2 000种期刊、190多万笔数据。涵盖领域包括地球科学、生态学、地质学、人类与自然地理学、环境科学、海洋科学、地质力学、替代能源、污染、废物管理与自然保护。收录了1980年至今的资料。

（5）GeoRef

一个全面性的索引摘要数据库，涵盖了地质学和其相关科目。收录了超过340万笔文献资料，其中包含了超过3 500种期刊、电子书、地图集、会议论文、技术报告和论文。收录了1785年至今的北美地区信息，1933年至今的全球地区信息。

（6）EnCompassLIT & EnCompassPAT

收录了1964年至今的有关石油、石化和天然气工业相关的资料，包括9万笔科技文献、会议论文集和商业学报，近60万笔专利数据。

（7）Chimica & CBNB

从500本国际化学期刊中收录了将近340万笔资料，涵盖无机化学、有机化学、应用化学、分析化学和化学工程。

（8）PaperChem

收录了1967年至今的纸浆与造纸工业学科超过63万笔摘要数据。

（9）Referex Engineering

收录工程专业2 499多本优质工程电子书，内容从工程概论书籍到深度专业参考书。由化学、石油化学和加工、机械、材料、电子、电机6个专辑组成。

（10）USPTO／EPO

收录了1970年至今的1 170万笔来自美国专利商标局USPTO的专利数据，收录了400万笔来自欧洲专利局EPO的专利数据。

4.2.1.3　EI收录

2009年以前，EI收录包括三种类型：被EI核心收录、非核心收录、会议论文。

（1）EI Compendex 标引文摘（也称核心数据）

收录论文的题录、摘要，并以主题词、分类号进行标引深加工。有没有主题词和分类号是判断论文是否被EI正式收录的唯一标志。

（2）EI Page One 题录（也称非核心数据）

主要以题录形式报道。有的也带有摘要，但未进行深加工，没有主题词和分类号。所以Page One带有文摘不一定算正式进入EI。

EI Compendex 数据库从2009年1月起，所收录的期刊数据不再区分核心数据和非核心数据,只分为期刊检索和会议检索。期刊检索为 JA(Journal article)类型,会议检索为 CA(Conference article)类型。

4.2.2 EI 检索方法

4.2.2.1 快速检索

进入 EI 检索主界面,如图 4-30 所示。

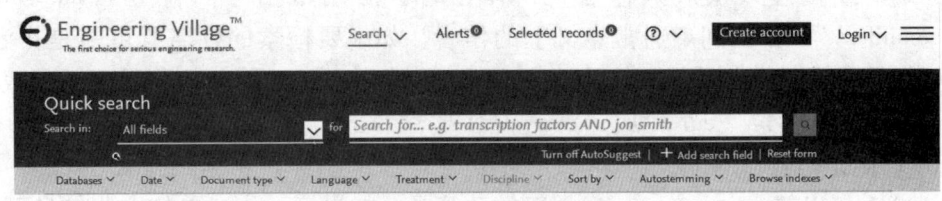

图 4-30 EI 主界面

EI 主界面默认为快速检索,用户可以在 All fields 里选择查询所需字段;检索框输入要检索的词,如果要精确检索一个短语,可用大括号或双引号将此短语包括在内,例如{food safety}或"food safety"(这里的双引号为英文状态下的双引号);在检索框的下面点击"Add search field"可增加检索字段。

表 4-2 列出检索字段,之后对 All fields 下拉菜单中某些选项做出说明。

表 4-2 EI 检索字段

Abstract(摘要)	Ei main heading(Ei 主标题词)
Author(作者)	Publisher(出版单位)
Author affiliation(作者单位)	Source title(来源出版物的名称)
Title(标题)	Ei controlled term(Ei 受控词)
Ei Classification code(Ei 分类号)	Un-controlled term(自由词)
CODEN(图书馆所藏文献和书刊的分类编号)	Country of origin(原产国)
Conference information(会议信息)	Funding number(基金号)
Conference code(会议代码)	Funding acronym(基金缩写)
ISSN(国际标准期刊号)	Funding sponsor(基金资助者)

①摘要

为 All fields 下拉菜单中第一个选项。系统从下列字段中检索:摘要、标题、翻译的标题、Ei 受控词、Ei 主标题词、自由词。

②作者

EI 引用的作者姓名为原文中所使用的名字。姓在前,接着是逗号,然后是名。如果文章中使用的是名的首字母和姓,而全名在原文中某处给出(例如在目录中),则数据库仍提供所有的信息,但不包括头衔如先生(Sir 或 Mister)与学位等。根据 Compendex 的政策,1976 年以后,如果文件中没有个人作者名,则将单位作者名放入作者单位栏,而在作者栏显示"Anon"。

编辑或整理人也放入作者栏,并在名字后用带括号的符号"(ed.)"或"(compiler)"以示区别于通常意义上的作者。如果要检索的姓名既可能是作者,又可能是编辑,或者是某文件的搜集整理人,只需在已知姓名部分后面加上截词符,这样就可检索"(ed.)"或"(compiler)"。

③作者单位

2001 年以前,Compendex 数据库的政策是,如果第一作者单位这些信息可以从原文中得到,则只提供第一作者的单位;2001 年开始,给出所有作者的单位。

④Ei 受控词

Ei 受控词来自 Ei 叙词表,用来以专业和规范的形式描述文献的内容。可以点击 EI 主界面的"Browse indexes",选择"Controlled term",浏览 Ei 叙词表。Compendex 数据库中每个记录均有一个受控词作为主标题词来表示文献的主题(Main Heading)。其余的受控词用来描述文献中所涉及的其他概念。

除了字段以外,下面还有各选项供用户选择:

(1) Databases

EV2 平台包括多个数据库,这里显示的数据库是 EV2 购买了使用权的,如果仅显示 Compendex,表明本馆只购买了 Compendex 数据库。

(2) Date

设置查询的年限范围,默认为 1969 年至今。

(3) Document type

检索的文献源自出版物的类型。Compendex 数据库从 1985 年起增加了该字段,用户如果把检索范围限定在某特定的文件类型,将检索不到 1985 年前的文献。可选的文件类型有 Article in press(未出版文献)、Book(书)、Book chapter(书的章节)、Conference article(会议论文)、Conference proceeding(会议论文集)、Dissertation(学位论文)、Journal article(期刊论文)、Patents(before 1970)(1970 年以前的专利)、Report chapter(专题报告)、Report review(综述报告)。

(4) Language

在 Quick Search 中,用户可以选择的语种有 Chinese(中文)、English(英语)、French(法语)、German(德语)、Italian(意大利语)、Japanese(日语)、Russian(俄语)和 Spanish(西班牙语)。用户如果要检索更多的语言,或要检索 Quick Search

中未列的语言，请使用 Expert Search（高级检索）。

(5) Treatment

用于说明文献的研究方法及所探讨主题的类型。Compendex 数据库从 1985 年起增加了该字段。选择此限定，检索将仅限定在 1985 年以后的文献记录。可用的处理类型有 Applications（应用）、Biographical（传记）、Economic（经济）、Experimental（实验）、General review（一般性综述）、Historical（历史）、Literature review（文献综述）、Management aspects（管理方面）、Numerical（数值）、Theoretical（理论）。一个记录可能有一个或几个处理类型，然而，并不是每个记录均有处理类型。

(6) Sort by

Compendex 数据库默认按 Relevance（相关性）排序，也可以选择 Date（Newest），按时间由新到旧排序。

(7) Autostemming

检索以输入词的词根为基础的所有派生词。例如，输入 smoke 检索，则 smoked、smoking、smokes 等单词均会被检索到。如果不需要此功能，可以勾选"Turn autostemming off"。

(8) Browse indexes

帮助用户选择用于检索的适宜词语。Compendex 数据库提供 Author、Author affiliation、Controlled term、Publisher、Source title 的索引。点击某个索引，相应的索引页面出现。用户选择所要检索词语的第一个字母或者在 Search for 栏中输入词语的前几个字母，然后点击"Find Submit"按钮，就可浏览。此外，用户也可通过点击每页下面的 Previous page 或 Next page 按钮浏览索引。

4.2.2.2 专家检索（Expert search）

在 EI 主界面最上方，点击 Search，选择 Expert，即进入专家检索，如图 4-31 所示。

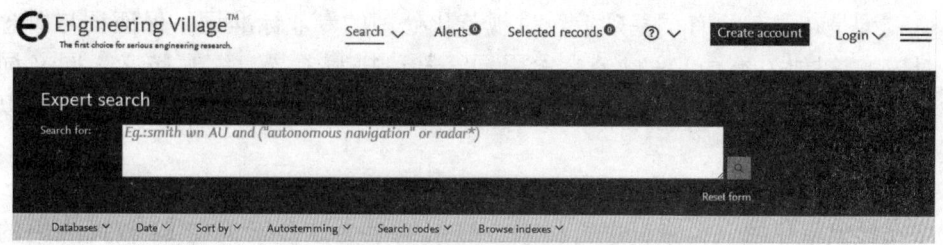

图 4-31 EI 专家检索界面

(1) 可检字段

除快速检索提供的字段外，增加的检索字段有 Accession number（入藏号）、

Country of application(申请国别)、DOI(数字对象唯一标识符)、Document type(文件类型)、ISBN(国际标准书号)、Issue(期)、Language(语言)、Numerical Data(数值数据类型)、Patent application date(专利申请日)、Patent issue date(专利颁发日)、Patent number(专利号)、Publication year(出版年)、Treatment type(处理类型)、Volume(卷)。具体字段的缩写形式可以点击检索框下面的"Search codes"进行查看。

(2)输入检索式

用户可以灵活运用逻辑组合词 and、or、not 及括号进行多个字段的限定检索;限定字段用限定词"wn";若检索所有字段时,不必加"wn All"代码。检索式中限定的字段必须使用字段代码,例如:"safe * wn AB and food wn TI"。

(3)浏览索引

除了快速检索界面的五种索引外,增加的索引有 Assignee(专利权人)、Document type(文件类型)、Inventor(专利发明人)、Language(语言)、Treatment(处理类型),帮助用户选择适宜的检索词。

4.2.2.3 叙词检索

在 EI 主界面最上方,点击 Search,选择 Thesaurus,即进入叙词检索,如图 4-32 所示。

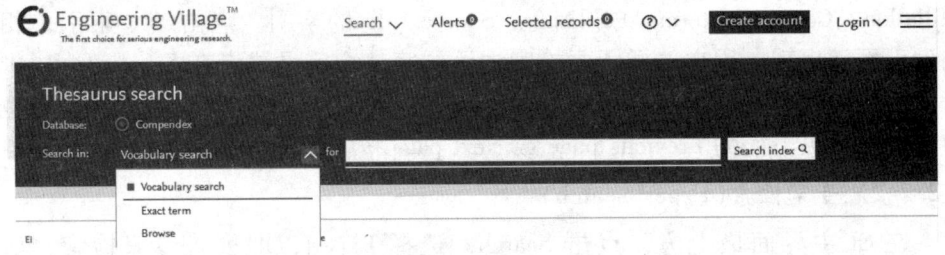

图 4-32 EI 叙词检索界面

叙词是在文献原有词基础上经过规范化处理的专业标准词,保证词与概念一一对应。这样做的优点是减少检索用词,避免拼写差异、缩写歧义、同义词差异;检索结果的相关性高。利用 EI 叙词表提供的叙词之间的等级关系,可以扩展或缩小检索范围。

(1)词汇表检索

在检索框中输入检索词进行检索,显示结果为该检索词在 EI 叙词表中的相关词。例如,输入 robot,检索结果如图 4-33 所示。可以看到,与 robot 相关的叙词有 19 个,分两页显示。用户可以点击叙词前面的方框(如果是前面没方框的叙词,直接点击该叙词,进入相关界面勾选),选中的叙词会出现在"Selected term(s)"右边的方框中。选中的叙词间可以用 and 或者 or 相连接,然后单击右下角的检索图标,即可进一步检索。

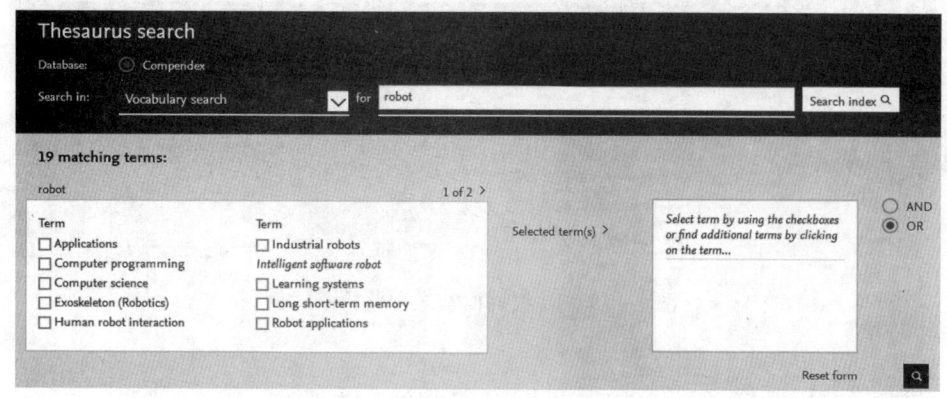

图 4-33　EI 叙词检索之词汇表检索示例

(2)精确查找

在检索框中输入用户知道的叙词,然后选择 Exact term 进行检索,显示结果为用户所输入的叙词的信息,及其上位词(Broader terms)、相关词(Related terms)和下位词(Narrower terms)。例如,输入"robots",检索结果如图 4-34 所示。

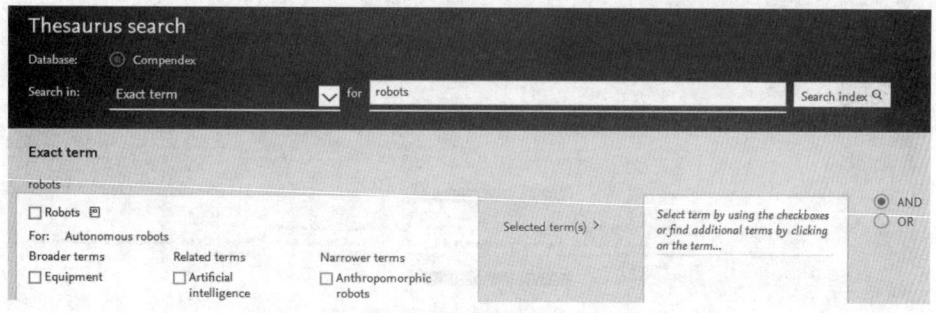

图 4-34　EI 叙词检索之精确查找示例

(3)浏览

在检索框中输入用户检索词,选择 Browse 进行检索,系统将会按字母顺序扫描叙词表,显示结果为含有检索词的条目。例如,输入"robots",检索结果如图 4-35 所示。用户可以看到 robots 前后的叙词,还可以通过 Previous 和 Next 查看其他邻近的叙词。

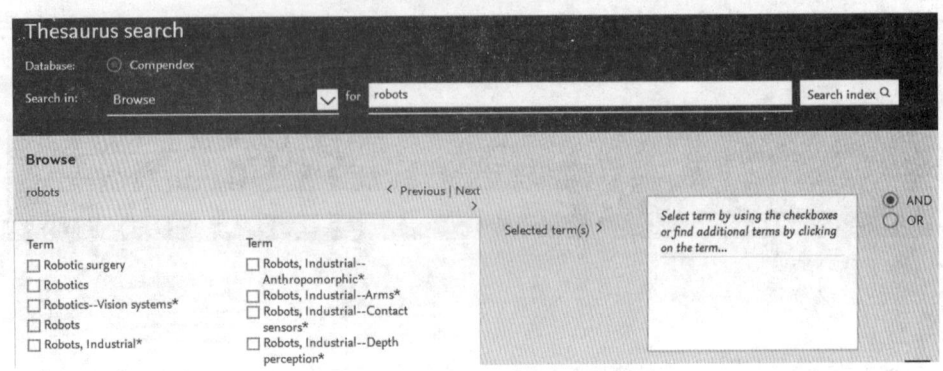

图 4-35　EI 叙词检索之浏览检索示例

4.2.3　EI 检索示例

4.2.3.1　简单检索

在 EI 主界面里，采用默认的 Quick search 快速检索。

【例 4-5】　在检索字段处选择 Ei 受控词，检索框内输入"food safety"进行检索，找到 3 297 篇文献，结果如图 4-36 所示。

图 4-36　EI 初级检索示例

如搜索到的文献篇数太多，用户可以根据页面左侧的受控词汇表、作者、作者单位、分类号、国家、文件类型、语言、时间、文献出版物的名称、出版单位、基金资助者进一步了解与"食品安全"相关的文献。经过浏览，发现作者单位为华南理工大学的文献较多，因此可以进行多字段的复合检索，缩小范围。

4.2.3.2　复合检索

【例 4-6】　设置 Ei 受控词为"food safety"，且作者单位为"South China University Of Technology"，检索到 37 篇文献，如图 4-37 所示。

第4章 外文学术信息检索

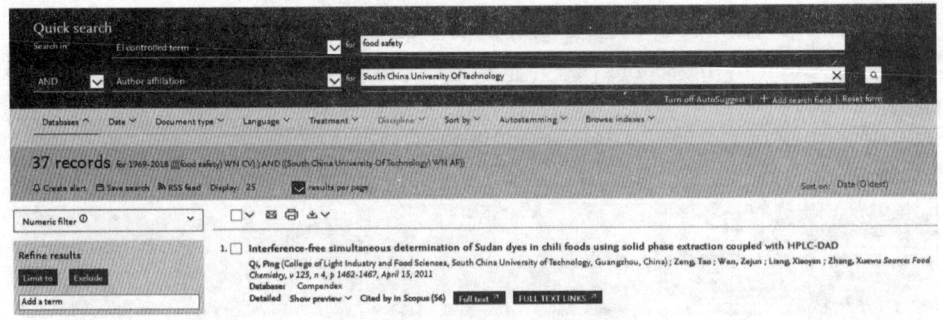

图4-37 EI复合检索示例

用户可以设置这些文献按相关度、时间新旧、作者名、来源出版物的名称、出版单位名进行排序，默认按相关度排序。图4-37中按照时间从旧到新排列。序号后显示了每篇文献的标题、作者及第一作者单位、来源出版物的信息、数据库。

接下来介绍每篇文献的最后一行的各个功能：

①点击Detailed，网页跳转到该篇文献的详情，如图4-38所示，包括了更多的信息，比如入藏号、所有作者单位、通信作者、来源出版物的全称及缩写等。特别要留意的是文件类型，JA表示该文献被期刊收录，而CA表示被会议收录。另外，页面中显示为深蓝色的字体，均属于超链接，用户可以用鼠标点击打开对应的信息。

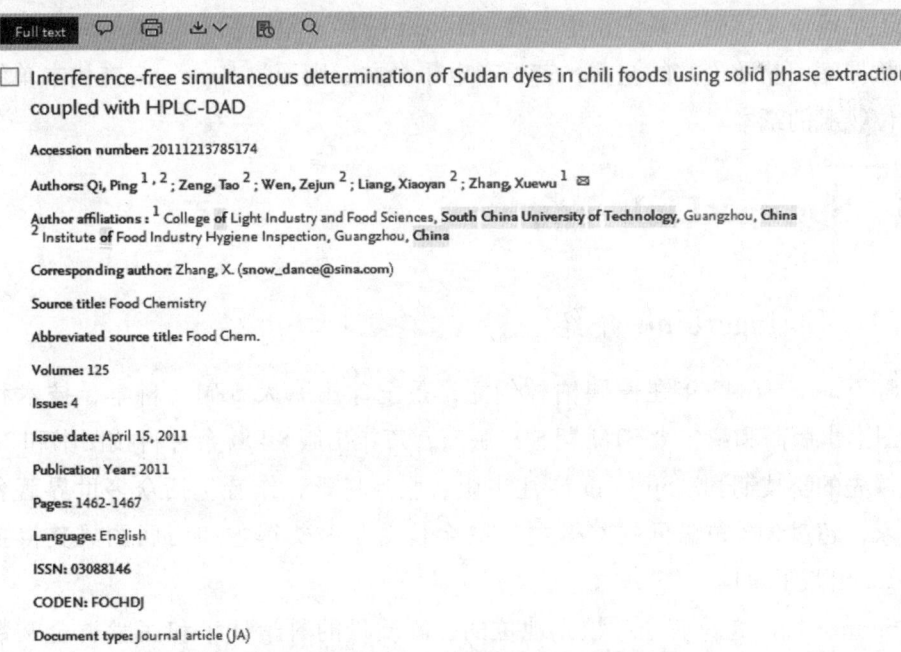

图4-38 EI收录的文献详情

②点击"Show preview",会在该条目的下面显示该篇文献的摘要。

③点击"Cited by in Scopus",会显示这 56 篇施引文献的详细信息,如图 4 - 39 所示。

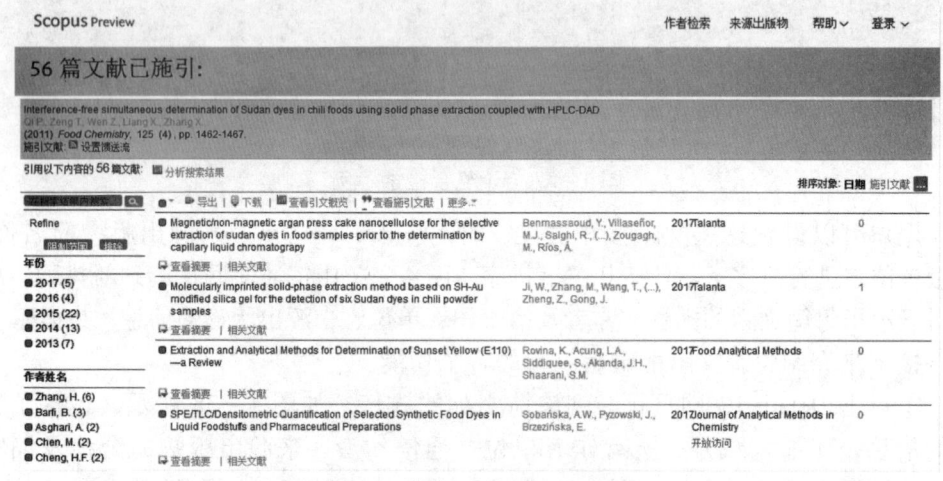

图 4 - 39　施引文献详情

④Compendex 是文摘数据库,不提供原文。如果本馆订购的全文数据库恰好收录了某篇论文,则这条记录中会有 Full text 链接,单击后可以通过后台链接至全文数据库,获取论文的全文;若没有电子全文,则通过 Source 来查找本单位或外单位收藏的纸本。

4.3　SpringerLink 平台

4.3.1　SpringerLink 介绍

Springer 于 1842 年在德国柏林创立,是全球第一大 STM(科学、技术和医学)图书出版商和第二大 STM 期刊出版商,每年出版 8 400 余种科技图书和 2 200 余种领先的科技期刊。Springer 专注出版、服务科学,作者包括众多世界著名的科学家,超过 213 位诺贝尔奖得主、50 余位费尔兹奖得主和历届图灵奖得主在 Springer 出版了著作。

SpringerLink 是具有全球领先地位的、高质量的科学技术和医学类全文数据库。该数据库包括了各类期刊、丛书、图书、参考工具书以及回溯文档,收录文献超过 800 万篇,其中收录电子图书超过 16 万种,最早可回溯至 1840 年代。平台每年新增超过 8 400 种图书,且每月新增超过 12 000 篇期刊文章。

SpringerLink 将所有资源划分为 12 个学科:建筑学、设计和艺术;行为科学;生物医学和生命科学;商业和经济;化学和材料科学;计算机科学;地球和环境科学;工程学;人文、社科和法律;数学和统计学;医学;物理和天文学。

SpringerLink 的期刊学术价值较高,大部分是被 SCIE、SSCI 和 EI 收录的核心期刊。最早可回溯到 1994 年,并且约有 75% 的期刊是在线优先(Online First)期刊,能使用户在第一时间了解研究领域的最新发展和成果。另外,该数据库将电子图书、期刊和丛书放在同一检索平台上,既可以分类型检索,也可以跨库检索,深受教学科研人员的青睐。

SpringerLink 平台的网址是"http://link.springer.com/"。

4.3.2 SpringerLink 检索示例

4.3.2.1 简单检索

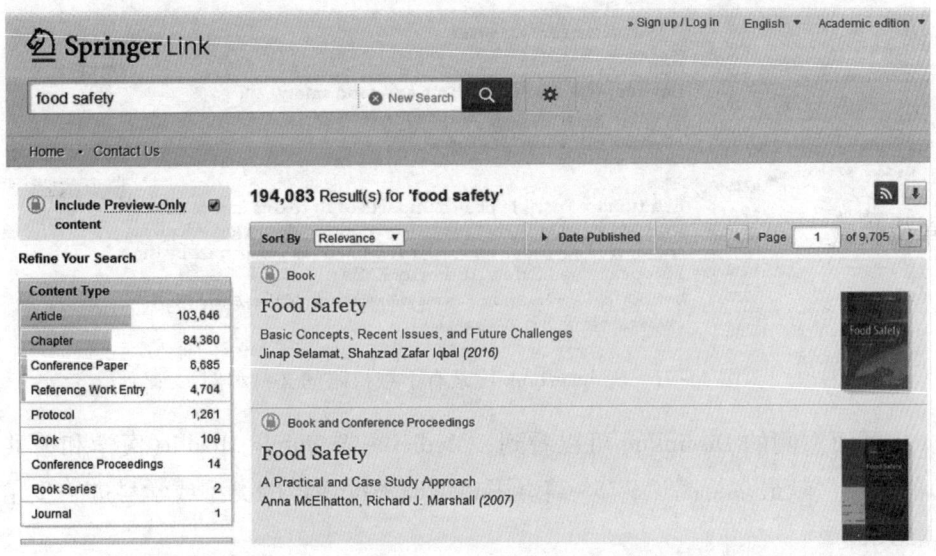

图 4-40 SpringerLink 简单检索示例

【例 4-7】 在 SpringerLink 主界面的检索框输入"food safety",检索到 194 083 条结果。

页面左侧的 Content Type(内容类型)列出了 Article(文章)、Chapter(章节)、Conference Paper(会议论文)、Reference Work Entry(参考工具书条目)、Protocol(实验室指南)、Book(图书)、Conference Proceedings(会议论文集)、Book Series

（丛书）、Journal（期刊）的相关文献数量。除此之外，用户还可以看到按 Discipline（学科）、Subdiscipline（分支学科）、Language（语言）的分类情况。

页面的右侧显示了以"food safety"检索到的文献的具体信息。例如，排在第一的是 2016 年出版的以"food safety"为名的书。在 Book 的左边有一个锁型图标，表示内容仅供预览。

如果用户只想查看本馆权限内的文献，那么就将页面左侧的"Include Preview-Only content"默认的勾选取消，结果如图 4 – 41 所示，有 19 636 条结果。

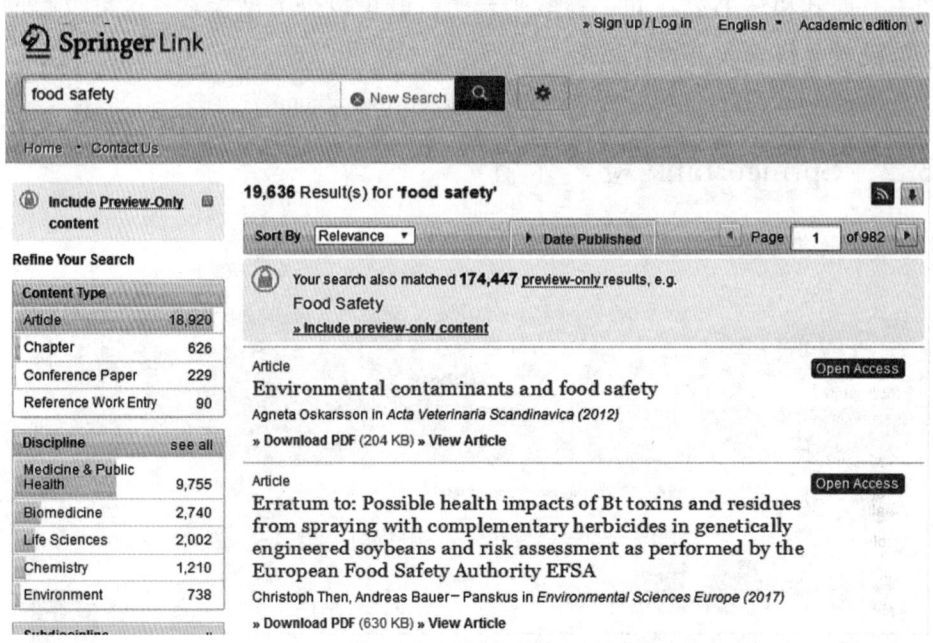

图 4 – 41　SpringerLink 检索有下载权限的文献示例

从页面左侧的 Discipline 可以看到，Medicine & Public Health（医学和公共卫生）的相关文献最多，高达 9755 篇。用户可以根据内容的类型或学科进一步精炼搜索结果。

4.3.2.2　高级检索

在 SpringerLink 主界面的检索框旁的最右边的按钮，在下拉菜单中选择"Advanced Search"，即可进入高级检索。用户可以设置检索要包含的所有单词、词组、至少包含一个单词、不包含的单词、标题中包含的单词或词组、作者或编辑的名字、文献发表的时间范围。

【例 4 – 8】设置在标题中包含"food safety"，发表时间在 2013—2017 年的本馆可下载的文献。检索结果：27 篇，如图 4-42 所示。

页面的右侧显示了每篇文章的标题、摘要的开头、作者姓名、期刊名、发表的年号。用户可以选择直接下载该文章的 pdf 格式文件；或者点击 View Article，在网页中浏览全文。

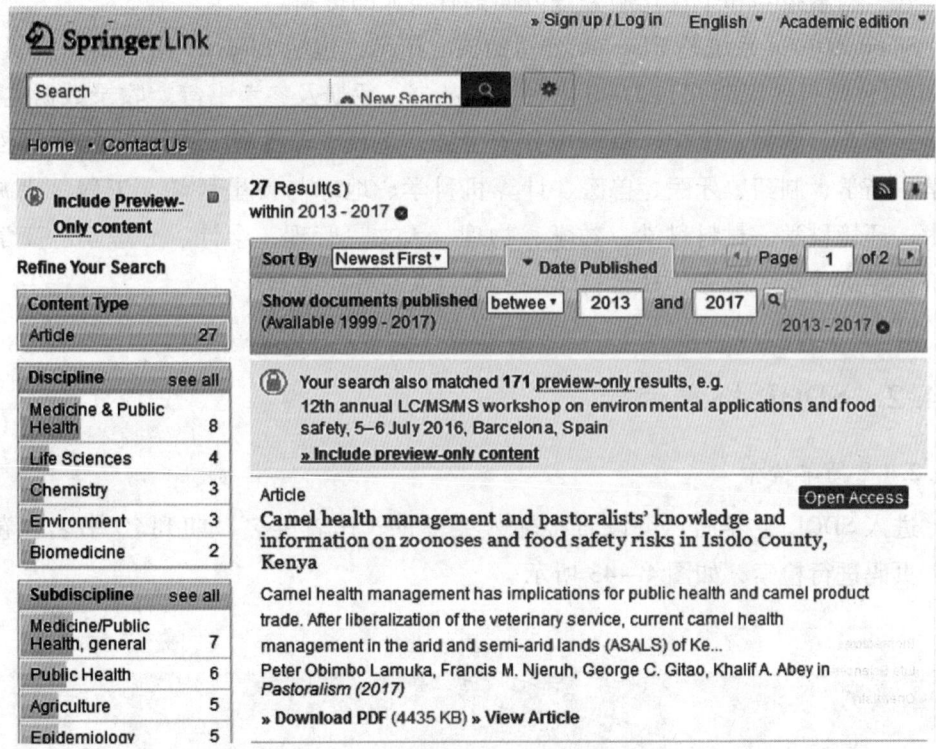

图 4-42 SpringerLink 高级检索示例

4.4 SDOL 平台

4.4.1 SDOL 介绍

Elsevier 是一家经营科学、技术和医学信息产品及出版服务的世界著名的出版公司，该公司总部设在荷兰的阿姆斯特丹，已有 180 多年的历史。Elsevier 公司出版的期刊、图书是业界公认的高质量学术出版物，其出版的期刊大多数为同行评审的核心期刊，被许多著名的二次文献数据库所收录。

1997 年，Elsevier 公司推出了 ScienceDirect 全文数据库。2000 年，中国高等

教育文献保障系统(CALIS)工程中心组织集团购买,在清华大学图书馆和上海交通大学图书馆设立 Elsevier ScienceDirect OnSite(SDOS)镜像站。2006 年 9 月,Elsevier 公司关闭了 SDOS,将用户转至国外主站点,即 ScienceDirect Online(SDOL)。与原有的 SDOS 平台相比,SDOL 检索平台在内容更新速度和范围、检索模式、检索技巧和个性化服务等方面都有很大的提高。

ScienceDirect 系统是 Elsevier 公司的核心产品,包括 Elsevier 出版集团所属的 2 500 多种同行评议期刊和 2 000 多种系列丛书、手册及参考书等。收录数据主题涵盖:农业、生物、生化、基因、分子生物、免疫、微生物、化学、化学工程、医学、药学、制药、牙医、兽医、计算机科学、地球与行星科学、工程、能源、技术、环境科学、材料科学、数学、物理、天文、管理、会计、心理学、商学、经济、经济计量、财务、社会科学、艺术与人文等。

SDOL 平台的网址是"http://www.sciencedirect.com/"。

4.4.2　SDOL 检索示例

4.4.2.1　简单检索

进入 SDOL 主界面,可以直接输入关键词、作者姓名、期刊名/书名、卷、期、页码进行检索,如图 4-43 所示。

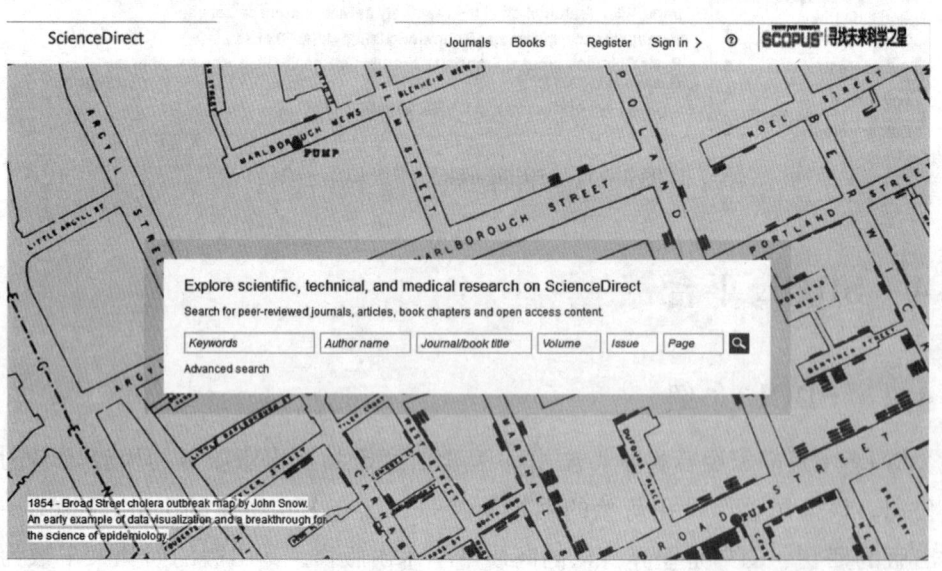

图 4-43　SDOL 主界面

第4章　外文学术信息检索

【例4-9】 检索关键词为"food safety"的文献。检索结果：280 646篇，如图4-44所示。用户可以通过页面左侧的年份、文献类型、出版物题名、访问类型等作进一步的精炼。

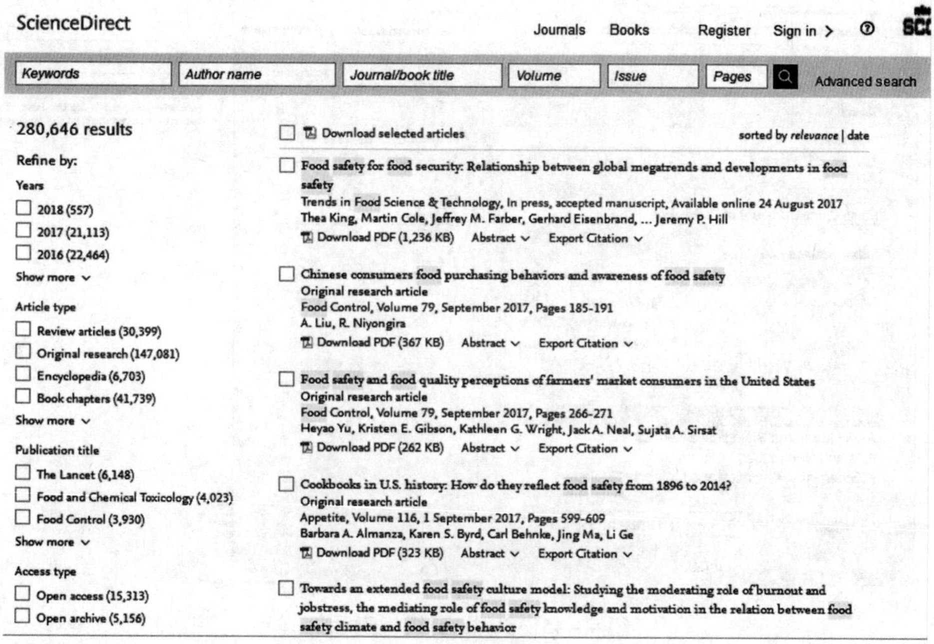

图4-44　SDOL简单检索示例

4.4.2.2　高级检索

在SDOL的主页面上，点击"Advanced search"，即进入高级检索。

【例4-10】 设置摘要、标题或关键词中含有"food safety"，单位为华南理工大学，时间为2013年至今，检索相关文献，如图4-45所示。

检索结果：40篇。如图4-46所示。用户可以通过页面左侧的年份、出版物名称、主题等进一步筛选。系统默认按相关性排序，也可以修改为按时间排序。

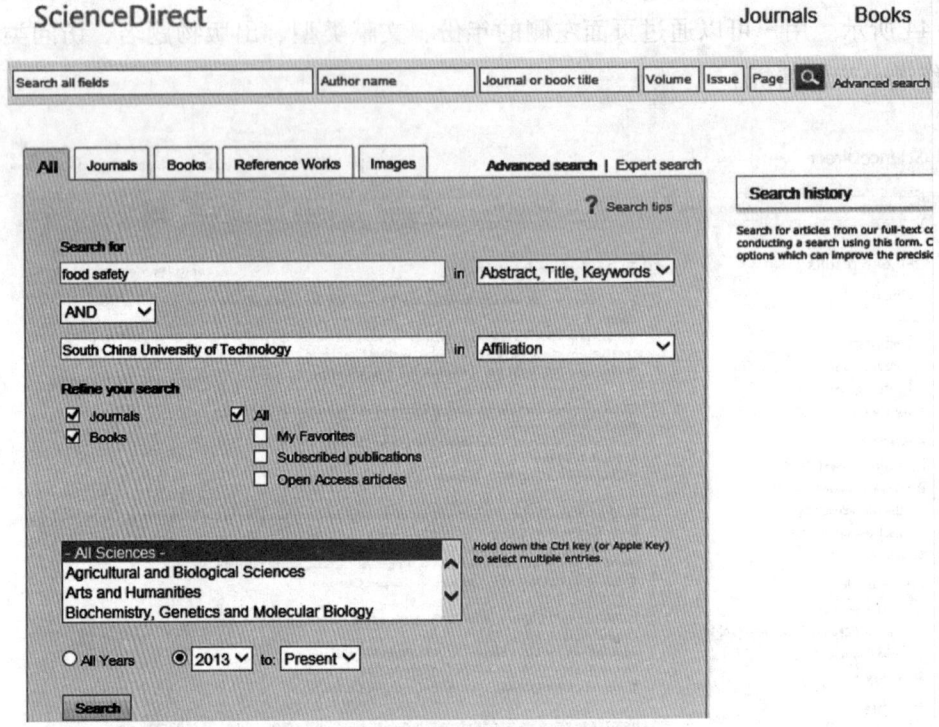

图4-45　SDOL高级检索示例

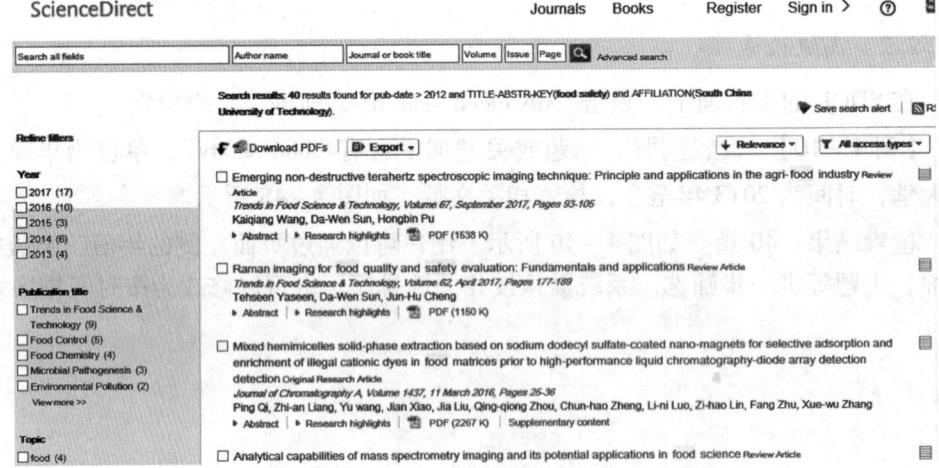

图4-46　SDOL高级检索结果

4.5 EBSCO 平台

4.5.1 EBSCO 介绍

4.5.1.1 概述

EBSCO 是一个拥有 70 多年历史的大型文献服务专业公司，名称是由创始人 EltonB. Stephens 名字首字母加公司（company）前两个字母缩写而成，总部在美国，在全球 19 个国家设有办事处。EBSCO 提供期刊、文献订购及出版等服务，开发了 300 多个在线文献数据库产品，涉及商业、贸易、金融、企业管理、市场及财会、人文社科、教育、计算机、工程、艺术、文化、医学、种族等多学科领域。

EBSCOhost 是美国 EBSCO 公司的全文数据库检索系统，有近 60 个数据库，其中全文数据库 10 余个。其网址是"http://search.ebscohost.com/"。

4.5.1.2 EBSCO 主要资源介绍

（1）ASC（Academic Source Complete）综合学科参考类全文数据库

收录 1887 年以来的文献，包括社会科学、教育、法律、医学、语言学、人文、工程技术、工商经济、信息科技、通讯传播、生物科学、教育、公共管理、社会科学、历史学、计算机科学、传播学、法律、军事、文化、健康卫生医疗、宗教与神学、生物科学、艺术、视觉传达、表演艺术、心理学、哲学、妇女研究、各国文学等领域。

（2）BSC（Business Source Complete）商管财经类全文数据库

收录 1886 年以来的文献，涵盖商业相关领域之议题，如行销、管理、管理信息系统（MIS）、生产与作业管理、会计、金融、经济。除此之外，BSC 数据库亦收录非期刊的全文数据，包含图书、专题论文、参考工具资料、书摘、会议论文、个案研究、投资研究报告、产业报告、行销研究报告、国家报告、企业公司档案、SWOT 分析等。

（3）报纸全文库（Newspaper Source）

收录 1995 年以来的 400 多种各类报刊传媒（涵盖美国各州报纸、国际各大报如《Christian Science Monitor》《U.S.A Today》《The Washington Post》等）全文及《The New York Times》和《The Wall Street Journal – Eastern Edition》索摘。

（4）地区商业报纸（Regional Business News）

收录 1965 年以来的地区商业出版物的详尽全文。Regional Business News 涵盖美加地区 80 多种商业期刊、报纸和新闻专线。数据每日更新。

4.5.2　EBSCO 检索示例

4.5.2.1　基本检索

进入 EBSCO 主界面，可以直接在输入框输入检索词进行检索。检索框的下面列出了许多检索选项，例如可以选择检索的模式、限制检索结果的类型、设置检索的时间区间等，如图 4-47 所示。

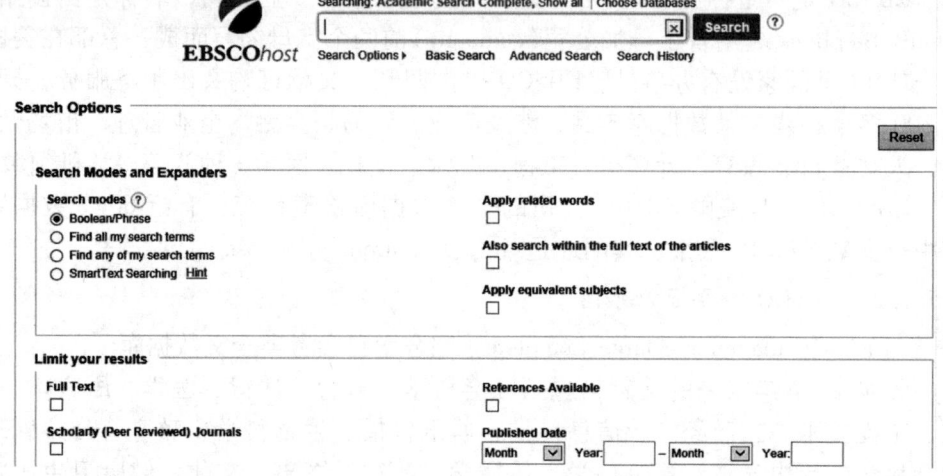

图 4-47　EBSCO 检索主界面

【例 4-11】　检索关键词为"food safety"的文献。检索结果：108 613 篇，如图 4-48 所示。用户可以通过页面左侧的限制选项、时间范围等作进一步的精炼。

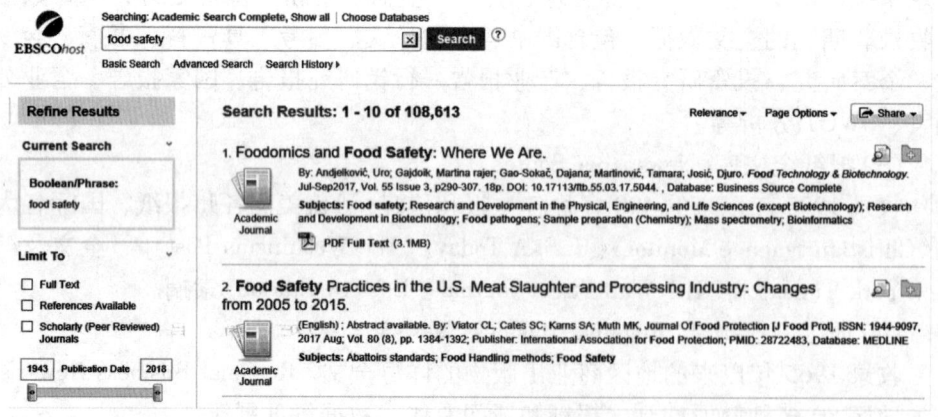

图 4-48　EBSCO 基本检索示例

4.5.2.2 高级检索

在 EBSCO 的主页面上,点击"Advanced Search"即进入高级检索。

【例 4-12】 设置主题中含有"food safety",只检索有全文的文章,且只检索有参考文献的文章,时间为 2013 年至今。检索结果:114 篇,如图 4-49 所示。

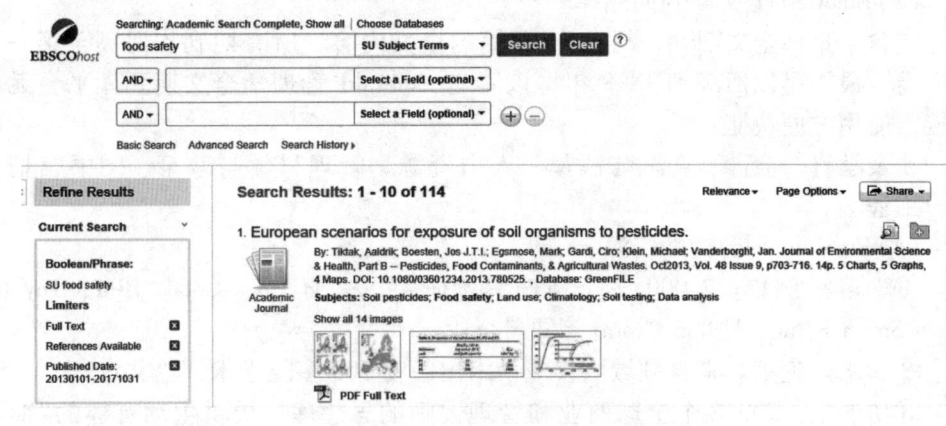

图 4-49 EBSCO 高级检索示例

4.6 Emerald 平台

4.6.1 Emerald 介绍

4.6.1.1 概述

Emerald 于 1967 年由来自世界著名百所商学院之一 Bradford University Management Center 的学者建立。Emerald 是英国的出版社,主要出版管理学、图书馆学、工程学等专业领域的期刊,以及人文社会科学图书。拥有来自 100% 世界百强商学院的作者及用户,100% 世界 200 强综合性大学的作者及用户,以及近 60% 的世界 500 强企业用户。

Emerald 的网址是"http://www.emeraldinsight.com/"。

4.6.1.2 Emerald 主要资源介绍

(1)Emerald 管理学全文期刊库

收录 2000 年以来的文献,包含 276 种专家评审的管理学术期刊,使 Emerald 成为出版该类期刊最多的单一出版机构。值得一提的是,属于管理学范畴的图书馆信息管理学,Emerald 出版超过 30 多种专家评审期刊,是图书馆工作人员学术研究和信息交流的重要平台和渠道。

涉及学科:会计金融与经济学、商业管理与战略、公共政策与环境管理、市场营销、信息与知识管理、教育管理、人力资源与组织研究、图书馆研究、旅游管理、运营物流与质量管理、房地产管理与建筑环境、健康与社会关怀。

（2）Emerald 工程学全文期刊库

收录 2000 年以来的 23 种高品质的同行评审工程学期刊，涵盖先进自动化、工程计算、电子制造与封装、材料科学与工程。

（3）Emerald 全文期刊回溯库

包含 178 种全文期刊，超过 11 万篇的全文内容，所有期刊均回溯至第一期第一卷，最早可以回溯到 1898 年。该库与 Emerald 管理学全文期刊库平台无缝链接，使用方便快捷。

涉及学科：会计、金融与法律、人力资源、管理科学与政策、图书馆情报学、工程学。

（4）Emerald 平台辅助资源

①学习案例集。2 000 多个精选案例研究，来自 Coca-Cola、IBM、Toyota、Glaxo Smith Kline、Hilton Group 等知名企业。

②学术评论集。来自领域内权威学术出版物 700 多篇学术评论文章。

③访谈集。500 多个全球商业和管理大师的思想库，提供生动有趣的"商界风云人物"的访谈记录，有 Peter Drucker、John Kotter、Jim Collins、Richard Pascale、Rosabeth Moss Kanter 等人。

④管理学书评。2 600 多篇特别为学生、教师和研究学者撰写的深度书评。

4.6.2 Emerald 检索示例

4.6.2.1 初级检索

在 Emerald 首页的检索框输入检索词即可进行初级检索，默认检索文章或书的章节。

【例 4-13】 利用 Emerald 检索包含"food safety"的文献。检索结果：12 316 篇，如图 4-50 所示。

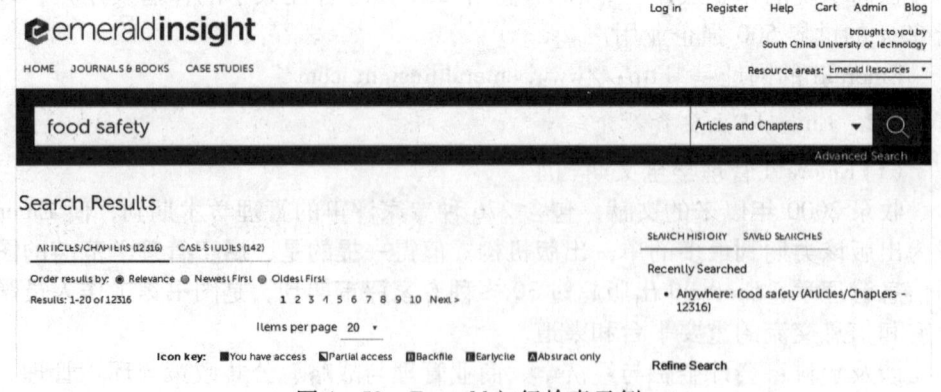

图 4-50 Emerald 初级检索示例

检索到的文献有 5 种状态：

①You have access。可全文使用的文献。

②Partial access。可部分使用的文献。

③Backfile。回溯数据库中的文献。

④Earlycite。即将正式出版的文献的网络版。

⑤Abstract only。只有摘要。

这 5 种状态会以图标形式显示在文献名的左侧，用户根据图标显示即可了解该篇文献的情况。用户一般需要查看全文，而不仅仅是摘要，那么可以在右下角选择"Only content I have access to"，只查看本馆订购的文献，检索结果就缩减为 113 篇。

4.6.2.2 高级检索

在 Emerald 首页点击"Advanced Search"进入高级检索页面。

【例 4-14】 设置关键词为"food safety"且摘要中包含"government"，时间为 2013—2017 年的本馆订购的文献。检索结果：18 篇，如图 4-51 所示。

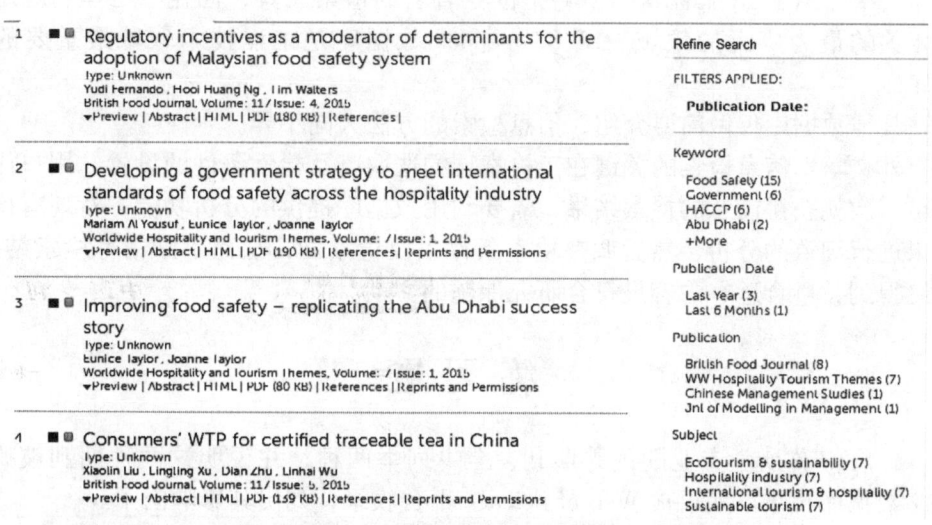

图 4-51 Emerald 高级检索示例

检索结果可以在网页的右边通过"Refine Search"进行精炼检索，例如关键词、刊出时间、期刊名、主题、类型等。

本 章 小 结

本章介绍外文学术信息检索重要的数据库，包括 Web of Science 平台、EI 工程索引、SpringerLink 平台、SDOL 平台、EBSCO 平台、Emerald 平台。

对于上述数据库，介绍其收录的学科范围、收录的时间起始等信息，用户可以根据需要选择相应的数据库。每种数据库均给出检索示例，检索的条件和内容大致相当，用户通过对比可以了解不同数据库的差异，将检索结果互为补充。

重点介绍 Web of Science 平台，用户熟练掌握其强大的分析功能后，可以快速筛选出符合课题要求的少量文献，再进一步精读。通过基于 WOS 核心合集数据库(SCIE 和 SSCI)的深度分析型研究工具 ESI，用户可以对科研绩效和发展趋势进行长期的定量分析。Web of Science 平台中的 JCR 针对 SCIE 和 SSCI 收录的期刊之间引用和被引用数据进行统计，定出每种期刊的影响因子，是一种权威的期刊评价工具。

其次介绍了 EI 工程索引。它是世界著名的检索工具，涵盖了工程、应用科学相关的最为广泛的领域。EI Compendex 数据库是工程技术领域最重要的数据库。

其他数据库仅做简要介绍，信息检索的方法大同小异。

外文学术信息检索的关键在于检索词的选取以及检索条件的设置。用户往往很难一次就获得满意的检索结果，需要利用数据库提供的分析功能，对现有检索结果进行细致的分析，然后调整检索条件以及检索词，从而不断精炼检索结果，最终得到数量合适、内容最符合研究课题的文献。

练 习 题

1. 了解你所学专业的优秀期刊，至少列举两种，并说明这两种期刊被哪些外文数据库收录。如果被 Web of Science 平台收录，列出其影响因子。

2. 结合你的专业，选择一个研究课题，至少采用三个外文数据库进行文献检索，对比三个数据库的检索结果，总结不同数据库的特点。

3. 查找你所学专业在 ESI 排名前 1% 的机构，列举一个机构。然后查找该机构在 ESI 排名前 1% 的研究人员，至少列举一人。

第 5 章 专利和标准文献检索

5.1 专利文献

5.1.1 专利的基本概念

5.1.1.1 专利的基本概念

专利一词来源于拉丁语,意为公开的信件或公共文献,是中世纪的君主用来颁布某种特权的证明。当代所说的专利通常有两重含义:一是发明创造人或其权利受让人对特定的发明创造在一定期限内依法享有的独占实施权,是知识产权的一种;二是指申请受法律保护的发明创造本身。专利也是专利权的一种简称。

专利权是一种财产权。这种产权的所有者可以使用和处理财产,别人未经专利权人许可,不得制造、使用和销售该项发明创造,否则就是侵犯专利权,将受到法律的制裁。如 2016 年华为公司起诉三星公司专利侵权案中,华为终端有限公司已于 2010 年 1 月 28 日提交申请,并于 2011 年 6 月 5 日获得"一种可应用于终端组件显示的处理方法和用户设备"的发明专利授权(专利号为 ZL201010104157.0)。该项专利涉及在手机终端中移动组件(所谓的组件,是指例如应用程序的快捷方式、Widget、文件或文件夹等)的方法,该专利当时合法有效,受法律保护。2016 年 6 月 27 日,华为终端公司将三星公司诉至泉州中院,诉称三星公司包括最新款 Galaxy S7 在内共计多款手机产品涉嫌专利侵权,该发明专利共有 16 项权利要求,涉及此案的有 8 项权利要求,并索赔 8 050 万元(含合理支出费用 50 万元)。2017 年 4 月 6 日,泉州中院宣判了华为对三星的诉讼结果:三星败诉,被判侵犯华为专利,赔偿 8 000 万元。

5.1.1.2 专利的种类

我国专利法保护的发明创造包括发明、实用新型和外观设计。

(1)发明专利

发明作为专利法保护的主要对象,它既是一个技术上的概念,又是一个具有特定含义的法律概念。我国《专利实施细则》对发明给出了明确的定义:专利法所称的发明是指对产品、方法或者其改进所提出的新的技术方案。如苏州市朗吉科技有限公司申请并获授权的发明专利"一种太阳能空调(201310674202.X)"。

(2)实用新型专利

与发明专利相比,实用新型专利也被称为"小发明"。它是对产品的形状、构造或者其结合所提出的适于实用的新的技术方案。其审查手续简单,保护期限较短。如广东美的制冷设备有限公司申请并获授权的实用新型专利"一种太阳能空调系统(201620521895.8)"。

(3)外观设计专利

外观设计是指对产品的形状、图案、色彩或者其结合做出的富有美感并适于工业上应用的新设计。如珠海格力电器股份有限公司申请并获授权的外观设计专利"空调(201630343237.X)"、广州松下空调器有限公司申请并获授权的外观设计专利"空调(201530253359.5)"。

与发明和实用新型专利以技术方案本身为保护对象不同,外观设计注重的是产品的形状、图案、色彩或者其结合,它是产品的装饰性或艺术性的外表设计。一件外观设计专利只用于一类产品,若有人将其用于另一类产品上,不视为侵权外观设计专利权。

5.1.1.3 专利权的特点

(1)专有性

专有性又称为独占性,排他性。即专利权人对其发明创造所享有的独占性的制造、使用和销售的权利,其他任何单位和个人未经专利权人许可不得以生产经营为目的而制造、使用、销售、进口其专利产品或者使用其专利方法,以及使用、销售、进口依照该方法直接获得的产品。否则,就是侵犯专利权。而且专利权是唯一的,对同样内容的发明创造,国家只授予一次专利权。

(2)地域性

根据《巴黎公约》规定的专利独立原则,专利权的地域性是指一个国家授予的专利权,仅在该国法律管辖范围内有效,在其他国家或地区没有任何约束力,其他国家或地区对其专利权不承担保护义务。

例如,中国只保护获得中国专利权的专利,一项外国专利权在中国境内是不受法律保护的,当然也就不可能出现在中国境内侵犯外国专利权的问题。

值得注意的是,如果专利申请人就一项发明创造在《专利合作条约》(简称PCT)缔约国申请获得专利保护时,如果按照规定的程序向某一缔约国的专利主管部门提出专利国际申请,就视为已经在所有的《专利合作条约》缔约国递交了专利申请。中国国家知识产权局专利局是该条约指定的受理单位,中文也是该条约指定的语种,因此中国人可以用中文在中国国家知识产权局递交专利国际申请。具体哪些国家和哪些语种是被指定的,需要随时关注最新的指定名单。

(3)时间性

专利的时间性是指专利权人对其发明创造所拥有的法律赋予的专利权只在法

律规定的时间内有效，期限届满后，专利权人对其发明创造不再享有制造、使用、销售、进口的专有权，其发明创造成为社会的公共财产，任何单位和个人均可无偿使用。通常来说，发明专利期限自申请日或批准日起为15~20年，实用新型和外观设计专利期限为5~10年。我国专利法规定的专利权期限是自申请日起计算，发明专利为20年，实用新型和外观设计专利为10年。

除上述期限届满终止外，专利还存在未缴费终止的情况，即专利权人未按照规定缴纳或缴足年费及滞纳金的，专利权自上一年度期满之日起终止。如发明专利"声密封装置的密封方法（201210007430.7）"，其法律状态显示"未缴年费专利权终止"（申请日：20120111；授权公告日：20140820；终止日期：20160111）。

5.1.2 专利文献

5.1.2.1 专利文献的概念和特点

专利文献是实行专利制度的国家和国际性专利组织在审批专利过程中产生的官方文件及其出版物的总称。从广义上讲，专利文献是指一切与专利有关的文件，包括专利申请书、专利说明书、专利检索工具、专利公报、专利分类表和专利有关的法律文件及诉讼资料等。

专利文献是一种标准化的连续出版物，其内容丰富，能及时反映世界各国科学技术的发展水平与最新成就，在技术引进、科研、生产、进出口贸易、科技查新等方面都起着重要作用。

专利文献具有以下的特点：

①出版报道速度快。世界上大部分国家实行先申请制、早期公开和延迟审查制度。对于内容相同的发明，专利权授予最先提出申请的人，使得发明人总是尽一切可能及早提出自己的专利申请，以取得主动权。另外，因为实行了早期公开和延迟审查制度，自专利申请日起的18个月内，专利局就公开出版专利申请书，使得专利文献成为报道新技术最快的一种信息来源。检索专利文献将可能发现某些最新产品和技术。

②内容详尽，实用性强。为了使发明创造满足专利申请的要求，并获得最大限度的法律保护，申请人必须在说明书上详细阐述发明的技术内容，还经常附有公式和图表帮助阐明技术内容，以便于通过专利审查。专利文献的内容都是在工农业生产中能够应用实施的技术方案，实用性较强。因此查阅专利文献可以帮助科研人员掌握一项产品或者技术的具体细节，在此基础上开展研究工作，以期收到事半功倍的效果。

③数量庞大、内容广泛。全世界每年公布的专利说明书以百万计，占每年科技出版物数量的1/4。专利说明书内容极为广泛，小到日常生活中一针一线的研制，大到世界尖端科技产品的研发，几乎涉及了人类生产活动的所有技术领域。

④著录规范,格式相同,反复报道量大。各国专利说明书著录格式的要求大体相同,著录项目统一使用国际标准识别代码,并采用统一的专利分类体系,即国际专利分类法等。各国的专利申请书、说明书和权利要求书的撰写要求也基本相同。格式相同极大方便了人们对各国专利说明书的阅读和利用。

专利文献的反复报道量大主要是指一个专利可以在多个国家申请,就会在多个国家反复进行出版、公布;在实行早期公开、延迟审查专利审批制度的国家,在一件专利的申请、审批过程中要公开内容相同的专利说明书数次。

5.1.2.2　中国专利文献的常用概念

(1) 申请人

即对发明创造的专利权提出申请的单位或个人。我国专利法《中华人民共和国专利法》第六条规定:"执行本单位的任务或者主要是利用本单位的物质技术条件所完成的发明创造为职务发明创造。职务发明创造申请专利的权利属于该单位;申请被批准后,该单位为专利权人。非职务发明创造,申请专利的权利属于发明人或者设计人;申请被批准后,该发明人或者设计人为专利权人。利用本单位的物质技术条件所完成的发明创造,单位与发明人或者设计人订有合同,对申请专利的权利和专利权的归属做出约定的,从其约定。"

(2) 发明人(设计人)

即实际从事发明创造工作、对发明创造的实质性特点做出创造性贡献的人。

(3) 专利权人

当专利申请被批准授权以后,一般情况下原申请人就变成了专利权人,对其专利具有独占、使用、处置的权利。专利权人既可以是单位也可以是个人,负有缴纳年费义务。根据《中华人民共和国专利法》第四十三条规定:"专利权人应当自被授予专利权的当年开始缴纳年费。"如发明专利"台车炉水密封方法(200910059227.2)"申请人和专利权人均为德阳思远重工有限公司,发明(设计)人为曾虑危、杨明。

(4) 申请号

申请号是申请人在专利申报时,由国家知识产权局给申请人的受理号。发明专利、实用新型专利和外观设计专利三种专利申请号均由12位数字组成,包括申请年号、申请种类号和申请流水号三个部分。按照由左向右的次序,专利申请号中的第1～4位数字表示受理专利申请的年号;第5位数字表示专利申请的种类,1表示发明专利申请,2表示实用新型专利申请,3表示外观设计专利申请,8表示进入中国国家阶段的PCT发明专利申请,9表示进入中国国家阶段的PCT实用新型专利申请;第6～12位数字(共7位)为当年申请流水号,表示受理专利申请的相对顺序;第13位即小数点后1位数字为计算机校验码。如申请号201210007430.7,前五位数表示2012年申请的发明专利,后七位数0007430为

2012 年申请的流水号，小数点后 7 为计算机校验码。

(5) 专利号

三种专利授权以后的代号，由原申请号之前添加 ZL 构成，如 ZL200910059227.2。

5.1.2.3 专利文献检索的意义

专利文献检索的主要目的就是要避免重复开发，使自己研发出来的技术、产品、方法、工艺等为自己所用，为自己所有。之所以进行专利文献检索就是要掌握现在在相关行业和技术领域他人已经具有了什么样的生产制造能力和技术水平，同时了解自己准备或将要开发的项目是否落入他人专利的保护范围。也就是说，在某种范围内是否有必要开发某类产品或者某项技术。

专利文献的用途很广泛，但就检索的目的而言，可以概括为以下几个方面：

① 专利检索或查新。任何发明在申请专利之前，必须了解该发明是否具有新颖性和创造性，从而做出是否申请的决策。对专利申请提出异议，或者对有效专利请求无效宣告，也需要进行这种检索。

据国外专利机构调查，有 66% 以上的发明专利最后不能获得授权，其中绝大多数都是因为存在先公开的文献，缺乏新颖性所致。

通过申请前的初步专利检索，可以了解现有技术所需的必要信息，这样可以比较现有技术，描述本申请所具有的有益效果和创造性，以及与现有技术的本质区别，这对于将来的专利审查，尤其是发明专利的实质审查是非常重要的。同时通过申请前的初步检索，可以获得一些相关的对比文件，其中很有可能包含着可以借鉴之处，这有助于申请人完善技术方案，获得最佳的保护效果。

② 侵权检索。一项新技术和新产品投放之前，或者处理专利纠纷时，往往要调查专利的权利状况，如专有权的保护范围和有效期限等，以判断是否侵权。

5.1.3 国际专利分类表

根据中华人民共和国国家知识产权局公告，中国专利局采用国际专利分类法对发明专利和实用新型专利进行分类。

国际专利分类法(IPC, International Patent Classification)是检索各国专利文献的一把共同的钥匙，是美、英、德、法、日等国以及国际专利组织创建的一套统一的专利分类系统。目前已普及到数十个国家。各主要工业国家出版的专利说明书上，都印有国际专利分类号。

国际专利分类法共有 9 个分册，分成部(Section)、大类(Class)、小类(Subclass)、主组(Main Group)、分组(Group)五级。前面的 A、B、C、D、E、F、G、H 8 个分册代表 8 个部，第 9 分册是《使用指南》。《使用指南》是《国际专利分类表》的大类、小类和大组的索引。此外，《使用手册》对《国际专利分类表》

的编排、分类法和分类原则都做了解释和说明,可以帮助使用者正确使用国际专利分类表。

国家知识产权局网站提供了最新的国际专利分类表,可供免费下载。其网址为:"http://www.sipo.gov.cn/wxfw/zlwxxxggfw/zsyd/bzyfl/gjzlfl/201608/t20160831_1289458.html",如图 5-1 所示。

图 5-1 国家知识产权局国际专业分类

IPC 8 个部的内容划分见表 5-1。

表 5-1 IPC 部类划分

类目	部类名	类目	部类名
A 部	人类生活必需(农、轻、医)	E 部	固定建筑物(建筑、采矿)
B 部	作业、运输	F 部	机械工程
C 部	化学、冶金	G 部	物理
D 部	纺织、造纸	H 部	电学

各个部下面设分部,但分部不设类号。分部下面设大类,用两位阿拉伯数字表示。大类下面设小类,以一个字母表示。小类下面是主组和小组,都用阿拉伯数字表示。主组和小组之间用斜线"/"隔开。

一个完整的 IPC 类号如下例所示:A61J3/07。

它的"部""大类""小类""主组""小组"分别是:

A—部：农业。

A61—大类：医学或兽医学；卫生学。

A61J—小类：专用于医学或医药目的的容器；专用于把药品制成特殊的物理或服用形式的装置或方法；喂饲食物或口服药物的器具；婴儿橡皮奶头；收集唾液的器具。

A61J3/00—主组：专用于将药品制成特殊的物理或服用形式的装置或方法。

A61J3/07—小组：制成胶囊或类似口服用小囊丸剂形式。

确定发明创造的国际专利分类号的方法一般有三种：

直接法：直接使用《国际专利分类表》查找专利分类号的方法，也可称为"由上而下"的方法，即先确定发明创造大致所属的部，使用这个部所在的分册，按照目录中给出的大类、小类、主组、小组逐级向下查找。

间接法：通过阅读已有的专利说明书或者查找《化学文摘》《陶瓷文摘》《金属文摘》等报道专利的检索工具间接地得到。

关键词索引法：《关键词索引》是通过事物名称查找国际专利分类号的一个辅助性索引工具。这种索引中的关键词按汉语拼音的字顺排列，其后列出 IPC 类号。

5.2 中国专利文献检索

5.2.1 专利文献检索的概念和方法

5.2.1.1 专利文献检索的概念

专利文献检索的途径有三种：纸件检索、软件检索和网上检索。

在计算机还没有普遍应用到信息检索领域之前，在网络化还没有为信息共享实现最大化提供可能之前，专利检索主要的途径是纸件检索和软件检索。

纸件载体是传统的专利文献形式，但其在专利检索过程中效率低，费时费力，容易散失损坏，而且由于印刷发行周期长，最新的资料检索比较困难。

软件检索通常包括缩微胶片式、计算机磁介质及光盘专利文献检索。微缩胶片式专利文献由于所占空间小，存储密度高、保存寿命长、易于复制等优点得到了很快的发展，成为储藏专利全文的主要手段之一。磁介质主要包括磁带和磁盘，具有存储密度高、体积小、装卸自由、可长期保存等优点，因而一度被广泛应用。当数字存储技术将光盘带入文献收藏领域后，各种形式的专利数据库光盘应运而生。随着计算机技术的发展和普及，光盘数据库在专利检索及专利全文的获取中发挥了重要的作用。但是光盘检索的有限共享性限制了其使用范围，而且更新的速度也有一定的限制。

随着网络技术的发展，网上专利资源以其无可比拟的数据优势及检索方便快捷、不受时空限制等特点受到用户的青睐，成为专利检索的主要方式。网上专利检索已逐步发展并成熟起来，网上专利检索正逐步发展成为最主要且最快捷的检索方式。网上检索速度快、内容新，但不具有法律效力，如要作为证据使用，需要有关部门出示相应的证明，或通过法定认可的部门检索后下载并予以证明才具有法律效力。

5.2.1.2 专利文献检索的方法

专利文献检索的方法很多，总体可分为基本检索和高级检索，如图 5-2 所示。

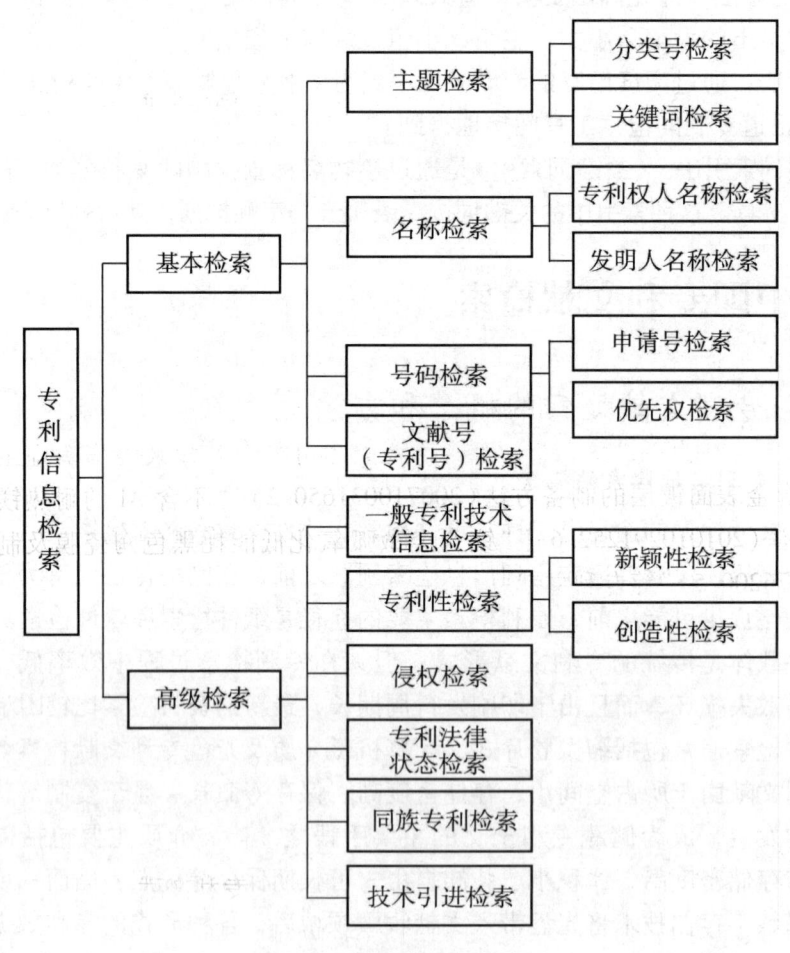

图 5-2 专利信息检索方法

(1) 主题检索

是指就某一技术主题对专利信息进行查找的工作。

①分类号检索。是手工检索的基本方式。如根据分类号"C12G1/00（葡萄酒或起泡葡萄酒的制备）"检索，可检索得到"一种保健葡萄酒（201210495647.7）""保健葡萄酒（201210495757.3）""在含酒精的液体组合物中悬浮颗粒的方法及其对应的液体组合物（201080068617.7）"等专利文献。

②关键词检索。利用专利技术主题的关键词，直接从关键词检索入手，利用计算机查找含有该关键词的专利文献。如根据关键词"船舶""OPC"，可检索得到"一种基于OPC技术的船舶机舱数据采集与监测系统（201110400267.6）""一种船舶电力监控网络的状态监测方法及系统（201210125912.2）"。另一种是利用按专利技术主题的关键词编排的专利分类表关键词索引，从关键词入手，查找该关键词在专利分类中的分类位置，再结合专利分类表，确定所需查找的技术主题的分类号。

(2) 名称检索

是利用已知的专利权人、专利受让人、专利申请人或者发明人的名称作为专利检索线索，对专利文献进行查找的工作。

①专利权人名称检索。是指以某一专利申请人或者专利权人，或者专利受让人名字作为专利检索线索，查找该专利申请人或者专利权人或者专利受让人拥有的某一特定或者全部专利或者专利申请的有关信息。例如，以专利权人名称"华南理工大学"，关键词"镁合金""制备"检索，可得专利权人为华南理工大学的"镁及镁合金表面镀层的制备方法（200710031650.2）""不含Al的耐热镁合金及其制备方法（201010291252.6）""镁合金微弧氧化低能耗黑色陶瓷膜及制备方法（201210476200.5）"等专利文献。

②发明人名称检索。发明人、设计人检索是指以某一发明专利或者实用新型专利的发明人、外观设计专利的设计人的名字作为专利检索线索，查找该发明人或者设计人拥有的某一特定领域或者全部专利或者专利申请的有关信息。例如，需了解发明人"王振民"，在分类号"B23K9 电弧焊接或电弧切割"的相关专利信息，可通过发明人为"王振民"、分类号为"B23K9"进行检索，可得"基于ARM的嵌入式数字化多功能逆变式软开关弧焊电源（200710031393.2）""全数字化双逆变型交变磁控电弧发生装置（200910193428.1）"等专利文献。

(3) 号码检索

以某一专利或者专利申请的特定号码作为专利检索线索，查找该专利或者专利申请的有关信息。

①申请号检索。以某一专利或者专利申请的申请号作为专利检索线索，查找

该专利或者专利申请的文献号或者有关信息。

②优先权检索。以某一专利或者专利申请的优先权作为专利检索线索，查找该专利或者专利申请的文献号或者有关信息。

优先权项是指同族专利中基本专利的申请号、申请国别、申请日期。由于同族专利或相同专利都有相同的优先权项，故通过优先权项可以方便快捷地检索出同一发明的全部同族专利。通过某一项发明创造的同族专利数量及申请国别，可以对该项技术的潜在经济价值进行评价，为技术引进提供依据，为产品出口避开对方的专利保护区提供情报。在实际中，可以直接从某一确定的检索入口进行检索，也可以将多个检索入口结合起来进行检索。为了扩大检索范围，可以从检出的专利中寻找更多的检索入口，继续进行检索。

(4) 文献号（专利号）检索

以某一专利或者专利申请的文献号作为专利检索线索，查找该专利或者专利申请的其他有关信息。

专利文献号是具有唯一性的用于索取专利文献的依据，是从号码角度检索专利文献的检索入口。包括：公开号、公告号、专利号。人们可以从此入手检索同族专利或者查询该专利的法律状态，可以根据某一专利的专利号码进一步查找该专利的文摘或者全文，可以检索到它的同族专利或者相同专利，还可以进一步得到分类号和优先权信息，从而扩大检索范围。

(5) 一般专利技术信息检索

从任意一个技术主题对专利文献进行检索，从而找出一批参考文献的过程。专利技术信息检索又可分为追溯检索和定题材检索。追溯检索是指人们利用检索工具，由近而远地查找专利技术信息工作。定题检索是指在追溯检索的基础上，定期从专利数据库中检索出追溯检索日之后出现的新的专利文献的工作。追溯检索可以帮助人们尽可能多地获取与科研课题相关的专利技术资料，有助于形成决策，减少重复劳动，提高研究起点。而定题检索可以帮助研究人员在科研开题后及时获取国内外与其科研课题相关的新科技动态。

(6) 专利性检索

检索者确定申请专利的发明创造是否具有新颖性、创造性，是否可以被授予专利权。

①新颖性检索。是指专利审查员、专利申请人或代理人为确定申请专利的发明创造是否具有新颖性，从发明创造的主题对包括专利文献在内的各种公开出版物进行的检索。

②创造性检索。专利审查员为对某项申请专利的发明创造获得专利权的可能性进行判断而进行的检索，它是在确定发明创造的新颖性基础上，再检索出若干

件用以确定发明的创造性的对比文献。

(7) 侵权检索

是防止侵权检索和被动侵权检索的总称。防止侵权检索是指为避免发生专利纠纷而主动对某一新技术新产品进行的专利检索。当人们开发出新产品准备投放市场时,为避免新产品侵犯别人的专利权时使用。被动侵权检索则是指被别人指控侵权时进行的专利检索,主要是为了保护自己的利益反诉专利无效时使用。

(8) 专利法律状态检索

对专利的时间性和地域性进行的检索。它分为专利有效性检索和专利地域性检索。专利有效性检索是指对一项专利或者专利申请当前所处的状态进行的检索,其目的是了解该项专利是否有效。专利地域性检索是指对一项发明创造都在哪些国家和地区申请了专利进行的检索,其目的是确定该项专利申请的国家范围。

当产品出口时,应该选择防止侵权检索和专利地域性检索。

(9) 同族专利检索

对一项专利或者专利申请在其他国家申请专利并被公布等有关情况进行的检索。该检索的目的是找出该专利或者专利申请在其他国家公布的文献(专利)号。

(10) 技术引进检索

指把专利检索中的专利技术信息检索和专利法律状态检索结合到一起交叉进行的综合性专利文献检索,其目的是为对引进的技术做综合性评价提供依据。

5.2.2 国内几种网络检索系统

5.2.2.1 国家知识产权局专利检索及分析系统

国家知识产权局是国务院主管专利工作和统筹协调涉外知识产权事宜的直属机构。国家知识产权局专利检索及分析入口:"http://www.pss-system.gov.cn/"。

系统可免费注册使用,主要功能包括检索:常规检索、表格检索、药物专题检索、检索历史、检索结果浏览、文献浏览、批量下载等;分析:快速分析、定制分析、高级分析、生成分析报告等。

数据范围:截至 2017 年,系统收录了 103 个国家、地区和组织的专利数据,以及引文、同族、法律状态等数据信息,其中涵盖了中国、美国、日本、韩国、英国、法国、德国、瑞士、俄罗斯、欧洲专利局和世界知识产权组织等。

数据更新:中外专利数据,每周三;同族、法律状态数据,每周二;引文数据,每月更新。

其检索功能包括常规检索和高级检索,如图 5-3 所示。

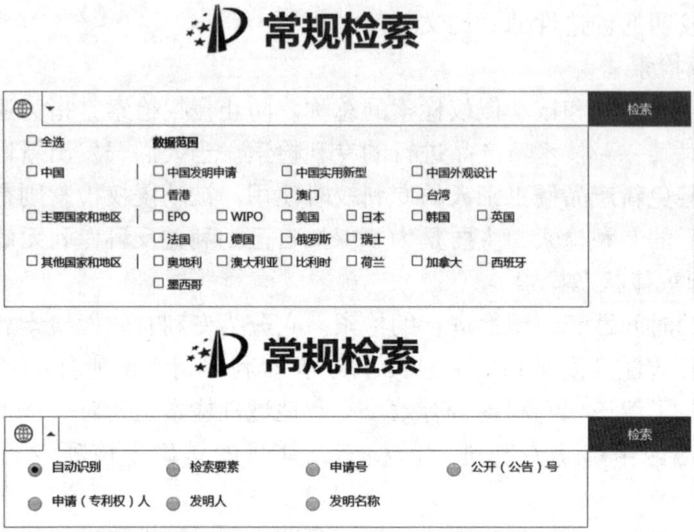

图 5-3　国家知识产权局专利检索及分析系统常规检索界面

如需根据特定条件进行检索，可使用高级检索功能。如需检索格力公司 2015 年以来申请的名称中包含"空调"和"节能"的专利，可在检索字段"发明名称"中输入检索词"空调 AND 节能"，在检索字段"申请日"中输入检索词" > = 20150101"，在检索字段"申请（专利权）人"中输入检索词"格力"，如图 5-4 所示。

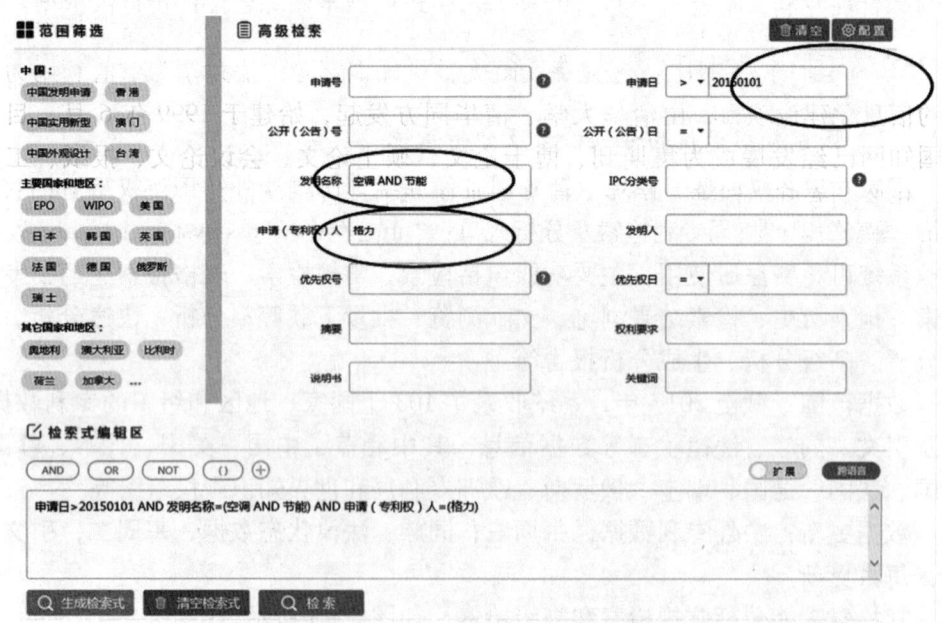

图 5-4　国家知识产权局专利检索及分析系统高级检索界面

部分检索结果如图 5-5 所示。

申请号	申请日	公开(公告)号	公开(公告)日	发明名称	申请(专利权)人
CN201610839703	2016.09.21	CN106352486A	2017.01.25	一种空调的节能控制方...	珠海格力电器股份有...
CN201610561892	2016.07.13	CN106016851A	2016.10.12	一种冷凝器散热系统和...	珠海格力电器股份有...
CN201620751352	2016.07.13	CN205980458U	2017.02.22	一种冷凝器散热系统和...	珠海格力电器股份有...
CN201610261290	2016.04.25	CN105953602A	2016.09.21	一种用于冷却塔的节能...	珠海格力电器股份有...
CN201610035430	2016.01.19	CN105526679A	2016.04.27	空调器节能控制方法及...	珠海格力电器股份有...
CN201510706628	2015.10.23	CN105157185A	2015.12.16	一种空调自动节能系统...	珠海格力电器股份有...
CN201520835767	2015.10.23	CN205066047U	2016.03.02	一种空调自动节能系统...	珠海格力电器股份有...

图 5-5 国家知识产权局专利检索及分析系统部分检索结果

国家知识产权局还提供中国及多国专利审查信息查询，其入口为："http://cpquery.sipo.gov.cn/"。

5.2.2.2 中国知网专利数据库

国家知识基础设施（CNKI，National Knowledge Infrastructure）的概念由世界银行于 1998 年提出。CNKI 工程是以实现全社会知识资源传播共享与增值利用为目标的信息化建设项目，由清华大学、清华同方发起，始建于 1999 年 6 月。目前中国知网已经发展成为集期刊、博士论文、硕士论文、会议论文、报纸、工具书、年鉴、专利、标准、国学、海外文献资源于一体的，具备国际领先水平的网络出版平台。

中国知网专利数据库包含《中国专利全文数据库（知网版）》和《海外专利摘要数据库（知网版）》。专利相关的文献、成果等信息来源于 CNKI 各大数据库。可以通过申请号、申请日、公开号、公开日、专利名称、摘要、分类号、申请人、发明人、优先权等检索项进行检索。国内专利可一次性下载专利说明书全文。数据库文献来源为国家知识产权局知识产权出版社。与通常的专利数据库相比，其显著优势在于《中国专利全文数据库》（知网版）和《海外专利摘要数据库（知网版）》每条专利的知网节集成了与该专利相关的最新文献、科技成果、标准等信息，可以完整地展现该专利产生的背景、最新发展动态、相关领域的发展趋势，可以浏览发明人与发明机构更多的论述以及在各种出版物上发表的文献。

数据库入口为："http://www.cnki.net/"，如图 5-6 所示。

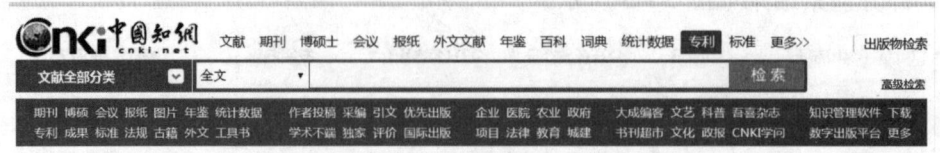

图 5-6　中国知网主界面

中国知网专利检索分为中国专利检索和海外专利检索。专利数据包括专利全文和专利题录。专利的检索方式包括一框式检索、高级检索、专业检索，如图 5-7 所示。与中国知网其他检索项目相比，除检索项不同，专利增加了申请日、公开日检索，海外专利增加了国别分类。

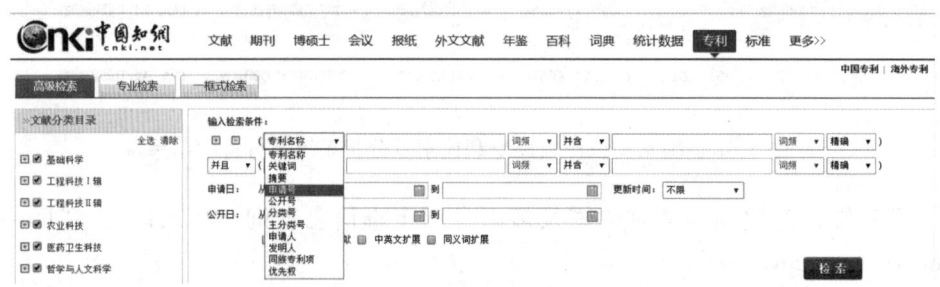

图 5-7　中国知网专利高级检索界面

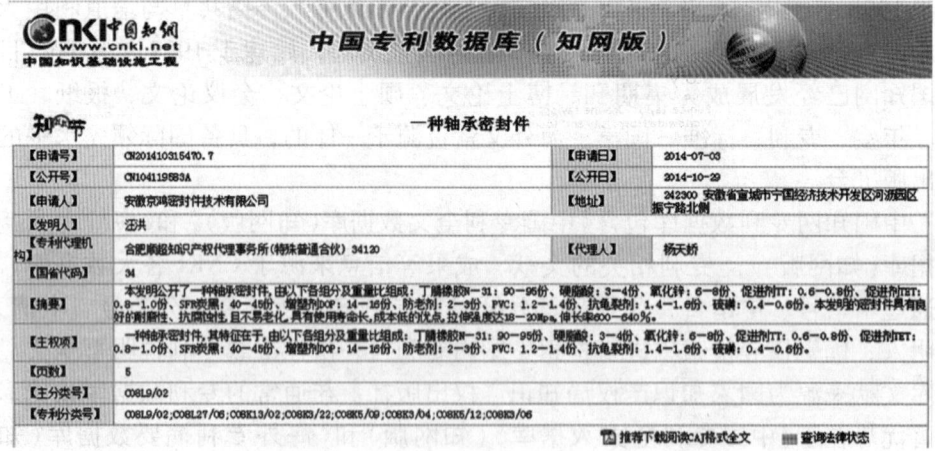

图 5-8　中国知网国内专利检索结果示例——一种轴承密封件（Ⅰ）

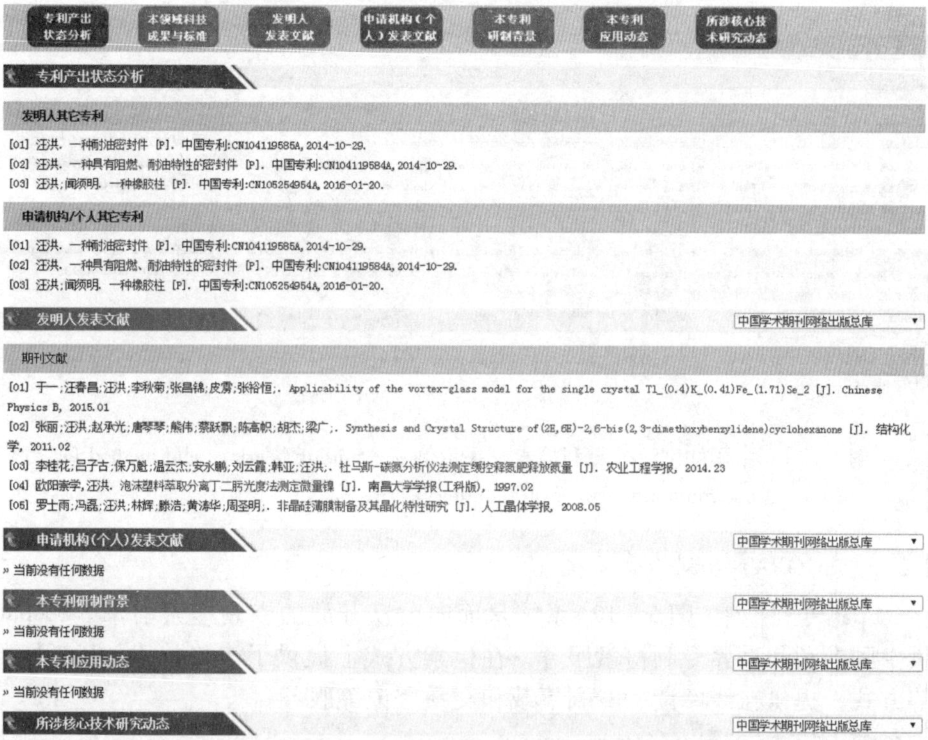

图5-9 中国知网国内专利检索结果示例——一种轴承密封件(Ⅱ)

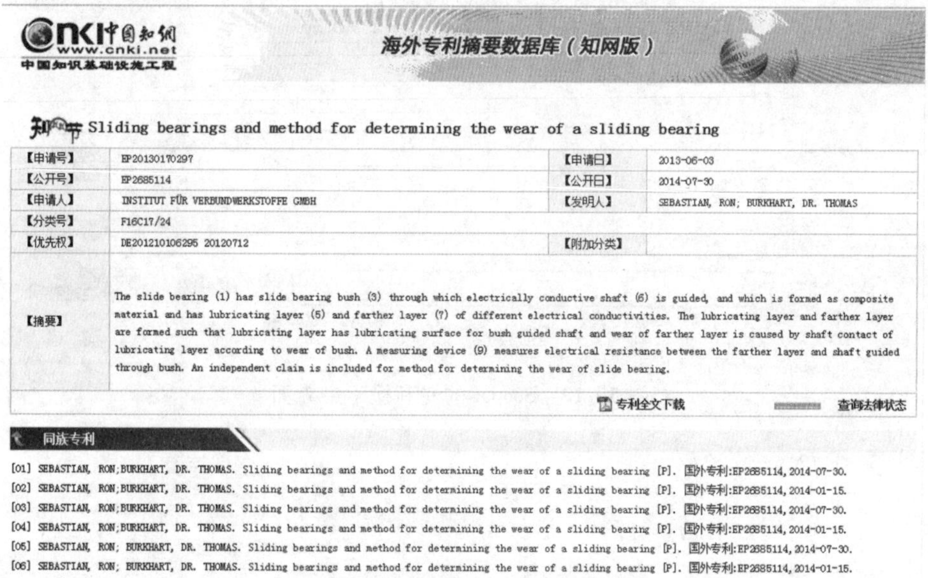

图5-10 中国知网海外专利检索结果示例——Sliding bearings and method for determining the wear of a sliding bearing(Ⅰ)

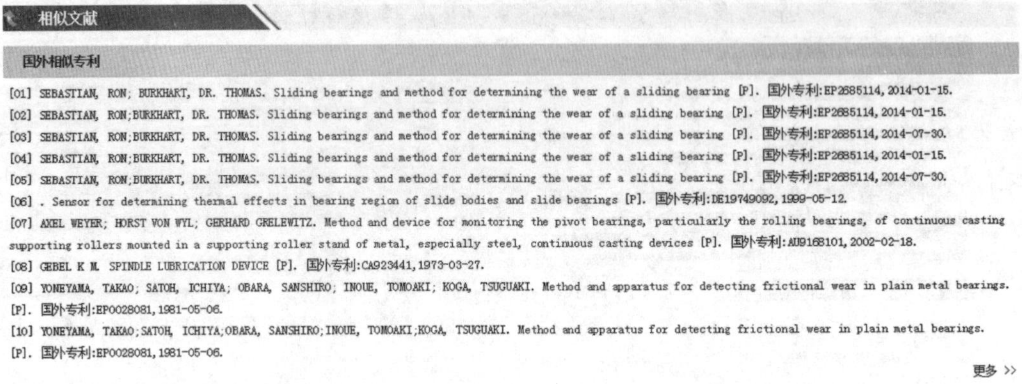

图 5-11 中国知网海外专利检索结果示例——Sliding bearings and method for determining the wear of a sliding bearing(Ⅱ)

5.2.2.3 SOOPAT 专利检索系统

Soopat 专利检索(图 5-12)系统是面向公众开放的专利搜索引擎。Soopat 可提供中国专利和世界专利检索服务，在检索方式上提供了表格检索、IPC 分类检索等方式，提供在线阅读、专利下载和交易登记等服务。

系统入口为："http://www.soopat.com/"。

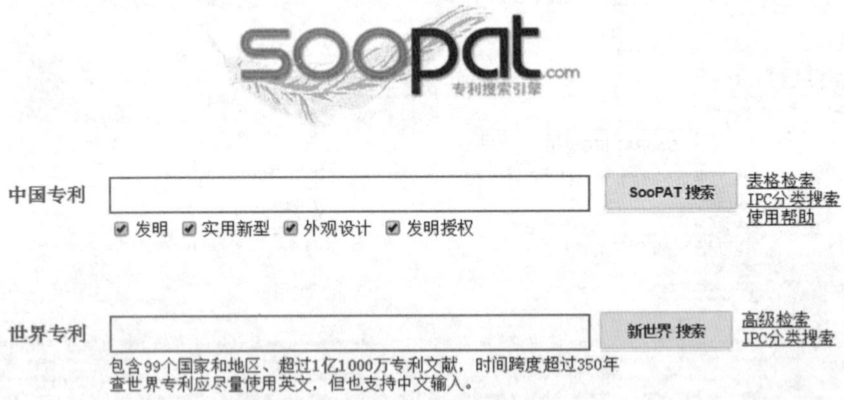

图 5-12 Soopat 的专利检索主界面

第 5 章　专利和标准文献检索　　155

图 5-13　Soopat 的表格搜索界面

图 5-14　Soopat 的 IPC 分类搜索界面

5.2.2.4 中国知识产权网专利信息服务平台

中国知识产权网专利信息服务平台入口:"http://search.cnipr.com/"。

免费注册用户可使用的功能包括:简单检索、智能检索、表达式检索、失效专利检索、中国法律状态检索等。

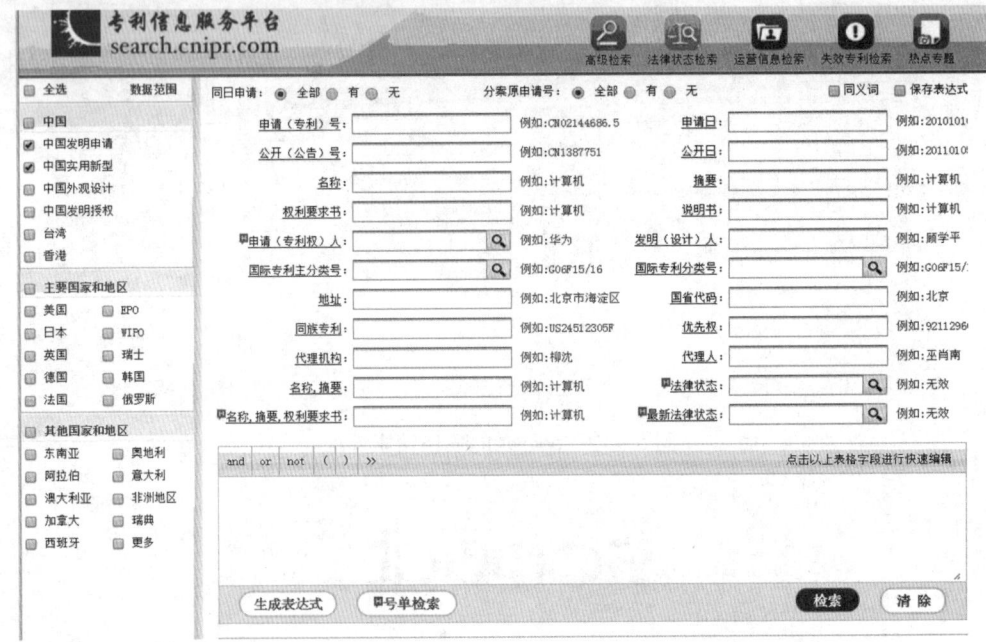

图 5-15 中国知识产权网专利信息服务平台检索界面

5.3 国外专利文献检索

5.3.1 美国和欧洲专利检索

5.3.1.1 美国专利检索

美国专利包括发明专利(Utility Patent,保护期限为自申请日起 20 年)、外观设计专利(Design Patent,保护期限为自申请日起 14 年)、植物专利(Plants Patent、保护期限自申请日起 20 年)以及依法登记的发明(Statutory Invention Refistration)等。

美国专利可通过美国专利商标局专利数据库等方式查询,其网址:"http://patft.uspto.gov"。

该系统是美国专利商标局建立的官方检索系统,可免费获取1790年以来的美国各种专利的数据。数据库内容每周更新一次。

该专利数据库包括：

PatFT：美国专利授权数据库；

AppFT：美国专利申请数据库；

Assignment Database：专利权转移检索数据库；

Public PAIR：美国专利申请状态查询数据库；

Searching by Class：美国专利分类检索；

Sequence Listing：美国专利基因序列表检索；

Attorneys and Agents：美国专利律师和专利代理检索；

WithDrawn Patents：美国撤回专利数据库。

5.3.1.2 欧洲专利检索

(1)《欧洲专利公约》

EPC，European Patent Convention，是在1973年正式通过的多边协定,以成立独立自主的欧洲专利局,以及制定一套各成员国可共同采用的颁授专利的法制。

EPC是一个地区性的国家间的专利组织,只对欧洲国家开放。

(2) 欧洲专利

根据欧洲专利公约颁授的专利称为欧洲专利,其特点主要是:一项申请,多国保护。采用英、法、德三种语言。欧洲专利仅专利一种类型,欧洲专利保护期自申请日起20年。

(3) Espacenet 专利检索系统

欧洲专利局提供。可检索90多个国家的7 000多万件专利申请,提供著录项目、摘要、全文、引文和专利族信息,提供说明书的英语、法语、德语、西班牙语、波兰语、瑞典语等多文种互译。网址："http://worldwide.espacenet.com"。

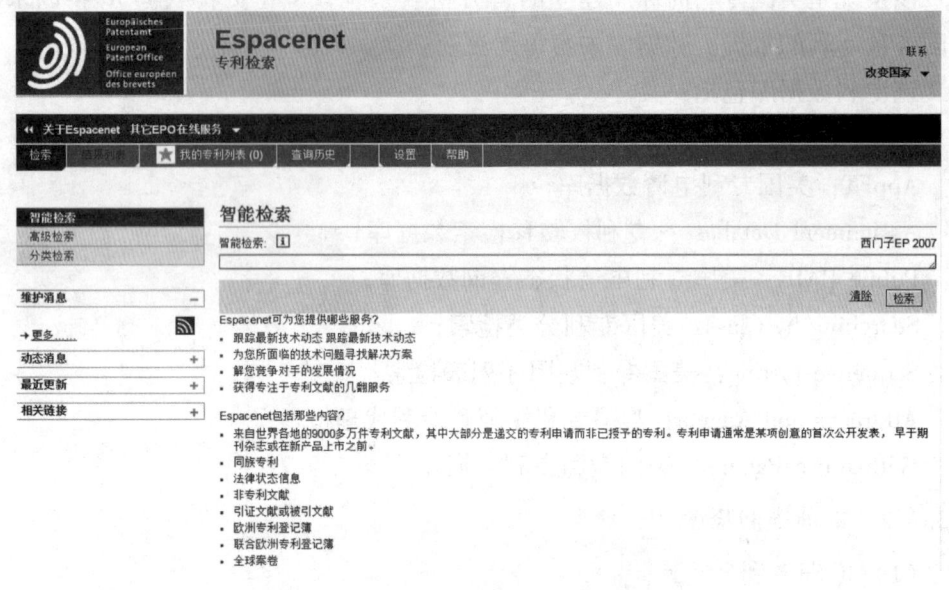

图 5-16　Espacenet 专利检索系统界面

5.3.2　德温特检索系统

5.3.2.1　德温特检索系统简介

德温特(Derwent)出版公司是英国一家专门从事专利情报的机构,是全球最权威的专利情报和科技情报机构之一,创立于 1951 年。Derwent 公司隶属于全球最大的专业信息集团——Thomson 集团,并与姐妹公司 ISI、Delphion、Techstreet、Current Drugs、Wila 等著名情报机构共同组成 Thomson 科技信息集团。

德温特公司的专利索引体系,具有报道国家广、专业面全、出版迅速、检索途径多等优点,是世界上享有盛誉的专利检索工具。其收录了来自世界 40 多个专利机构的 1 千多万个基本发明专利,3 千多万个专利,数据可回溯至 1963 年。专利信息每周更新,每周约增加来自 40 多个专利机构的 25 000 多个专利,分为 Chemical Section、Electrical & Electronic Section、Engineering Section 3 部分,为研究人员提供世界范围内的化学、电子电气以及工程技术领域综合全面的发明信息。由世界专利索引(World Patent Index)及专利引文索引(Patent Citation Index)两部分构成。

5.3.2.2　德温特专利分类法和专利字段

(1)德温特专利分类法

德温特专利分类号采用简单分类系统对专利文献进行分类。其分类号是从应用性角度编制的,用一个英文字母加两个数字表示一定的技术内容。如 X22 代表汽车电工学，M12代表化学清洗剂。

在德温特专利数据库中，专利分为化学、工程、电子电气三大类。

大类之下分为部：化学(A-M)、工程(P-Q)、电子电气(S-X)。

部进一步分为小类，总共有288个小类。

德温特分类表附在化工专利索引(CPI)、电气专利索引(EPI)、一般与机械专利索引(GMPI)等文摘周报和目录周报(WPIG)各个分册上。每个德温特分类号后面附有相应的国际专利分类号。

(2) 德温特专利字段

标题：由德温特摘录人员编写的简要描述性英文标题，目的在于突出专利说明中所披露发明的内容和新颖性。

专利号：列出的专利号适用于专利家族的所有成员。专利号是由专利授予机构分配给每个专利文献的序列号。德温特输入代表文献发表国家/地区的两个字符的世界知识产权组织(WIPO)国家/地区代码，后面跟随序列号(最多10位数)和指示文献类型或出版阶段的状态代码。数字序列专利号的格式为CCNNNNNNNN，其中"CC"是WIPO国家/地区代码，"N"是序号。包含年份元素的专利号的格式为CCYYYYNNNNN，其中"CC"是WIPO国家/地区代码，"YYYY"是两位数字的年份(2001年之前)或四位数字的年份(2001年以后)，"N"是序号。日本文献使用特殊格式来区分未经审查的申请、依照旧法审查的专利和依照新法批准的专利。从2001年1月1日起，日本专利局为基于西式纪年的专利申请(A文献)引入了新的编号系统，使用YYYY格式取代了天皇纪年。

发明人：发明人的姓名格式为"姓氏名字首字母"。姓氏最多可以包含30个字符，后跟空格和最多3个首字母缩写。1992年之前输入的记录限制最多八位发明人(苏联专利例外，它们仍然限制为三位发明人)。1978—1980年间发明人姓名限制为最多三个，每个姓名最多10个字符。不包括日本专利的发明人姓名。

专利权人名称和代码：依法受让全部或部分专利权利，并由德温特为其分配4个字符的唯一代码的个人或法人团体。为规范公司名称，德温特为全世界大约21 000家公司分别指定了一个4字符的代码。这些公司被视为标准公司，它们会定期申报大量专利申请。使用这些代码可检索公司的子公司和相关控股公司。至于其他公司和个人专利权人，系统会为其指定一个非标准的由4个字符组成的代码，该代码不具有唯一性。

专利权人代码显示为：

ABCD-C（标准公司）；

ABCD-N 非标准；

ABCD-R 苏联机构；

ABCD-I 个人。

主入藏号：Derwent 为每个专利家族中的第一个专利分配的唯一识别码，因此也是分配给为该专利家族创建的记录的唯一识别码，供同族相同专利共用。每个识别码的格式为出版年加上六位序列号：YYYY – NNNNNN。

手工代码：德温特手工代码分为 CPI 手工代码和 EPI 手工代码两部分，是德温特分类中化学类和电气类的进一步分级，用于表明该专利的技术创新等。

5.3.2.3 德温特创新检索

德温特创新索引是 Thomsom Derwent 和 Thomson ISI 共同开发的建立在 ISI Web of Knowledge 检索平台上的专利信息检索系统。DII 集成了 World Patent Index 及 Patent Citation Index 中的记录，提供强大的检索功能，是查找全世界范围内专利信息的有力工具。用户不仅可以检索专利信息，而且可以通过其检索到专利的引用情况。通过专利之间的引用与被引用，检索者可以方便迅速地跟踪技术的最新进展，并可以利用 ISI Web of Science 双向连接，深入理解基础研究与应用技术的互动与发展，进一步推动研究向应用转化。

德温特创新索引包括一般检索、被引专利检索、化合物检索、高级检索等 4 种。其检索界面包括英文、简体中文等，如图 5 – 17 所示。

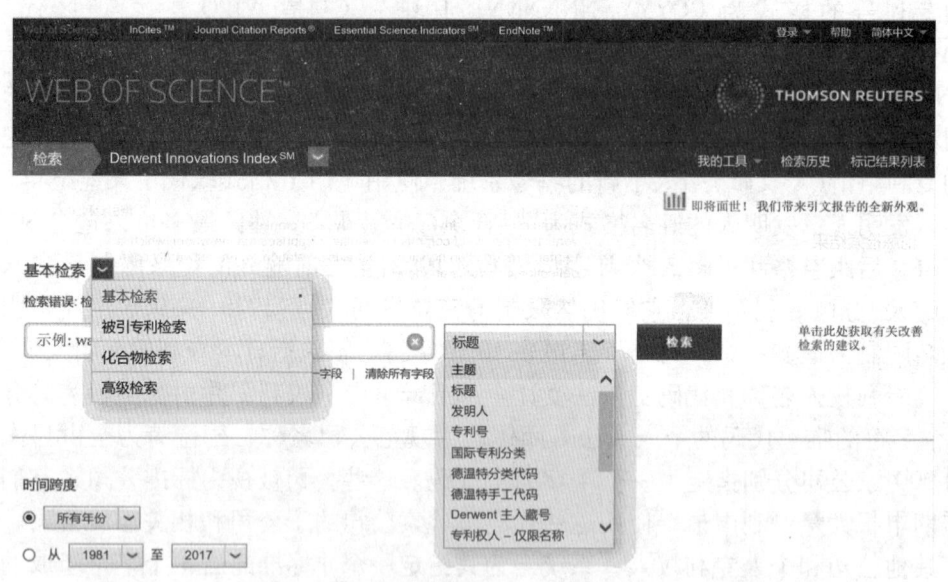

图 5 – 17　德温特创新索引（DII）中文界面

德温特创新索引（DII）提供了主题、标题、发明人、专利号、德温特主入藏号、专利权人等多种检索方式，并可以通过国际专利分类、德温特分类代码进行检索。

例如，以国际专利分类号 F03B 1/00（冲击式发动机，即带有高速液体的射流冲击在装有叶片或类似物的转子上的涡轮机,例如皮尔顿式水轮机;其专用部件或零件)进行检索。在此应注意,DII 系统输入国际专利分类号格式与部分检索系统稍有不同,在 F03B 和 1/00 之间加"-",另外主组前用 0 补齐三位数。在 DII 中检索输入格式为"F03B-001/00",如图 5-18~图 5-20 所示。

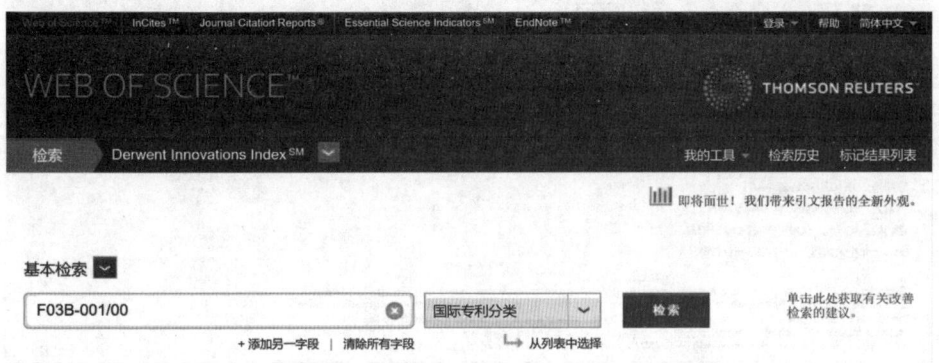

图 5-18　德温特创新索引(DII)检索输入界面

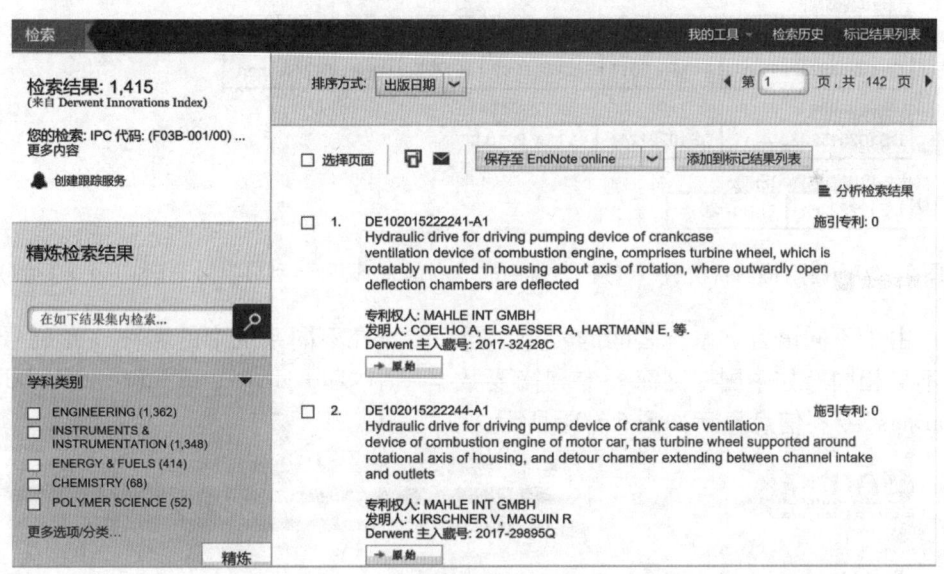

图 5-19　德温特创新索引(DII)检索结果(国际专利分类号:F03B -001/00)

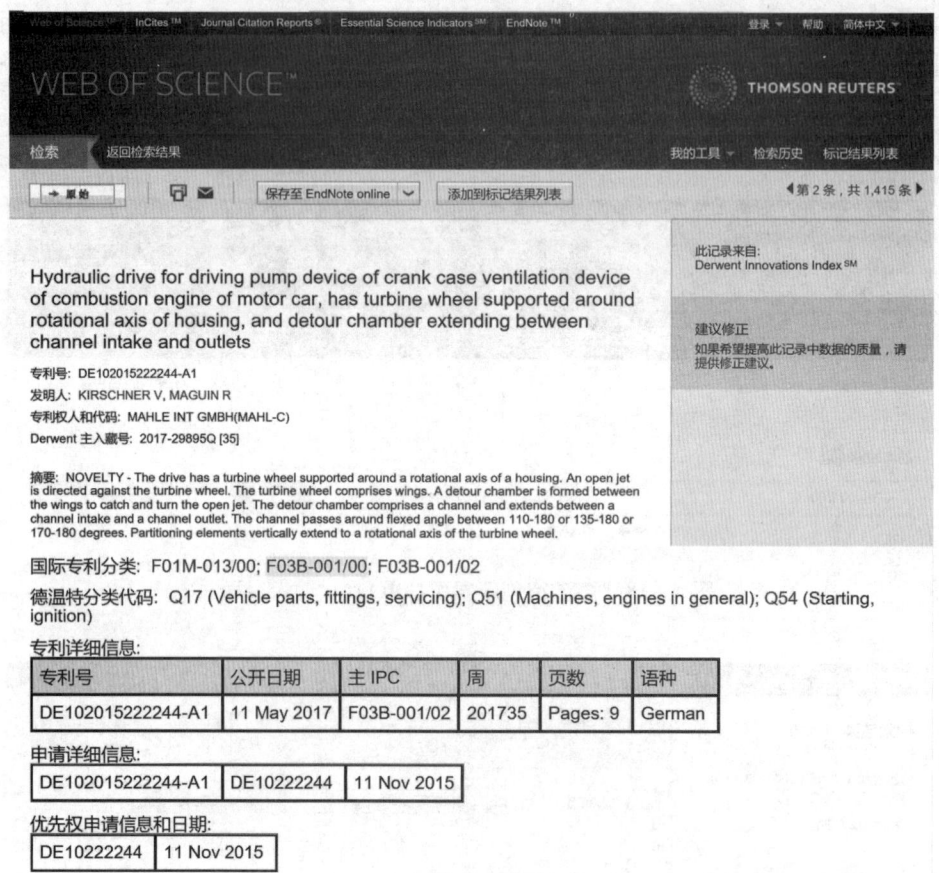

图 5-20　德温特创新索引(DII)检索得到的专利信息(国际专利分类号：F03B-001/00)

由于不同语言、系统之间的差异，同一专利在不同系统中的名称、专利号等也不尽相同。如中国知网海外专利摘要数据库中"Dirt grooves in lubricated sliding bearings"专利信息显示如图 5-21 所示。

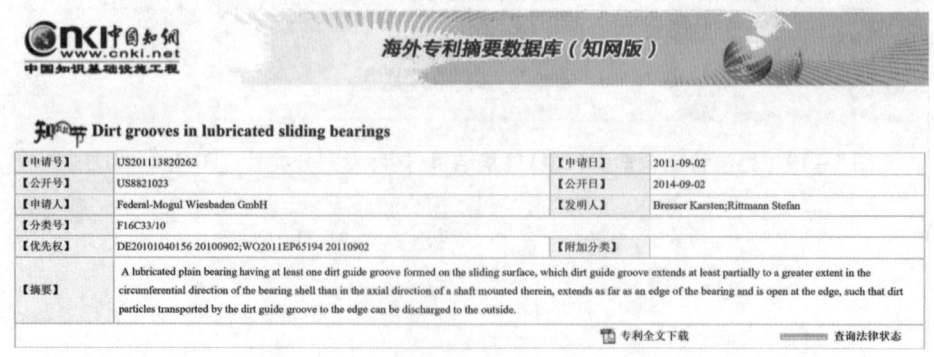

图 5-21　DII 与中国知网海外专利检索结果对比(I)

在 DII 系统该专利的专利号为其在中国知网中的公开号，将“US8821023”作为专利号在 DII 中检索结果如图 5－22 所示。

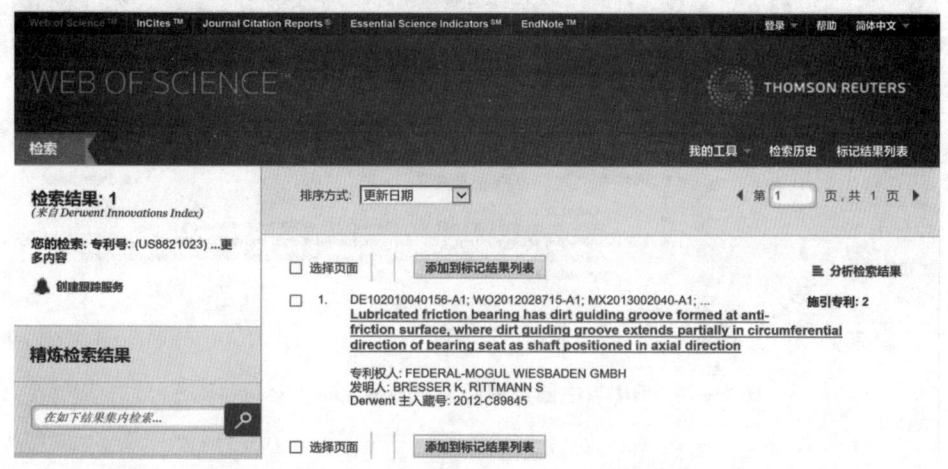

图 5－22　DII 与中国知网海外专利检索结果对比(II)

对中国专利“一种基于 OPC 技术的船舶机舱数据采集与监测系统”，在中国知网专利数据库中显示如图 5－23 所示。

一种基于OPC 技术的船舶机舱数据采集与监测系统

【申请号】	CN201110400267.6	【申请日】	2011-12-05
【公开号】	CN102520655A	【公开日】	2012-06-27
【申请人】	大连海事大学	【地址】	116026 辽宁省大连市甘井子区凌海路1号
【发明人】	沈智鹏;张炳权;徐野;刘玉博		
【专利代理机构】	大连东方专利代理有限责任公司 21212	【代理人】	李洪福
【国省代码】	21		
【摘要】	本发明公开了一种基于OPC技术的船舶机舱数据采集与监测系统,包括OPC机舱监测系统、OPC机舱数据访问服务器、串口模块、CAN模块、数字量采集卡模块和模拟量采集卡模块,所述的OPC机舱监测系统与OPC机舱数据访问服务器采用基于OPC接口技术规范进行相互通讯,所述的数字量采集卡模块和模拟量采集卡模块均为智能采集卡,所述的OPC机舱监测系统遵循OPC规范的技术标准。本发明采用的数字量采集卡模块通过8位拨码开关进行其工作模式和地址的设定,可以最大化利用采集卡的采集点资源。本发明由于采取OPC规范的技术标准设计开发船舶机舱状态监测软件系统可以很好地解决软件系统中硬件设备通讯驱动程序重复开发问题。		

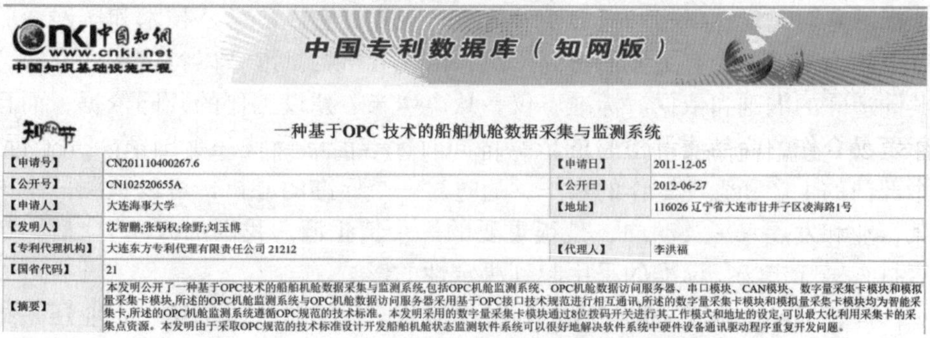

图 5－23　DII 与中国知网海外专利检索结果对比(III)

该专利在中国知网中显示的公开号为“CN102520655A”，在 DII 中可通过专利号“CN102520655”检索到该专利，如图 5－24 所示。

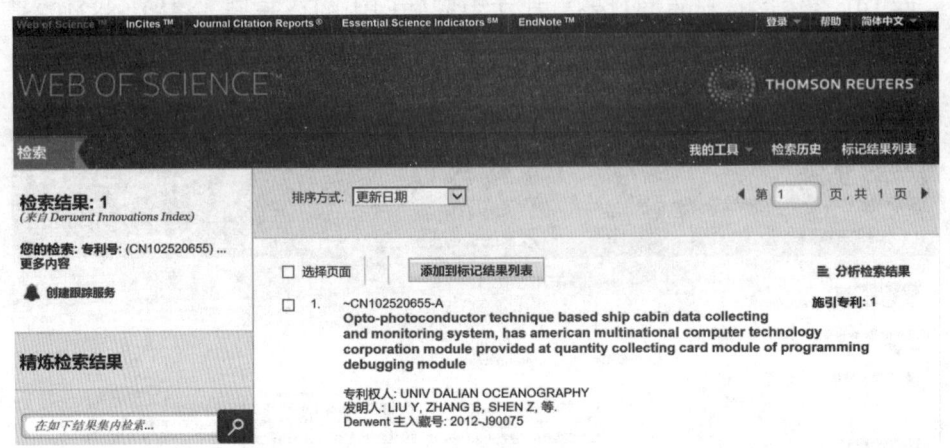

图 5-24 DII 与中国知网海外专利检索结果对比(Ⅳ)

5.4 标准文献的概念

5.4.1 标准的概念

标准是对重复性事物和概念所做的统一规定，它以科学、技术和实践经验的综合成果为基础，经有关方面协商一致，由主管机构批准，以特定形式发布，作为共同遵守的准则和依据。标准不仅是从事生产、建设工作的共同依据，而且是国际贸易合作，商品质量检验的依据。同时标准能够反映一个国家、一个行业、一个部门的生产和管理工作的水平，通过对一个标准的分析，可以预测一个国家或某行业和发展水平及动向，是很重要的一个情报源。我国加入 WTO 后，产品能否打入国际市场，标准的采用起到决定性的影响。

因此，标准文献是一种重要的科技出版物。无论是科研单位、企业还是每个人都要有强烈的标准意识，依据标准组织各项管理、组织各项生产，使各项事物的管理科学化、规范化、国际化。

5.4.2 标准的类型和作用

5.4.2.1 标准的类型

标准的类型按适用范围划分，分为国际标准、区域标准、国家标准、地方标准、行业标准、企业标准等；按标准化的对象划分，则分为技术标准、管理标准和工作标准 3 大类。在我国，国家标准和行业标准按约束力又分为强制性标准、推荐性标准和指导性技术文件 3 种。

标准有明确的适用范围和用途，一项标准只适合于某一具体领域或用途；标准有统一的产生过程、统一的编制格式和叙述方法；强制性标准具有法律约束性；标准具有时效性，只在一定时间内有效，随着技术的改进和发展，旧的标准被现行标准（新标准）所替代，成为作废标准。

如根据中国国家标准化管理委员会2016年第23号中国国家标准公告，国家质量监督检验检疫总局、国家标准化管理委员会批准《新型智慧城市评价指标》等292项国家标准和23项国家标准外文版，部分标准替代情况如表5-2所示。

表5-2 2016年第23号中国国家标准公告中部分标准替换情况

序号	标准号	标准名称	代替标准号	实施日期
1	GB/T 218—2016	煤中碳酸盐二氧化碳含量测定方法	GB/T 218—1996	2017-07-01
2	GB/T 260—2016	石油产品水含量的测定蒸馏法	GB/T 260—1977	2017-07-01
3	GB/T 479—2016	烟煤胶质层指数测定方法	GB/T 479—2000	2017-07-01
4	GB/T 546—2016	霍尔锚	GB/T 546—1997	2017-07-01
5	GB/T 1003—2016	家用和类似用途三相插头插座 型式、基本参数和尺寸	GB 1003—2008	2017-07-01
6	GB/T 1186—2016	压缩空气用织物增强橡胶软管规范	GB/T 1186—2007	2017-07-01
7	GB/T 1222—2016	弹簧钢	GB/T 1222—2007	2017-09-01
8	GB/T 1408.1—2016	绝缘材料 电气强度试验方法 第一部分：工频下试验	GB/T 1408.1—2006	2017-07-01
9	GB/T 1408.2—2016	绝缘材料 电气强度试验方法 第二部分：对应用直流电压试验的附加要求	GB/T 1408.2—2006	2017-07-01
10	GB/T 1408.3—2016	绝缘材料 电气强度试验方法 第三部分：1.2/50μs冲击试验补充要求	GB/T 1408.3—2007	2017-07-01

5.4.2.2 标准文献的作用

标准化的目的是对在经济、技术、科学管理等实践中重复事情和概念通过制定、发布和实施标准，达到统一，以获得最佳次序和社会效益。在依赖技术的现代经济中，标准对经济有着重大而复杂的影响。标准文献是技术标准、技术规范和技术法规的总称。广义的标准文献还包括标准形成过程中的各种档案、宣传推广标准的手册及其他出版物、揭示报道标准文献信息的目录、索引等。

标准文献主要有以下几个方面的作用：

①可了解各国经济政策、技术政策、生产水平、资源状况和标准水平。

②在科研、工程设计、工业生产、技术转让等中使用，有助于克服技术交流的障碍。

③国内外先进的标准可用于推广研究、改进新产品、提高新工艺和技术水平。

④成为鉴定工程质量、校验产品、控制指标和统一试验方法的技术依据。

⑤可以简化设计、保证质量、缩短时间、节省人力、减少不必要的试验及计算。

⑥进口设备可按标准文献进行装备、维修、配制某些零件。

⑦有利于企业或生产机构经营管理活动的统一化、制度化和规范化。

5.4.3 标准文献的编号

标准编号是标准文献的重要外部特征。其编号方式上的固定化使得标准编号成为检索标准文献的重要途径。

无论是国际标准还是各国标准，在编号方式上均遵循一种固定格式，通常为"标准代号＋流水号＋年代号"。如中国的工业用乙醇国家标准编号为 GB/T 6820—2016。

5.4.3.1 中国国家标准的编号

1988 年 12 月 29 日，我国发布了《标准化法》，从 1989 年 4 月 1 日起实施。1990 年 4 月 6 日，我国发布了《标准化法实施条例》。

我国国家标准及行业标准的代号一律用两个大写汉语拼音字母表示，编号由标准代号、顺序号和批准年份组合而成。如变性燃料乙醇国家标准编号 GB 18350—2013。

强制性国家标准用 GB 表示，如烧碱、聚氯乙烯工业污染物排放的国家标准编号为 GB 15581—2016。其中 GB 为强制性国家标准代号，15581 为标准发布顺序号，2016 为标准发布年份。

推荐性国家标准用 GB/T 表示，如热处理清洗废液回收及排放技术要求的国家标准编号为 GB/T 32529—2016。其中 GB/T 为推荐性国家标准代号，32529 为标准发布顺序号，2016 为标准发布年份。

5.4.3.2 中国行业标准的编号

强制性行业标准用两个大写汉语拼音字母的行业标准代号表示，如石油化工仪表供气设计规范的行业标准编号为 SH 3020—2001，SH 为强制性石油化工行业标准代号，3020 为标准发布顺序号，2001 为标准发布年份。

推荐性行业标准用两个大写汉语拼音字母/T 的行业标准代号表示，如修造船厂门座起重机技术规范的行业标准编号为 CB/T 8504—1995，CB/T 为推荐性船舶行业标准代号，8504 为标准发布顺序号，1995 为标准发布年份。

我国行业标准用该行业主管部门名称的汉语拼音字母表示，部分行业标准情况如表 5-3 所示。

表 5-3 我国部分行业标准代号

序号	标准类别	标准代号	序号	标准类别	标准代号
1	石油化工	SH	11	核工业	EJ
2	包装	BB	12	航空	HB
3	船舶	CB	13	化工	HG
4	测绘	CH	14	海洋	HY
5	城镇建设	CJ	15	机械	JB
6	新闻出版	CY	16	交通	JT
7	环境保护	HJ	17	土地管理	TD
8	地震	DB	18	煤炭	MT
9	电力	DL	19	轻工	QB
10	地质矿产	DZ	20	电子	SJ

5.4.3.3 中国地方和企业标准编号

除国家标准和行业标准外，我国还存在地方标准和企业标准。地方标准代号用"DB"加上省、自治区、直辖市行政区划代码的前两位数字表示，如 2017 年 5 月广东省质量技术监督局批准发布了推荐性地方标准：山地果园牵引式双轨运输机，标准编号为 DB44/T 1993—2017。

企业标准的代号用"Q"加斜线再加企业代号组成，如中石化的企业标准空气钻井安全技术规范，其标准编号为 Q/SH 0034—2007。

5.4.3.4 国际标准化组织(ISO)的标准编号

国际标准化组织(ISO，International Organization for Standardization)简称 ISO，是一个全球性的非政府组织，是国际标准化领域中一个十分重要的组织，负责目前绝大部分领域(包括军工、石油、船舶等垄断行业)的标准化活动。ISO 的最高权力机构是每年一次的"全体大会"，其日常办事机构是中央秘书处，设在瑞士日内瓦。

ISO 标准号的构成为："ISO + 顺序号 + 年代号（制定或修订年份）"，如 1999 年 12 月发布的标准编号为 ISO 4957—1999 的工具钢标准。

5.5 标准文献检索

一般来说，标准文献检索主要使用标准号、标准名称（关键词）和标准分类号三种检索方法。其中使用标准号检索是最常用的方法，但需要预先知道标准号，而通常检索者一般并不知道明确的标准号，只知道一个名称，这样就需要用其他方法，如使用标准名称（关键词）检索。这种方式有一个明显的优势，即只要输入标准名称中的任意有关词就可能找到所需要的标准。但前提是检索词要规范，否则就要使用标准分类号进行检索。

5.5.1 国家标准化管理委员会官网检索

国家标准化管理委员会是国务院授权的履行行政管理职能，统一管理全国标准化工作的主管机构。其网站入口为："http://www.sac.gov.cn/"。

在其公共服务栏目，提供国家标准目录查询，以及工业和信息化部标准栏目、环境保护部标准栏目、农业部农业标准栏目、卫生计生委标准栏目等链接和工程建设标准目录查询等服务。其国家标准查询界面如图 5 – 25 所示。

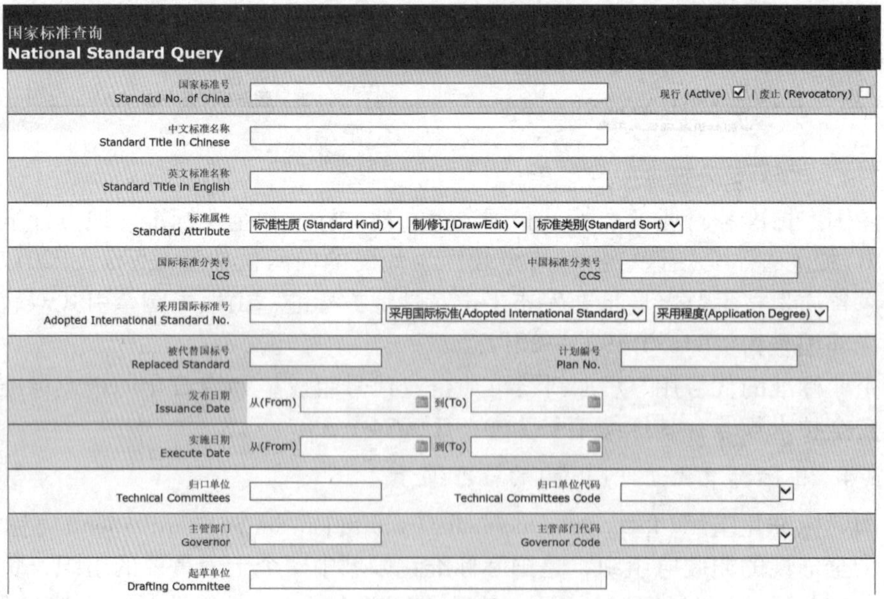

图 5 – 25 国家标准化管理委员会国家标准查询界面

在国家标准号输入“GB 19522—2010”，即可检索到如图 5－26 所示结果。

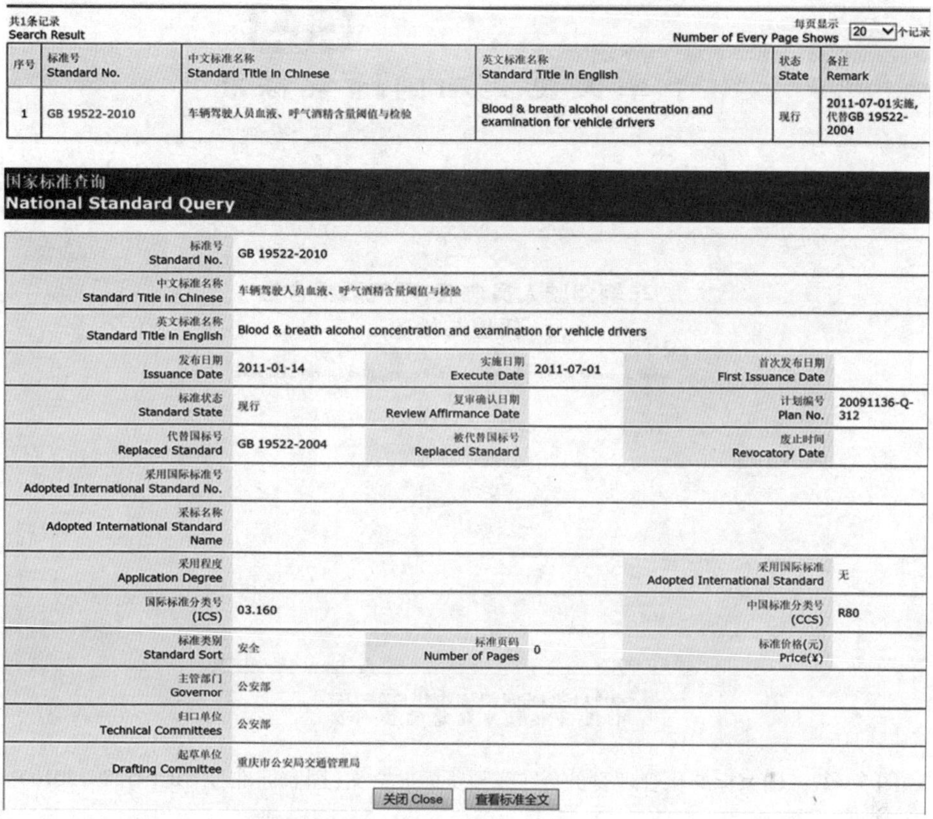

共1条记录
Search Result

每页显示
Number of Every Page Shows 20 个记录

序号	标准号 Standard No.	中文标准名称 Standard Title in Chinese	英文标准名称 Standard Title in English	状态 State	备注 Remark
1	GB 19522-2010	车辆驾驶人员血液、呼气酒精含量阈值与检验	Blood & breath alcohol concentration and examination for vehicle drivers	现行	2011-07-01实施，代替GB 19522-2004

国家标准查询
National Standard Query

标准号 Standard No.	GB 19522-2010				
中文标准名称 Standard Title in Chinese	车辆驾驶人员血液、呼气酒精含量阈值与检验				
英文标准名称 Standard Title in English	Blood & breath alcohol concentration and examination for vehicle drivers				
发布日期 Issuance Date	2011-01-14	实施日期 Execute Date	2011-07-01	首次发布日期 First Issuance Date	
标准状态 Standard State	现行	复审确认日期 Review Affirmance Date		计划编号 Plan No.	20091136-Q-312
代替国标号 Replaced Standard	GB 19522-2004	被代替国标号 Replaced Standard		废止时间 Revocatory Date	
采用国际标准号 Adopted International Standard No.					
采标名称 Adopted International Standard Name					
采用程度 Application Degree				采用国际标准 Adopted International Standard	无
国际标准分类号 (ICS)	03.160			中国标准分类号 (CCS)	R80
标准类别 Standard Sort	安全	标准页码 Number of Pages	0	标准价格(元) Price(¥)	
主管部门 Governor	公安部				
归口单位 Technical Committees	公安部				
起草单位 Drafting Committee	重庆市公安局交通管理局				

关闭 Close　查看标准全文

图 5－26　国家标准化管理委员会国家标准查询结果(国家标准号 GB 19522—2010)

进一步可在线预览或下载标准全文。如图 5－57 所示。

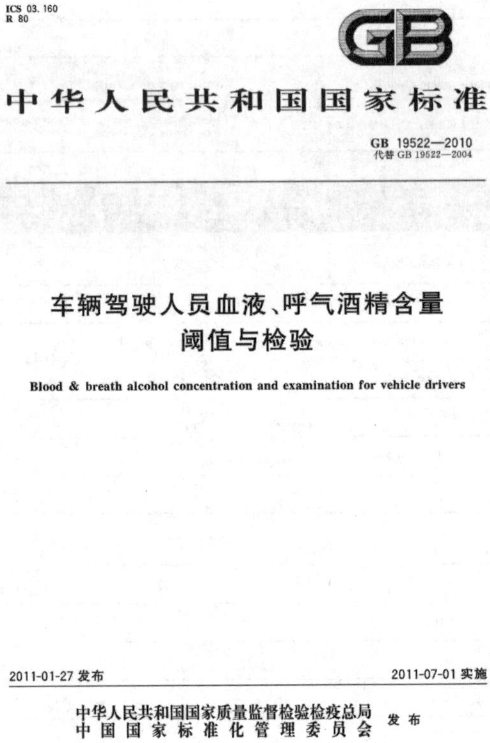

ICS 03.160
R 80

中华人民共和国国家标准

GB 19522—2010
代替 GB 19522—2004

车辆驾驶人员血液、呼气酒精含量
阈值与检验

Blood & breath alcohol concentration and examination for vehicle drivers

2011-01-27 发布　　　　　　　　　　　2011-07-01 实施

中华人民共和国国家质量监督检验检疫总局
中国国家标准化管理委员会　发 布

图 5 – 27　国家标准化管理委员会在线预览标准全文(国家标准号 GB 19522—2010)

5.5.2　中国知网标准检索

中国知网《标准数据总库》分为《中国标准题录数据库》(SCSD)、《国外标准题录数据库》(SOSD)、《国家标准全文数据库》和《中国行业标准全文数据库》。《中国标准题录数据库》收录了所有的中国国家标准(GB)、国家建设标准(GBJ)、中国行业标准的题录摘要数据,共计标准约 13 万条;《国外标准题录数据库》收录了世界范围内重要标准,如国际标准(ISO)、国际电工标准(IEC)、欧洲标准(EN)、德国标准(DIN)、英国标准(BS)、法国标准(NF)、日本工业标准(JIS)、美国标准(ANSI)、美国部分学协会标准(如 ASTM、IEEE、UL、ASME)等标准的题录摘要数据,共计标准约 31 万条。《国家标准全文数据库》收录了由中国标准出版社出版的,国家标准化管理委员会发布的所有国家标准,占国家标准总量的 90% 以上。《中国行业标准全文数据库》收录了现行、废止、被代替以及即将实施的行业标准,全部标准均获得权利人的合法授权,可以通过标准号、中文标题、英文标题、中文关键词、英文关键词、发布单位、摘要、被代替标准、采用关系等检索项进行检索。

其标准检索界面如图 5-28 所示。

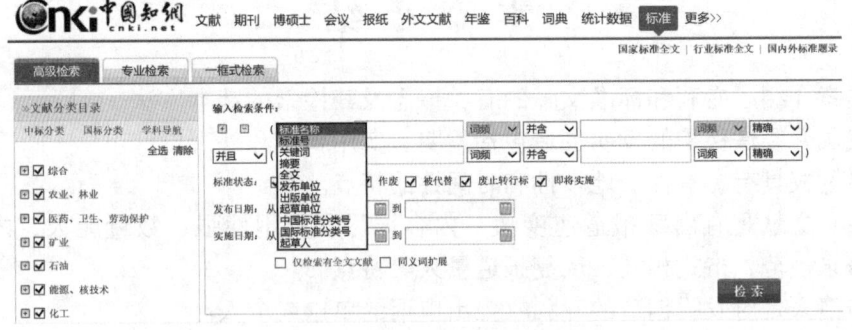

图 5-28　中国知网标准查询界面

5.5.3　国际标准化组织标准文献检索

国际标准及其检索通常包括国际标准化组织(ISO)、国际电工委员会(IEC)等标准文献检索。ISO 通过其网站提供 ISO 标准数据库检索、ISO 出版物介绍、ISO 期刊等信息服务。ISO 标准数据库可通过网站上的检索画面输入标准号或主题词检索所需标准,也可通过浏览国际标准分类法(ICS)列表选择所需标准分类。进入一级类目后可继续选择二级类目,可浏览标准顺序号查找所需标准,并浏览该标准的标准号、英文题名、版本、页码、技术委员会(TC)、价格等信息,有的还有文摘等信息。

国际标准化组织网站入口为："https://www.iso.org/home.html"。

其标准目录界面如图 5-29 所示。

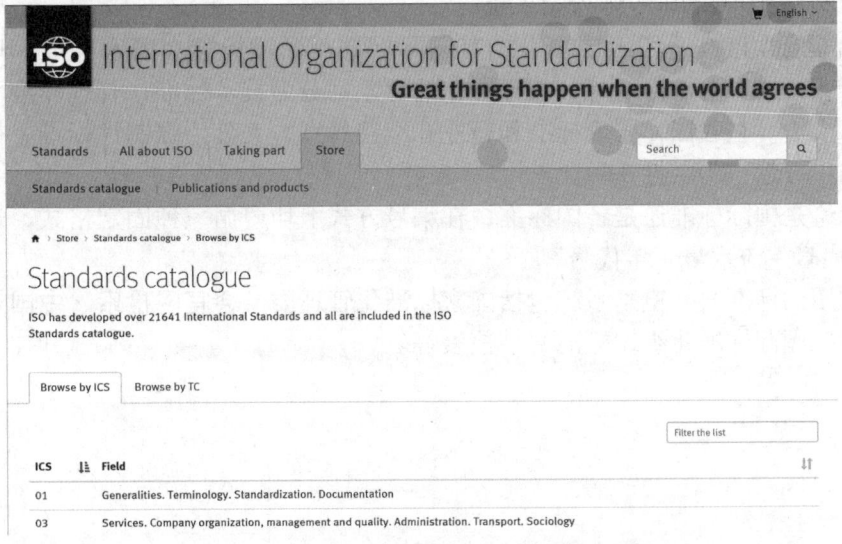

图 5-29　国际标准化组织(ISO)标准目录界面

本章小结

本章介绍了专利和标准文献的有关概念及其检索的基本方法。

我国专利法保护的发明创造包括发明、实用新型和外观设计。

专利权具有专有性、地域性和时间性的特点。

专利文献具有出版报道速度快、内容详尽、实用性强、数量庞大、内容广泛、著录规范，格式相同，反复报道量大等特点。

申请人是对发明创造的专利权提出申请的单位或个人。

发明人（设计人）：实际从事发明创造工作，对发明创造的实质性特点做出创造性贡献的人。

专利权人既可以是单位也可以是个人，负有缴纳年费义务，对其专利具有独占、使用、处置的权利。

专利文献检索的目的包括专利检索或查新、侵权检索等。

根据中华人民共和国国家知识产权局公告，中国专利局采用国际专利分类法对发明专利和实用新型专利进行分类。

专利文献检索的途径有三种：纸件检索、软件检索和网上检索。

专利文献检索的方法很多，总体可分为基本检索和高级检索。

国内专利文献检索常用系统包括国家知识产权局专利检索及分析系统、中国知网专利数据库、Soopat 专利检索系统、中国知识产权网专利信息服务平台等。

国外专利文献检索常用系统包括德温特系统、美国专利商标局专利数据库、欧洲专利局 Espacenet 专利检索系统等。

标准的类型按适用范围划分，有国际标准、区域标准、国家标准、地方标准、行业标准、企业标准等；按标准化的对象则分为技术标准、管理标准和工作标准 3 大类。在我国，国家标准和行业标准按约束力又分为强制性标准、推荐性标准和指导性技术文件 3 种。

无论是国际标准还是各国标准，在编号方式上均遵循一种固定格式，通常为"标准代号＋流水号＋年代号"。

常用的标准文献检索系统包括国家标准化管理委员会官网检索、中国知网标准检索、国际标准化组织标准文献检索等。

练习题

1. 简述专利文献的基本概念和作用。
2. 简述专利文献的检索方法。
3. 简述国际专利分类表的作用,并查询本专业领域的国际专利分类号。
4. 用不同的专利检索系统、不同的方法查询本专业领域的专利信息。
5. 简述标准的概念和类型。
6. 用不同的标准检索系统、不同的方法查询本专业领域的标准信息。

第 6 章　信息资源的综合利用

6.1　信息资源的鉴别和整理

6.1.1　信息资源的鉴别

前面几章，通过对中英文资源的检索，大家已经积累了检索信息资源的经验，能够针对课题展开检索，收集了许多文献资料。接下来，需要对这些资料进行筛选，得到与课题最相关的文献。

可以通过以下两方面进行信息资源的鉴别。

6.1.1.1　来源鉴别

（1）出自著名的研究机构

这些研究机构在其领域具有很高的声望，其研究成果可信度高。例如，华南理工大学的材料科学与工程学院有 6 位院士，国家重点实验室、国家工程技术研究中心和国家实验教学示范中心各 1 个，取得的成绩斐然。

（2）刊登在权威期刊

权威期刊有相应的评价标准。例如，国内的北大核心期刊、CSCD 和 CSSCI 收录的期刊；国外的 SCI、SSCI、EI 收录的期刊。

值得注意的是，有的期刊号称是中国知网收录，这不能算做权威期刊。国内各数据库收录，只是给读者提供尽量多的可参考的文献资料，而不负责对各期刊的质量进行评估。

（3）引用的次数

引用的次数代表了该文献被别人认可的价值度。如果一篇文献刊登了多年却引用次数为零，说明在其研究领域无人关注，或者其研究的内容缺少价值。当然，如果是最近一年新刊出的文献，由于时间关系，可能短期内没有被引用，属于正常现象。

6.1.1.2　内容鉴别

（1）可信度

文献中的观点和数据是否可信，实验数据是否可重复，调查数据是否真实，这是需要读者去甄别的。

(2)经典性

每个领域都有几篇文献属于经典的奠基性文献,当研究该领域时,最好能找到并研读这几篇经典文献,这样能够对该领域的历史有深入了解。

(3)新颖度

文献研究的内容与该领域当前的热点是否相关,可结合课题的学科发展趋势判断该文献是否新颖。

(4)适用性

针对自己的课题,该文献是否具有合适的观点和素材,以此决定是否采用。

6.1.2 信息资源的整理

6.1.2.1 信息资源的内容整理

(1)文献资料的阅读顺序

对于同一主题的文献资料,按照先阅读中文文献,后阅读外文文献的顺序。在阅读中文文献中,按照先阅读综述性文献,后阅读专业性文献的顺序。综述性文献一般是业内的知名专家学者撰写的期刊或会议的文章,对于该领域的历史、现状和发展进行高屋建瓴的总结,参考价值大。如果找不到合适的综述性文献,可以从优秀博硕士论文中寻找,重点阅读论文的第一二章,能够快速了解该领域的研究状况。

(2)文献资料的阅读方式

对于一篇文献,建议采取先粗读后精读的阅读方法。粗读时,重点关注该文献的摘要和关键词,再快速浏览一下全文,了解文章的结论,判断该篇文献是否会被选用。当确认了要采用的文献,就需要进行精读。精读时,需要做笔记,将文献的主要观点、核心数据记录下来。此外,还要认真阅读该文献的参考文献,通过参考文献列表,可以获知其研究的路线。参考文献中的论文可能与读者的课题相关,可以按题目进行查找并阅读。

6.1.2.2 信息资源的形式整理

将检索到的信息资源按照涉及的内容或观点的不同进行分类,然后可以按照作者、期刊等进行排序,使之变得有序,易于使用。

如果文献较多,为了方便管理和使用,可以采用个人文献管理软件来检索和整理文献。例如,NoteExpress、Endnote、Mendeley、Zotero、Papers 等。下一节以 NoteExpress 为例讲解个人文献管理软件的使用方法。

6.2 个人文献管理软件 NoteExpress

NoteExpress 是由北京爱琴海乐之技术有限公司自主研发、安装在个人电脑的一种参考文献管理工具软件,其核心功能是帮助用户收集整理文献资料,在撰写学术论文、学位论文、专著或报告时,可在正文中的指定位置方便地添加文中注释,然后按照不同的格式要求自动生成参考文献索引。

NoteExpress 软件全面支持简体中文、繁体中文和英文,提供相当多人性化功能,使用方便,可提高论文写作效率。

在电脑上安装 NoteExpress 软件,首次打开时,新建一个数据库,如图 6-1 所示。例如,新建一个"本人数据库"。

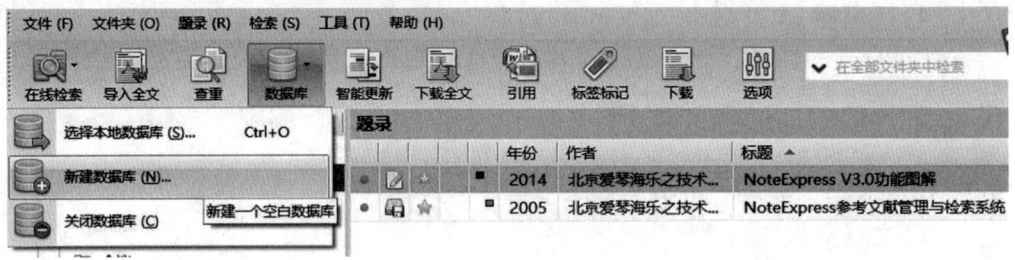

图 6-1 新建数据库

接着,用户可以根据个人的研究建立分类目录以便于管理,目录的文件夹结构可以增删、修改、排序,更多相关功能可在目标文件夹处点击鼠标右键,在弹出的菜单中展示,如图 6-2 所示。例如,在题录里依次新建"期刊""会议""学位论文"三个文件夹。

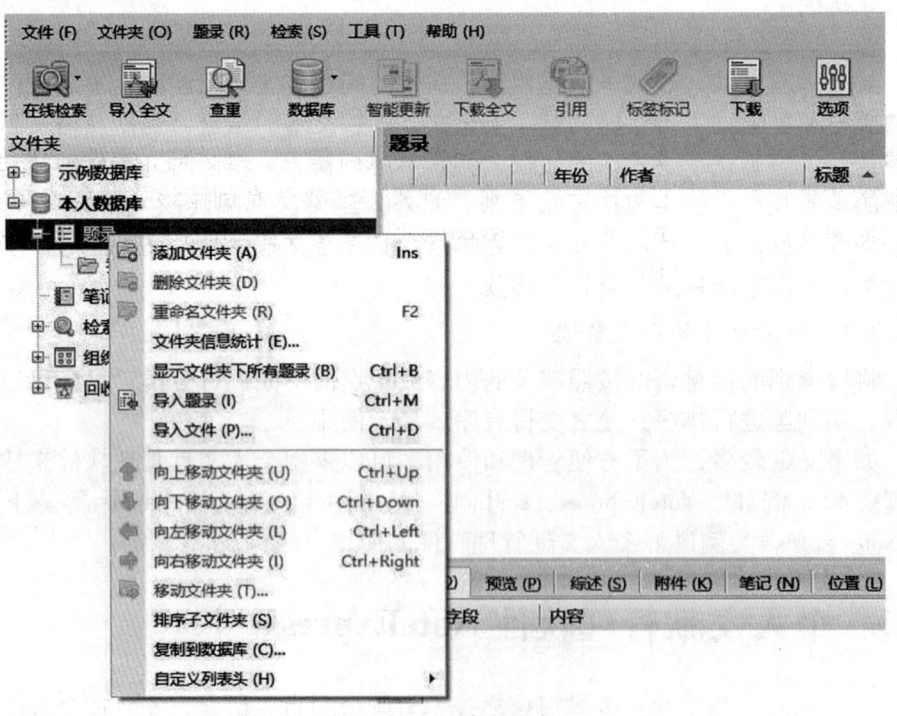

图 6-2 新建文件夹

6.2.0.1 在线检索

NoteExpress 集成了绝大部分常用的数据库,不用登录到数据库页面,利用 NoteExpress 集成的在线检索作为网关即可检索获取题录信息。在线检索的步骤如下:

①选择需要检索的数据库,如图 6-3 所示。

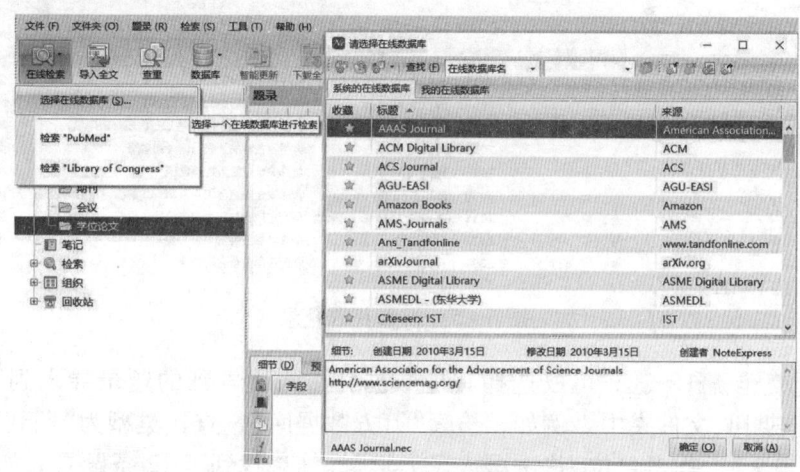

图 6-3 选择数据库

例如,在图 6-3 的右边,找到"CNKI 中国知网",选择它,然后点击"确定"按钮。

②输入检索条件,获得检索结果。例如,查找类型为"期刊"、主题为"食品安全"、作者单位为"中国人民大学",结果找到了 49 条题录。如图 6-4 所示。

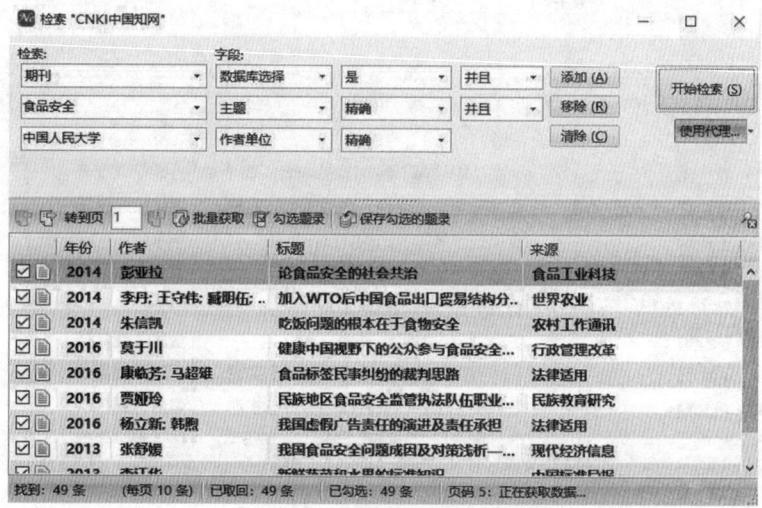

图 6-4 检索中国知网

③勾选所需要的题录(系统默认勾选所有题录)。在图 6-4 中,点击"保存勾选的题录",一次性将检索题录全部导入 NoteExpress,如图 6-5 所示,将中国知网中满足条件的 49 条题录导入。

图 6-5 批量获取题录

④重复步骤①~③,可以选择其他数据库,将检索到的题录导入到"本人数据库"→"期刊"文件夹中。例如,检索"万方数据库",查找类型为"期刊"、主题为"食品安全"、作者单位为"中国人民大学",结果找到了 12 条题录。如图 6-6 所示。

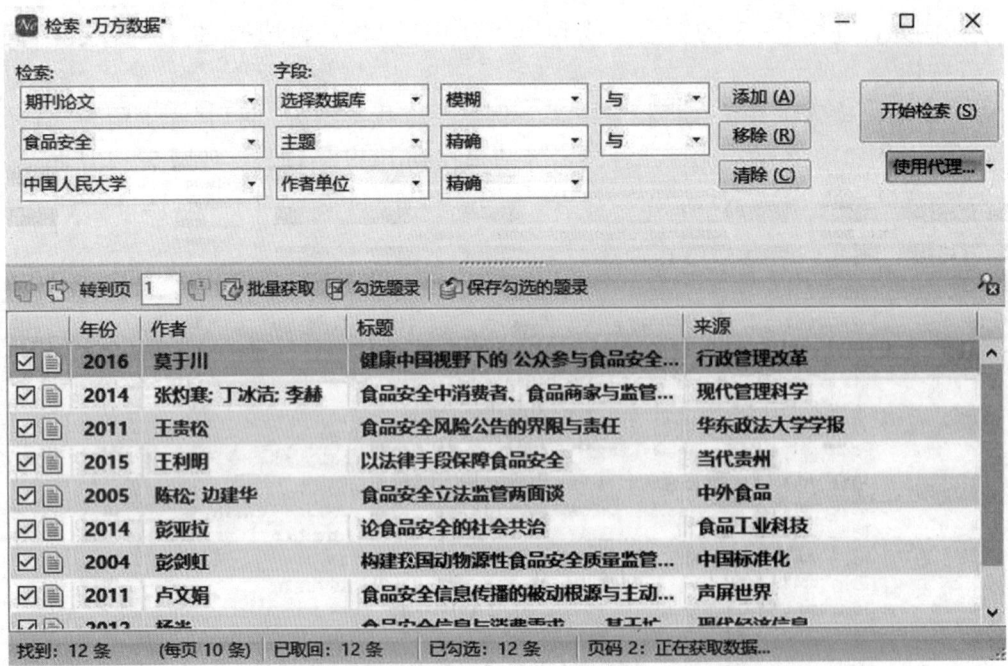

图 6-6 检索万方数据库

点击"保存勾选的题录",则一次性将在万方数据库中检索到的题录全部导入 NoteExpress。此时,"本人数据库"→"期刊"文件夹中共有 61 条题录。

6.2.0.2 查找重复题录

通过上述方法导入文献题录后,基本形成了个人数据库。接下来需要对纷繁的题录进行整理,为下一步的研究设计或文章撰写打好基础。

在不同数据库中用相同的检索条件进行检索,或者数据库由几个小数据库合并而成,都不可避免地出现重复题录。这时,可以使用 NoteExpress 提供的数据库查重功能。查重步骤如下:

①通过菜单"检索"→"查找重复题录",或者点击工具栏中的"查重"按钮启动查重功能。

②选择查重范围,限定查重标准。NoteExpress 会比较选定字段的内容,如果内容完全一致,则认定为重复题录;一般情况下默认即可。如图 6-7 所示。

③重复题录会高亮显示,点击鼠标右键,然后根据需要选择删除方式为"从所有文件夹中删除"或"从指定文件夹删除",如图 6-8 所示。

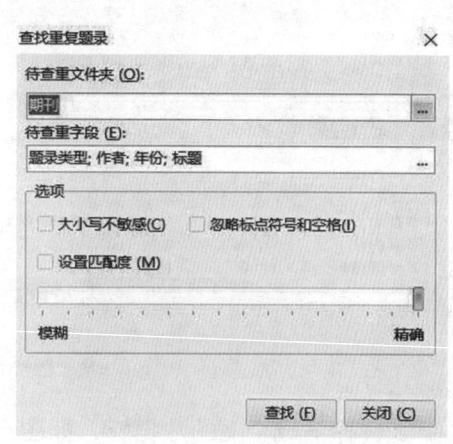

图 6-7 选择查重范围

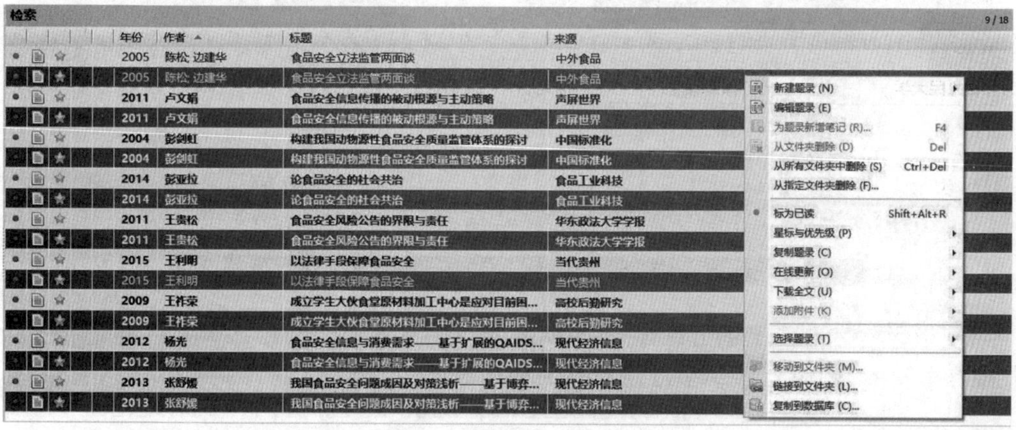

图 6-8 删除重复题录

6.2.0.3 全文下载

使用全文下载到本地并与题录自动链接,下载完毕后即可打开阅读全文。由于全文下载的权限敏感,NoteExpress 在下载完一篇全文后,倒计时 1 分钟才会进入下一篇全文的下载。由于数据库厂商的限制，同一个 IP 地址如果频繁请求下载全文，会被认为恶意下载或者会被封 IP，之后便不能再下载全文。

全文下载的步骤如下：

①选中需要下载全文的题录（按下 Ctrl 键，鼠标点击选择多个条目，这些条目必须来自于同一个目标数据库），点击工具栏中的"下载全文"按钮，或者点击鼠标右键，选择全文下载，如图 6-9 所示。

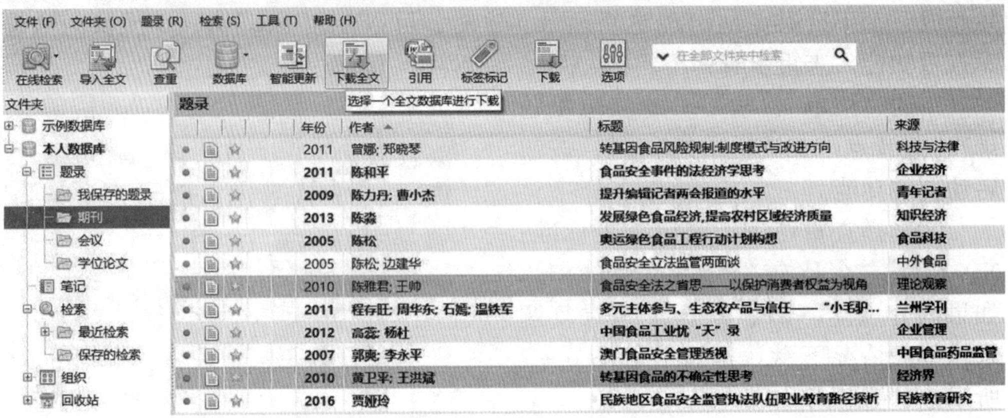

图 6-9　选择需要下载全文的题录

②选择下载全文的数据库，如图 6-10 所示。

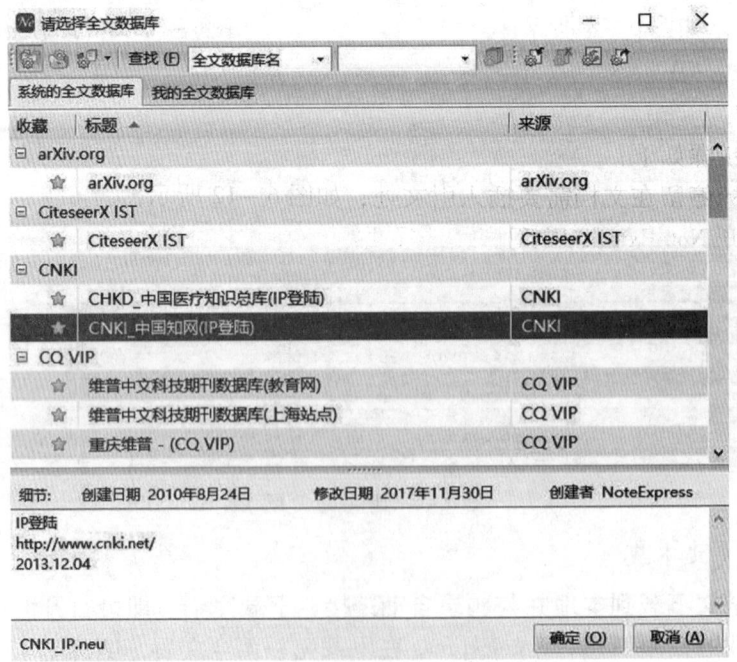

图 6-10　选择下载全文的数据库

③开始全文下载，如图 6-11 所示。

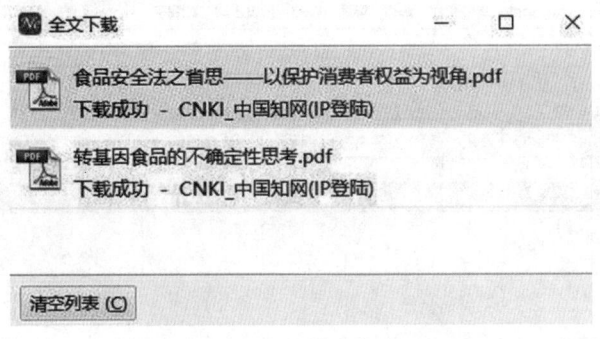

图 6-11　全文下载的情况

6.2.0.4　写作

对于大多数使用 NoteExpress 的用户来说，使用 NoteExpress 管理文献的主要目的便是论文撰写。NoteExpress 内置了多种国内外学术期刊、学位论文和国标的格式规范，通过 NoteExpress 插入文献，然后选择需要的格式进行格式化，可以快速自动地生成参考文献。这样在写论文的过程中，用户便可以从手工编辑与管理文献的繁重工作中解脱出来。而且可以根据需要随时调整参考文献的格式。当然，如果 NoteExpress 没有需要的文献格式，也可以非常方便地编辑自己需要的格式。

NoteExpress 支持 WPS 以及 Office，借助 NoteExpress 的写作插件，可以方便高效地在写作中插入引文，并自动生成需要格式的参考文献索引，也可以一键切换到其他格式。

写作步骤如下：

①光标停留在文档需要插入引文处，如图 6-12 所示。

②打开 NoteExpress 主程序，选择要插入的引文。例如，点击 2010 年陈雅君的文献。

③切换回文档编辑窗口，点击菜单栏的 NoteExpress，然后点击"插入引文"按钮，自动生成正文中的引文以及文末参考文献索引，同时生成校对报告。如图 6-13 所示。

④如果需要切换到其他格式，点击图 6-13 中的"格式化"按钮，选择所需要的样式，自动生成所选样式的文中引文以及参考文献索引。

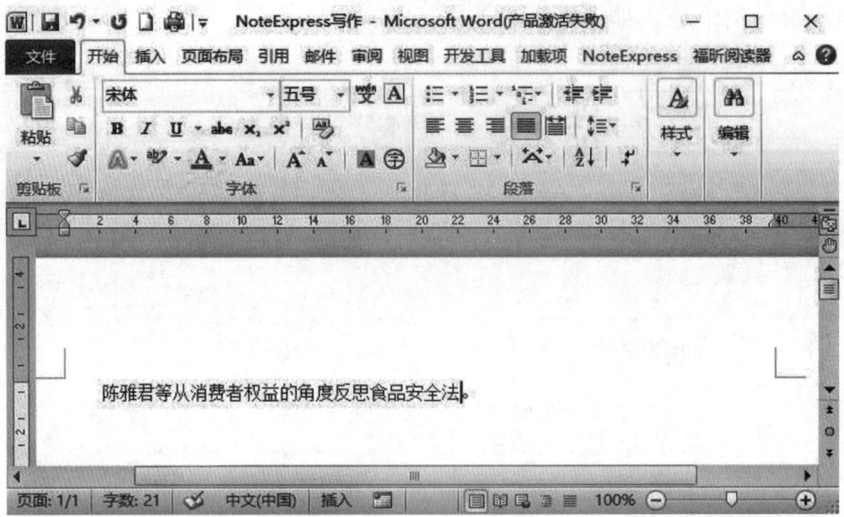

图 6-12　光标设置在插入引文处

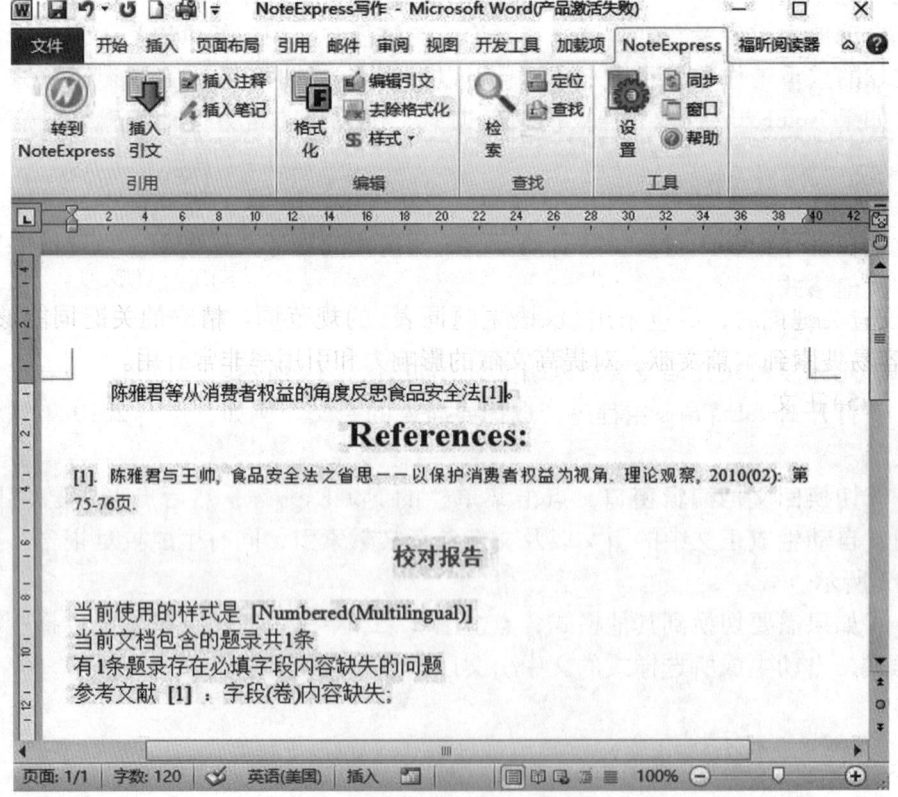

图 6-13　插入引文后的文档

6.3 学术论文的撰写

学术论文是某一学术课题在实验性、理论性或观测性上具有新的科学研究成果或创新见解和知识的科学记录；或是某种已知原理应用于实际中取得新进展的科学总结。学术论文用以提供学术会议上宣读、交流或讨论；或在学术刊物上发表；或作其他用途的书面文件。

学术论文要具有学术性、创新性和科学性。

学术论文的构成如下：

(1) 题目

论文的题目应以精炼的词语准确地反映全文的核心内容，一般不超过 20 个汉字。

(2) 作者姓名和单位

对于本篇论文有贡献的人员，个人成果独自署名，集体成果根据贡献大小先后署名。一般通讯作者为本文的负责人。

(3) 摘要

摘要是对于论文的高度浓缩，介绍研究的背景、方法、结果及创新，使读者无须阅读全文即可获得最重要的信息。摘要的字数一般在 200 至 300 之间。摘要不能照搬引言，不能分段，不能使用图、表、公式，也不能标注参考文献的引用。

(4) 关键词

关键词应该从标题和全文中选择最具代表性的学术术语，一般为 3~8 个词。在设置关键词时，尽量采用《汉语主题词表》的规范词。精准的关键词能够让读者容易搜索到本篇文献，对提高文献的影响力和引用率非常有用。

(5) 正文

正文的开头是引言，对于论文的研究背景、研究现状、研究目的进行阐述；接着，分为几个部分，对于文献的观点展开层层论述；最后，给出结论，总结本文的主要贡献，对于存在的问题指出进一步研究的方向。

(6) 参考文献

在论文的末尾列出所参考的文献，体现了对他人研究成果的尊重，同时也给论文的读者提供了追溯研究的线索。在正文中引用他人的材料、观点、数据时，要注明参考文献的出处，反映了作者严谨的科学态度。参考文献列表中的文献以其在正文中引用的先后顺序依次编号。

6.4 学位论文的撰写

6.4.0.1 学位论文的分类

学位论文是为了申请学位而撰写的论文。按照授予的学位不同,学位论文可分为以下三种类型:

(1)学士论文

学士论文应能显示出作者对本专业的基础理论和基本技能的掌握情况,需要将所学的知识综合运用,解决具体问题,并不强调研究方法的创新性。

(2)硕士论文

硕士论文应能显示出作者对本专业的基础理论和专业知识有深厚的理解和掌握,对所研究的内容有独立的见解,在研究方法上有创新。

(3)博士论文

博士论文应能显示出作者对本专业的基础理论和专业知识的扎实掌握,能娴熟运用渊博的学科领域知识,对所研究的领域有开创性的成果。

6.4.0.2 学位论文的构成

学位论文的构成如下:

(1)封面

封面包括论文题目、学院、专业、学生姓名、学生学号、指导教师、提交日期。

论文题目应突出重点、简明扼要,能恰当概括论文主要内容,要有较强的科学性和前瞻性、可行性,必要时可增加副标题。

(2)摘要

摘要是简明、确切地记述学位论文重要内容的短文。其基本要素包括研究的目的、方法、结果(结论)和论文的意义等。应避免将摘要写成目录式的内容介绍。论文摘要要求 400～600 字。英文摘要与中文摘要的内容应完全一致,在英文语法、用词上应正确无误。

(3)关键词

关键词是能覆盖论文主要内容的词条。关键词要求 3～5 个,按词条概念外延层次由左到右排列。英文关键词与中文关键词的内容应完全一致,在英文语法、用词上应正确无误。

(4)目录

目录按章、节、条序号和标题编写,一般为二级或三级,要求标题层次清晰。目录包含摘要(中、英文)、正文各章节标题、参考文献、附录、致谢等。

(5) 正文

论文正文包括引言、论文主体及结论。

引言应说明本论文选题的背景、目的和意义；简述国内外研究现状及存在的问题；介绍本项研究工作的研究设想、主要研究内容和研究方法；应解决的主要问题及应达到的要求。

论文主体是学位论文的主要部分。主体部分要求结构合理，论点明确，层次清楚，推理严密，重点突出，文字简练通顺。论文主体的内容根据课题的性质有不同特点，一般应包括：对研究问题的论述及系统分析、比较研究、模型或方案设计、案例论证或实证分析、模型运行的结果分析或建议、改进措施等。

结论是对整个研究工作的总结，应写得精练、准确、完整。在结论中应明确指出本研究的创新性、应用前景及其对社会经济的影响，可阐述本课题研究中尚存在的问题及进一步开展研究的见解和建议等。

(6) 参考文献

参考文献是作者对他人知识成果的承认和尊重，反映了学位论文的取材来源、材料的广博程度和材料的可靠程度。凡有直接引用他人成果（文字、数据、事实以及转述他人的观点）之处，需要按文中出现的顺序列出直接引用的主要参考文献。

(7) 注释

论文中有个别名称或情况需要解释时，可加注说明。注释可用页末注（将注文放在加注页稿纸的下端）或篇末注（将全部注文集中在文章末尾），而不可用行中注（即注文夹在正文中）。

(8) 附录

对于某些不宜放在正文中的重要支撑材料，可编入附录。例如有关的图表、计算机程序、运行结果、主要设备、仪器仪表的性能指标和测试精度等。

(9) 致谢

致谢应以简短的文字对课题研究和学位论文撰写过程中曾直接给予帮助的人员（例如指导教师、答疑教师及其他人员）表示自己的谢意。这不仅是一种礼貌，也是对他人劳动的尊重，是治学者应有的思想作风。

6.5 参考文献的规范

参考文献是对一个信息资源或其中一部分进行准确和详细著录的数据，位于文末或文尾的信息源。

6.5.0.1 纸质参考文献的著录格式如下：

(1) 专著（文献类型标识代码为 M——Monograph）

[序号]作者.书名[M].出版地：出版社，出版年.

或[序号]原作者.书名[M].译者，译.出版地：出版社，出版年.

例：[1]严蔚敏，吴伟民.数据结构（C语言版）[M].北京：清华大学出版社，2007.

[2]Clifford A. Shaffer.数据结构与算法分析（C++版）（第二版）[M].张铭，刘晓丹等，译.北京：电子工业出版社，2010.

(2)期刊文献（文献类型标识代码为J——Journal）

[序号]作者.文献题名[J].刊名，出版年份，卷号（期号）：起止页码.

对于无卷号的期刊文献，格式如下：

[序号]作者.文献题名[J].刊名，出版年份（期号）：起止页码.

对于无期号的期刊文献，格式如下：

[序号]作者.文献题名[J].刊名，出版年份，卷号：起止页码.

例：[3]刘晓丹.中国食品安全刑法规制的实践困境与完善路径[J].食品与机械，2017，33（1）：65－67.

[4]涂永前.食品安全的国际规制与法律保障[J].中国法学，2013（4）：135－148.

(3)学位论文（文献类型标识代码为D——Dissertation）

[序号]作者.文献题名[D].学位授予地：学位授予单位，学位授予年份.

例：[5]金秋实.食品安全监管疑难问题研究[D].上海：华东师范大学，2017.

(4)论文集中析出文献（文献类型标识代码为C——Corpus）

[序号]析出文献主要责任者.析出文献题名[C].析出文献其他责任者//论文集主要责任者.论文集题名：其他题名信息.版本项.出版地：出版者，出版年：析出文献起止页码.

注：析出文献是指从整个信息资源中析出的具有独立篇名的文献。

例：[6]王江宁，纪力强.昆虫图像特征研究[C]//中国图像图形学学会.第十五届全国图像图形学学术会议论文集.北京：清华大学出版社，2010.191－195.

(5)报纸文章（文献类型标识代码为N——Newspaper）

[序号]作者.题名[N].报纸名，出版日期（版次）.

例：[7]李小伟.校园食品安全重在制度践行[N].中国教育报，2017－06－23(8).

(6)报告（文献类型标识代码为R——Report）

[序号]作者.文献题名[R].报告地：报告会主办单位，年份.

例：[8]方维焕.食品冷链流通质量安全控制技术研究[R].杭州：浙江大学，

2013.

(7) 专利文献(文献类型标识代码为 P——Patent)

[序号]专利申请者或所有者. 专利题名: 专利号[P]. 公告日期或公开日期.

例: [9]梁龙彦. 一种食品安全检测装置: CN201620719547.1[P]. 2016 - 12 - 07.

(8) 标准(文献类型标识代码为 S——Standard)

[序号]主要责任者. 标准名称: 代号[S]. 出版地: 出版者, 出版年: 起止页码.

例: [10]全国信息与文献标准化技术委员会. 信息与文献 都柏林核心元数据元素集: GB/T 25100 - 2010[S]. 北京: 中国标准出版社, 2010: 2 - 3.

6.5.0.2 电子文献的著录格式

电子文献(不包括电子专著、电子连续出版物、电子学位论文、电子专利)的著录格式如下:

[序号]主要责任者. 题名: 其他题名信息[文献类型标识代码/载体类型标识代码]. (更新或修改日期)[引用日期]. 获取和访问路径.

文献类型标识代码除了上面介绍的 8 种之外, 还有数据库(DB——Database)、计算机程序(CP——Computer Program)、电子公告(EB——Electronic Bulletin board)、档案(A——Archive)。

载体类型标识代码有磁带(MT——Magnetic Tape)、磁盘(DK——Disk)、光盘(CD—— CD - ROM)、联机网络(OL——Online)。

具体类型有: 联机网上数据库(DB/OL——Database Online)、磁带数据库(DB/MT——Database on Magnetic Tape)、光盘图书(M/CD——Monograph on CD - ROM)、磁盘软件(CP/DK——Computer Program on Disk)、网上期刊(J/OL——Journal Online)、网上电子公告(EB/OL——Electronic Bulletin board Online)。

例: [11]李强. 化解医患矛盾需釜底抽薪[EB/OL]. (2012 - 05 - 03)[2013 - 03 - 25]. http://wenku.baidu.com/view/47e4f206b52acfc789ebc92f.html.

本 章 小 结

本章是向读者介绍如何对检索到的信息资源进行综合利用, 达到提升自身信息检索素养的目的。

首先, 大家学习如何鉴别信息资源的优劣; 其次, 对检索到的大量文献进行分类整理, 筛选出符合需求的少量有价值的文献。

接着, 介绍了个人文献管理软件 NoteExpress。该软件能够帮助用户收集和整理文件, 自动生成参考文献索引。用户撰写含有大量参考文献的学位论文时, 使用它将事半功倍。

　　学术论文和学位论文的撰写是大学生必要的科研训练过程。本章分别对它们进行了介绍，有助于学生们撰写课程论文以及毕业论文。

　　最后一节详细讲述了参考文献的书写规范。这对于科研论文来讲至关重要。学生们需要了解相关字母缩写的含义，不同类型的参考文献的书写格式。在投稿期刊论文或会议论文时，必须按照其格式规范来书写参考文献，否则会被拒稿。在撰写学位论文时，也必须遵照学校的参考文献规范。

练 习 题

　　1. 结合你的专业，选择一个研究课题，使用 NoteExpress 软件检索文献，至少采用两个中文数据库，对比不同数据库的检索结果，了解重复文献的数量。

　　2. 查找你所学专业可以投稿的一种期刊，了解该期刊的论文格式规范。

　　3. 查找你所在学校的本科毕业论文规范，将参考文献的格式要求与本章给出的格式进行对比，看看有什么不同之处。

参考文献

[1] 汪楠，成鹰. 信息检索技术［M］. 北京：清华大学出版社，2014.
[2] 何晓萍. 文献信息检索理论、方法和案例分析［M］. 北京：机械工业出版社，2014.
[3] 王宪洪，王玉玫. 网络学术信息资源与大学生利用研究［M］. 北京：中国财政经济出版社，2014.
[4] 陈蔚杰，徐晓琳，谢德体. 信息检索与分析利用［M］. 北京：清华大学出版社，2013.
[5] 邓发云. 信息检索与利用［M］. 北京：科学出版社，2013.
[6] 王丽萍，杨波，林建. 文献信息检索与利用［M］. 广州：华南理工大学出版社，2013.
[7] 周霭如，徐红云，黄小兵. C++程序设计基础（第4版）（下）［M］. 北京：电子工业出版社，2013.
[8] 康桂英，赵飞，吕瑞花，等. 网络信息资源检索与科技论文写作［M］. 北京：电子工业出版社，2012.
[9] 吴长江，朱丽君，黄克文. 现代信息资源检索案例化教程［M］. 武汉：华中科技大学出版社，2011.
[10] 黄如花. 信息检索［M］. 武汉：武汉大学出版社，2011.
[11] 徐红云，解晓萌，谢耀光，等. 大学计算机基础教程［M］. 北京：清华大学出版社，2010.
[12] 蒋永新. 自然科学技术信息检索教程［M］. 上海：上海大学出版社，2010.
[13] 靳小青. 信息检索［M］. 北京：人民邮电出版社，2010.
[14] 潘燕桃. 信息检索通用教程［M］. 北京：高等教育出版社，2009.
[15] 隋莉萍，肖文峰，郭晓姝. 网络信息检索与利用［M］. 北京：清华大学出版社，2008.
[16] 谢新洲. 网络信息检索技术与案例［M］. 北京：北京图书馆出版社，2005.
[17] 宋如忆. 科技信息检索与利用［M］. 上海：同济大学出版社，2003.
[18] 张厚生. 信息检索［M］. 南京：东南大学出版社，2002.